我们的学习故事丛书

周 菁 ◎丛书主编

BU JINJIN SHI PINGJIA

# 不仅仅是评价：

## 学习故事究竟给我们带来了什么

周 菁 苏 婧 ◎著

XUEXI GUSHI JIUJING GEI
WOMEN DAILAILE SHENME

北京师范大学出版集团
BEIJING NORMAL UNIVERSITY PUBLISHING GROUP
北京师范大学出版社

**图书在版编目(CIP)数据**

不仅仅是评价：学习故事究竟给我们带来了什么/周菁，苏婧著. —北京：北京师范大学出版社，2022.8(2023.1重印)

ISBN 978-7-303-27738-4

Ⅰ.①不… Ⅱ.①周… ②苏… Ⅲ.①学前教育－教学研究 Ⅳ.①G612

中国版本图书馆 CIP 数据核字(2022)第 012442 号

图书意见反馈：gaozhifk@bnupg.com 010-58805079
营销中心电话：010-58802181 58805532

出版发行：北京师范大学出版社 www.bnupg.com
　　　　　北京市西城区新街口外大街 12-3 号
　　　　　邮政编码：100088
印　　刷：天津市宝文印务有限公司
经　　销：全国新华书店
开　　本：710 mm×1000 mm 1/16
印　　张：14.75
字　　数：253 千字
版　　次：2022 年 8 月第 1 版
印　　次：2023 年 1 月第 2 次印刷
定　　价：58.00 元

策划编辑：罗佩珍　　　　　责任编辑：康　悦
美术编辑：焦　丽　　　　　装帧设计：焦　丽
责任校对：陈　荟　　　　　责任印制：马　洁
封面儿童：陈稳亦

# 推荐序

## 落地生根　厚积薄发

近年来，周菁和我，每年或在上海或在北京，总能见上一面。

2020 年上半年，两部书稿出现在我的面前。2020 年才刚过半，全球新冠肺炎疫情仍是进行时。我努力给自己识别出一些今年以来积极的、令人喜悦的、给人力量的事物。这两部书稿，不能不说居于使我喜悦的事物之首。

"其实我们所说的、所做的，您都知道。"周菁说。

是的，书中的大部分内容都在我们以往的交流中涵盖了。当然也有一些内容在交谈中没有出现过，而是大家在创作中思考形成的理论。最令我欣慰的是，我一直觉得研习学习故事是一件重要的、需要有人做的事情，一件早就应该有人做而且需要长期做的事情，现在终于有人做了（此话也许有失偏颇，请恕我孤陋寡闻）。

为什么？

改革开放以来，中外教育专业同行间的学术交流日益畅通。我国不仅走出去、请进来，而且对国际上新的专业出版物进行翻译的速度越来越快。但是，从国外请进来的人在讲学时，难以真正理解国内的问题和需求；国内有机会、有能力接触国外信息的人，多数以文字阅读和短期访问为主要途径，难以从理念、理论到实践，对异域的东西进行既有高度又有深度的领会和了解，特别是难以想象以抽象语言表达的理念和原则在当地的教与学中是怎样体现的。此外，有时即使理论背景强的同行，也不一定对实践有真切的体验；而对实践有丰富体验的一线教师，往往又缺乏直接研读、深入理解异域信息的能力。对不同文化、历史、政治背景下产生的东西，简单地将其移植到国内土壤上，往往会产生水土不服的现象。新的教育实践从来都不是一蹴而就的，而是在学习、实践、反思（学习）、再实践、再反思的不断循环的过程中艰难推进的。这个过程的关键之处是教师的转变。这也带来了更为艰巨的挑战，即如何帮助广大一线教师持续专业成长，以及如何帮助他们实现观念和行为的转变与更新？

周菁独特的经历使她具备了一些有利条件。首先，她具备一线教师的经验和体验。她入行幼儿教育的起点是幼儿教师。在公立幼儿园里有了几年的工作经验之后，她进入一所国际学校的幼儿园，与一位从新西兰聘来的幼儿教师合作带班。这使她接触到了一种不一样的理念和实践，并开始使她对自己惯常的那一套教学方式有所思考。在经历了幼儿教育部门及中小学的各级管理岗位之后，她辞去当时的工作，去新西兰学习，以期为她所爱的幼儿教育事业注入新的活力。

然后，在新西兰惠灵顿维多利亚大学接受硕士、博士学术研究训练的同时，她还在当地幼儿园做兼职教师，全身心地学习和体验了新西兰幼儿教育课程。她博士论文的研究课题，是关于我国幼儿教师的。她选题和叙事研究的方法，不断得到持后现代主义立场的导师的反复追问和指导。当然这都属于正常的学术训练，但不能不说这是一个艰苦、严格、系统的学习过程。之所以这样说，是因为我是当时的见证者之一。这一过程不仅使她掌握了一般人所需的专业学术能力，也使她初步具备了跨文化应用理论所必需的敏感性，具备了文化转换中必需的再创造能力，以及利用植根于人类学研究方法去理解、阐释教师行为与思想的叙事研究方法的能力。

当然，除去具备上述这些有利条件，要对推进我国的幼儿教育有所作为，还需要激情和毅力。和周菁接触较深的同行们应该都了解她的风格，无须我在此赘述了。

从书中可以看到，周菁和另一位作者苏婧尝试用起源于新西兰的理论和实践对我国幼儿教育进行阐释。书中大量来自一线教师的原汁原味的"故事"，是对产生于新西兰文化土壤的教育理念及实践的本地化。

翻译、解释和传递产生于异域的概念，尤其是在中文中尚未有现成对应词时，极具挑战性。仅举一个例子：对"agency"一词的翻译和应用。这个概念在现代教育哲学阐述学习者（人）时经常会出现，但是在大大小小的英汉词典中是找不到恰当、对应的解释的。它指人的一种身份，包含了人这个主体能动者、决策者和行动者的多重含义。本书使用"主体能动力"的译法，虽然不会自动拥有所有这些含义，但对于在真实的情境中认识儿童作为学习者的身份和属性，却可以抓住最为关键的一点。

作为曾经的一线教师，周菁对教师的立场、教师的体验、教师的思考有着极强的同理心。博士论文中对教师的研究，又使她掌握了如何从专业的层面和学术的层面去了解教师，尤其是对新西兰支持教师专业成长的社会建构主义方式的熟悉，使她在和一线教师的合作中不仅知道如何去帮助他们，也很具亲和力。她的参与式培训学习是与"以儿童为本"并行的"以教师为本"的方式，在与教师心脑相连的前提下，赋予教师平等的话语权，使他们参与自己的学习与成长。本书中细致的"小练习"案例，使得叙述变得生动、直观，更为广大的从事支持教师专业成长工作的同行提供了资源。教师对儿童学习的记录贯穿全书，而这些何尝不是教师对自身学习反思过程的记录呢？

我曾听过周菁的课，除了语速较快，她还喜用排比句。在此书中，排比句也明显可见。初次接触本书内容并且习惯于线性思考的读者，可能会感到困惑，但请勿气馁。这不仅仅是一种发散性思维的体现，更是本书的教育理念之一，即在真实的世界中，在具体的情境下，对儿童的解释和回应会有多种可能性。唯有如此，我们才能不辜负儿童。也希望作为读者的你，会有自己的领悟和发现！

周菁还年轻，"厚积薄发"似乎有溢美之嫌。但我清晰地看到，这部书总结了她回国后几年中坚持不懈地和众多老师的合作经历，也融合了十几年前她读博时期的积累和研究。"落地生根"既是肯定也是希冀，因为一切才刚开始。唯有落地生根，才能开花结果，繁殖蔓延。本书的第二作者苏婧我从未谋面，但经常听周菁提起。我相信，没有苏婧的慧眼和支持，本书记录的很多故事是不会发生的。愿你们与书中提到的和没有提到的众多老师一起，"聚是一团火，散是满天星"，照亮孩子们的成长之路。

李薇
2020 年
于西雅图

# 丛书序

随着我国教育改革的不断深入，"儿童是有着独立价值的存在者，他们与成人一样平等地享有人的地位、价值和尊严。童年不只是成年生活的准备，它有着独特价值和意义"①这一儿童观正在慢慢形成，并由此引发教育观层面的转变。幼儿教育越来越重视儿童的个体差异、整体健康发展、学习和发展的独特性以及独特价值，期望每一个儿童都能度过快乐、幸福、有意义的童年。"以儿童为本"，是《3-6岁儿童学习与发展指南》（以下简称《指南》）的核心价值取向。《指南》强调了解每一个独一无二的儿童，了解儿童学习和发展的基本规律，以及对儿童建立合理期待对教育者、家长的重要性。具体来说，教师和儿童身边的成人要在与儿童在一起的每一天中，尊重儿童作为"人"的尊严与权利，尊重幼儿期的独特性和价值，尊重儿童身心特点与保教规律，促进每一个儿童生动、活泼、主动、全面地发展。②但是，如何从儿童本位的儿童观出发，重新认识儿童？如何基于我们对儿童的重新认识，重新建构学习和发展观、课程观、评价观等价值观？如何将我们对儿童的重新认识，以及重新建构的各种价值观融入我们和儿童在一起的一言一行中，重新想象教学实践、课程实践、评价实践，以及与儿童在一起的每一天呢？这些是《指南》引发的思考，也是《指南》对一线幼教工作者的引领和要求。

2013年夏天，世界学前教育组织（OMEP）年会在上海召开。来自新西兰怀卡托大学的玛格丽特·卡尔教授在大会上进行了主旨演讲，介绍了新西兰国家早期教育课程"Te Whāriki"以及形成性儿童学习评价方式——学习故事。同年7月和8月，新西兰幼教专家——中国-新西兰教育基金的艾莉森·斯蒂芬森、迪特·希尔、安·佩尔曼、林·福特和新西兰教育领导力项目创始人温迪·李在中国学前教育研究会和北京市教育学会学前教育研究会的邀请下，在贵阳和北京两地向中国幼儿教师介绍了新西兰早期教育理念与实践。其实，中国幼教

① 蒋雅俊：《改革开放40年学前教育政策中的儿童观变迁》，载《学前教育研究》，2019(3)。

② 李季湄、夏如波：《〈幼儿园教师专业标准〉的基本理念》，载《学前教育研究》，2012(8)。

界在 2013 年之前就与新西兰幼教同行有着良好的交流合作。例如，由贝蒂·阿姆斯特朗和多瑞·兰德发起成立的中国-新西兰教育基金的老师们早在 2002—2006 年就与中央教育科学研究所合作，在贵州开阳县和甘肃临夏市开展了"促进中国贫困地区早期教育发展"项目，旨在通过学习新西兰的早期教育模式，在我国西部贫困地区发展以社区为依托的早期教育服务体系。① 华东师范大学周欣教授和她的研究团队，在儿童数学学习的研究中，借鉴了学习故事的观察、评价的理念与实践。② 在与新西兰幼儿教师的交流中，新西兰国家早期教育课程"Te Whāriki"提出的"儿童是有能力、有自信的学习者和沟通者，身体、心理、精神健康，因有归属感和知道自己在为社会做出重要贡献而感到安心、踏实"这一儿童观，以及基于此儿童观的取长式形成性评价方式——学习故事，给我国幼儿教师带来了很大的震动，也引发了很多讨论和思考。特别是听了新西兰幼儿教师带着爱和喜悦为孩子们撰写的一个个学习故事后，有的老师说："它们让我那么感动、充满力量与希冀！"有的老师看到了学习故事与《指南》之间可能存在的连接："听了温迪老师的分享之后，我们觉得这跟《指南》的理念十分吻合，可能能帮助我们找到实践的路径。"因为看见了学习故事、《指南》和我国幼教工作者之间可能存在的连接，一批有着相同愿景的同行们走到了一起，共同开始了借鉴学习故事理念和实践、贯彻落实《指南》精神的研习之旅。

2013 年至今，我们共同研习《指南》、"Te Whāriki"和学习故事，秉持着"礼之、师之、纳之、化之"③的态度，发现和建立着三者之间的连接，重视这三者与我国儿童、教师、家长、幼儿园之间的连接，以及与日常教学实践、课程实践、评价实践的连接……本丛书此次出版的三本书：《不仅仅是评价：学习故事究竟给我们带来了什么》《1 和许多：为了促进儿童学习而评价》《相信每个人的力量：构建基于儿童、重视关系的幼儿园课程与文化》，就从不同角度呈现和分享了我们在研习旅程中的思与行。

《不仅仅是评价：学习故事究竟给我们带来了什么》以北京教育科学研究院早期教育研究所兼职教研员儿童学习故事小组这几年的研习旅程为基础，围绕学习故事的价值观、理论基础、教研练习和教学实践等进行思辨与实践，呈现学习故事在四个层面——儿童观和评价实践、学习观和教学实践、课程观和课

---

① 王化敏：《给幼儿教师的一把钥匙：幼儿教师教育实践策略指导》，1 页，北京，教育科学出版社，2008。

② 周欣、黄瑾、华爱华，等：《学前儿童数学学习的观察和评价：学习故事评价方法的应用》，载《幼儿教育》，2012(16)。

③ 刘梦溪：《中国文化的张力：传统解故》，14 页，北京，中信出版集团，2019。

程实践、幼儿园文化——给我们带来的思考和转变。本书还分享了研习小组的老师们在并肩进行的专业理论学习中，在与孩子、老师在一起的幼儿园日常实践中，以及在各种教研和练习中，渐渐觉察与转变自己思维和行为模式的历程。

《1和许多：为了促进儿童学习而评价》借用"1和许多"这一隐喻，探讨"注意、识别、回应"独一无二的儿童与促进儿童学习和推动课程发展之间的关系。该书分为上下两个部分，上篇为"学习故事实例"，聚焦教师如何从"准备好、很愿意、有能力"三个维度注意、识别和回应每一个儿童；下篇为"基于儿童和关系的生成呼应式课程实例"，这些课程实例不是由活动案例组成的，而是由一个个以儿童为主角的学习故事串起的重要学习事件链，呈现源自儿童、教师、幼儿园议程、家庭生活或社会文化生活的某条课程线索的出现、发展过程，以及可能给教师和管理者带来的收获与挑战。这些学习故事实例和课程实例选自我国18个省（自治区、直辖市）140多所幼儿园的投稿。

《相信每个人的力量：构建基于儿童、重视关系的幼儿园课程与文化》是北京市西城区三义里第一幼儿园继2015年出版的《发现儿童的力量："学习故事"在中国幼儿园的实践》之后，不忘初心，沿着相信儿童、看见儿童的道路深入探索幼儿园教育规律，找寻适合园所科学发展路径的又一次阶段性总结梳理。该书记录了三义里一幼团队在践行《指南》精神的过程中，以学习故事理念、方法和手段为抓手，不断学习、实践、思辨与创新，抓住基于儿童、重视关系两条主线，重新认识儿童、认识自己，重建制度与模式，重构幼儿园课程、管理、文化的曲折经历。为什么一群平凡普通的幼儿园老师能够坚持追梦、不断超越呢？从书中我们可以看到，相信每个人的力量是支持三义里一幼团队不断前行的最终力量。

《指南》和学习故事与我国幼儿园相遇后所引发的大家对儿童、教师、教育等的重新认识、建构和想象，会给幼儿园带来哪些变化呢？杭州市西湖区文一街幼儿园的马晓芽园长如是说：

> 自从实践学习故事以来，我感受到无论师幼关系、家园关系还是教师的工作体验，都发生了很多改变。
>
> 孩子觉得被老师看到了、理解了，师幼关系有了改变。我印象很深的是我们园许老师曾分享过的他的一段经历："一天傍晚，趁着姜姜还没有被妈妈接走，我对姜姜说：'许老师就分享你的故事吧。'姜姜连忙摇摇头说：'不要不要，我马上就要回家了。'我明白她有些难为情，但我还是打开手机讲了起来。听着听着，姜姜走了过来。听着听着，她靠在了我的身旁。当我讲完她的故事，我居然看到了她眼里的泪水。我想，这一定是她

激动的、欣喜的泪水。随后几天，姜姜每次远远地看到我，都会大声地叫我'许老师！许老师！'这可是以往很少见的。"

老师更能感受到日常工作的意义。我记得一位男老师对我说："学习故事很有意思，就这样看着孩子、记录孩子的点滴也是幸福的。"要知道他平常不喜欢笔头工作。

通过学习故事，家长看到了自己孩子的成长，并理解了老师的付出，家园慢慢建立起支持性的合作关系。

同时幼儿园在慢慢形成一种"互赏式"的文化。老师记孩子的学习故事，管理人员记老师的故事，家长也会记老师的故事和自己孩子的故事，形成了一种非常有温度、有幸福味的教育生态。

学习故事带给我的最大改变是，看到一个现象，我常常会去反思：我们的管理在允许什么、鼓励什么？而我们原本期望什么？

马园长说学习故事让老师更能感受到日常工作的意义。日常工作的意义，也是我希望读者们在阅读学习故事实例和课程实例时重点体会的。这些学习故事和课程实例的主角都是普普通通的孩子。老师们记录的也只是日常生活中普普通通的在成人眼里看似不起眼的小事。但是，这些孩子身边有相信他们的力量，即有对他们好奇、感兴趣的老师是极其重要的。他们的老师愿意去倾听、观察他们，与他们对话，识别和呼应他们的兴趣、想法、目标和情感等，愿意与他们建构互动互惠的亲密关系，愿意去探寻寻常小事中的不寻常，并记录下来。这才让我们有机会感受到寻常小事对孩子的意义和价值，以及幼儿园里琐碎又责任重大的日常工作对老师的意义和价值。诚然，撰写学习故事一定会花费时间和精力，但玛格丽特·卡尔说，老师们所花费的时间可以由记录的价值来平衡。[1] 因此，我希望所有带着爱和喜悦为儿童撰写学习故事的老师，都能感到愉悦；都能将对儿童学习的注意、识别、回应、记录和回顾自然融入日常实践中，而不是当作额外负担；都能让学习故事为促进儿童学习提供有意义的反馈、新的方向；都能在与儿童和家长分享学习故事的过程中，体会到自己的工作和作为教师的自己之于儿童、家长的意义与价值。

与《指南》和学习故事相遇后，我们越来越能感受到，和儿童在一起，促进儿童的学习和发展，关乎一系列选择，包括我们如何看待儿童、为了谁写学习故事等。而影响我们做各种选择的一些重要因素包括我们眼里儿童的形象，儿童在我们生活、工作、思维和行为中的位置，以及我们与儿童的关系。我们的

---

① ［新西兰］玛格丽特·卡尔：《另一种评价：学习故事》，155 页，北京，教育科学出版社，2016。

研习才刚刚开始。研究儿童、走进儿童的世界，是作为幼教工作者的我们需要用一生去做的。我们深深体会到，如果我们自己越来越准备好、很愿意、有能力去发现儿童自身学习和成长的力量，看见每一个独一无二的儿童，让每一个儿童都能在我们的世界里存在，那么，"以儿童为本"、向儿童学习、让儿童的独特之处引领我们的工作等愿景，就不再是口号，而是一种学习方式、工作方式、和儿童在一起共同生活的方式！

周菁

2020 年 5 月 18 日

于北京

丛书序

# 自 序

## 改变从心开始，改变从你我开始

### 与学习故事结缘——重新认识儿童，赋予儿童更多正能量

2013 年 8 月 6 日至 7 日，北京教育科学研究院早期教育研究所（以下简称北京教科院早教所）与北京市教育学会学前教育研究会，共同邀请新西兰教育领导力项目创始人温迪·李（Wendy Lee），为北京市幼儿园园长和老师做了关于"新西兰国家早期教育课程和学习故事"的培训。培训引发了在场园长和老师的强烈反响，有不少老师当场纷纷表示希望继续深入学习、尝试探索。培训结束后，在大家的积极提议下，北京教科院早教所牵头成立了北京儿童学习故事研习小组，并建立了 QQ 群，供大家研讨交流。至此，北京，这个具有开放、包容、多元文化心态的城市，自下而上、自上而下形成了儿童学习故事研习小组，开启了实践探究之旅。

我第一次全面接触学习故事，始自 2013 年北京市西城区南片组织的教师培训活动。当时我聆听了新西兰惠灵顿维多利亚大学教育学博士周菁做的关于学习故事的讲座。我听后的第一直觉是，学习故事将会给学前教育实践领域带来改变。同时我隐隐意识到这种改变将会是系统工程，若想真正使精髓落于实处，仅仅依靠一线老师的努力是不够的，园所管理者的理念要转变，学前教育质量评价体系也要随着改变。而评价体系改变的真正实现呼吁学前教育要有更加良好的发展生态。因为教育脱离不了社会文化背景的影响，人们儿童观、教育观的形成最终受社会文化背景的影响，即人们如何看待、理解教育对象及其行为，受教育系统及教育者的社会文化背景的影响。因此，从深层次来讲，评价体系的改变需要整体教育生态及文化氛围的改变。之后，北京教科院早教所兼职教研组在原有 6 个兼职教研组的基础上，新增了一个儿童学习故事小组。

这个小组成立后，曾有一段时间，来自北京市各区的教研员，特别是一线老师在活动中仅仅被动参与，缺乏积极的呼应和反馈。于是，我们和组里的兼职教研员——来自北京市各区的教研员和一线老师反复交流，强调老师们要发出真实的声音，即便说的是问题，说的是实际的困难，也要发出声音，进行反馈。比如，在国内师幼比相对较小的前提条件下，学习故事理念及实践在幼儿

园推进是否符合国情、区情和园情？落实起来最大的挑战和瓶颈是什么？学习故事在初始阶段给人的感觉是从强调故事的写法及结构入手，这会不会给老师增添新的负担？于是，我对大家说，不怕大家提出问题，而是怕大家不能够面对问题、正视问题。正如日本幼儿教育家高杉自子一贯主张的那样：幼儿教育的真谛，不是在人们在书桌旁构建起的理论与权威的学说中的，而是在孩子之中，在实践之中的。日本企业家稻盛和夫也曾说过：答案在现场。我想，只有一线实践者发出的声音，进行的真实反馈，才是最鲜活、最具有说服力的。同时我们也期冀，一些先行尝试的老师能成为星星之火，经过学习、吸收和消化，在实践层面摸索出一些行之有效的方法，逐渐形成燎原之势，影响、带动更多的人。慢慢地，北京儿童学习故事研习小组的老师们，在组长周菁老师的竭力启发和追问下，有了积极的反馈，开始在思考和实践的基础上有了更多欣喜的发现和行动上的改变。

## 星星之火，可以燎原——重新认识自我，享受职业的幸福

我们惊喜地看到，老师们工作的观念、态度、方式悄然发生着转变。学习故事最重要的作用是引导老师发现孩子的发展潜力，鼓励老师充分相信孩子，关注孩子的发展潜能，不断地发现"发生在孩子身上的精彩时刻"，然后将"惊喜的发现"及时反馈给正在发展中的孩子及其家长。可想而知，在这样的传递中，孩子和家长反馈给老师的也是积极、正向的信息，因而就易形成一个正能量的循环过程。可喜的是，越来越多的老师能够相信每个孩子都是具有无限潜力、不断发展的，能够解读每个孩子行为背后的各种可能性和合理性，能够找出每个孩子行为背后的特殊意义。正是基于对孩子的更加积极、正向、充满希冀的深层次的认知和理解，我们能够发自内心地欣赏孩子。赏识孩子的话语几乎成了我们的口头禅，但"识"是"赏"的基础，没有科学、客观的认识就无法实现真正意义上对孩子的"欣赏"。儿童是什么样的人？儿童不是我们传统观念里什么也不懂的人，而是有着巨大发展潜能的人。儿童的学习方式是科学的。他们会启动身体所有的"窍门"，通过看、听、触、嗅、尝等全身心体验世界。儿童的潜在能力以及各种能力之间的和谐性，是我们成人远远想象不到也无法企及的。如果说大自然在人身上设置了100扇能力的窗户，那么，我们成人身上恐怕只有五六扇是敞开的，而儿童的窗户都是敞开的。这就是儿童与成人的最大不同！可能性是儿童的最伟大之处。可能性是未来性，可能性具有多样性。真正认识和发现儿童，应当帮助儿童认识和发现自己发展的可能性，选择最适合自己发展的可能性，使其成为最好的自己。正是由于能发自内心地欣赏每个孩子，我们才能够和孩子进行越来越多的正面、积极的互动，传递的也是正能

量。这恐怕是给教育文化即教育生态带来的最大改观。越来越多的人开始接受、认可甚至坚信"助力""赋能"这样积极、正向的词。

我们的老师发生着改变，我们的教研员发生着改变，我们的评价体系发生着改变，我们的课程、文化也发生着改变……比如，在北京市教育展示活动中，我们在活动方案及标准的制定中更加坚信要凸显专业导向，倡导正确的儿童观、教育观、课程观，如在提出的三个维度、17条评价标准中，更多地关注师幼关系，从现场的评价和互动来看，也更突出对一线老师的理解、尊重，努力创设民主、包容、开放的文化氛围。

在此过程中，我也很荣幸在2015—2017年被中国学前教育研究会事业发展与管理专业委员会聘为"贯彻《指南》学习故事研习项目"专家组成员，并参与了多次深入的交流研讨。我们北京的团队还在中国学前教育研究会儿童学习故事论坛上进行了演讲和交流，受到全国与会代表的好评。

### 不忘初心，方得始终——不断追问我是谁、我要做什么

目前幼儿园课程改革实践在某种程度上进入了"深水区"，在很大程度上表现出的是新旧观念在实践层面的交锋，而新旧观念的碰撞从深层次看则反映出不同思维习惯，甚至是不同文化背景、不同价值观的碰撞。解决分歧的一个重要做法就是重新回到教育的原点——儿童，即将人们的认识统一到回归教育本质、教育本源的层面上来。正如高杉自子主张的那样：站在孩子的立场思考，站在孩子的立场设置环境，站在孩子的立场创造生活，和孩子们共同游戏、同悲同喜。

记得在2000年左右，北京市教委广泛组织全市幼儿老师参与"走进童心世界"的征文活动，非常强调老师要尊重、理解儿童，走近、走进儿童的心理世界，读懂儿童。客观地讲，不论是彼时我们所提倡的"走进童心世界"，还是此刻的"借鉴学习故事"，我们无非在利用一些途径，让更多老师接纳、理解儿童的观念，愿意加入更新教育观念、改进教育实践、提升教育质量的行动与反思中。英国哲学家以赛亚·伯林（Isaiah Berlin）在《观念的力量》一书中谈道："观念是最有力量的东西，它是行动的指南与信仰，社会的变革无不以观念作为先导。"换言之，观念才是力量！只有树立了正确的儿童观、教育观、课程观，才能使更多的一线工作者真正做到知行合一。

随着国外的各种思潮、观念以及课程模式纷至沓来，我们需要冷静客观地审视自身实践，进一步加强研究和反思。在国际视野下，我们需要引进、融合国外先进教育理念，使其植根于本土，落地、生根、开花、结果，真正为我所用。教育工作者要审慎地反思自己的行为，不断追问我是谁、我要做什么、我

应该做什么以及我为什么要这样做，才能不忘初心，方得始终。各级教育行政部门和教研人员也应想方设法利用更多、更有效的途径，让更多老师自觉地将更新教育观念、改进教育实践、提升教育质量付诸实际行动。无论方法来自本土还是海外，我们只有在学习与运用时始终结合本区域、本园、本班的实际，才能促进幼儿健康、和谐、全面发展，才能促进保教工作者工作能力的提升和专业化成长。

"现代管理学之父"彼得·德鲁克（Peter F. Drucker）曾说过，管理的本质是激发善意，就是激发和释放每个人的善意。管理者要做的是激发和释放人本身固有的潜能，创造价值，为他人谋福祉。其实，我们的管理工作、教育工作不也是在激发和释放每个人的善意吗？保教管理工作的本质也是激发一线保教工作者的善意，激发一线保教工作者对保教工作的认知、理解，激发一线保教工作者对工作的兴趣和热忱，激发一线保教工作者投入工作的主动性和积极性，激发一线保教工作者理解、尊重幼儿的初心，激发一线保教工作者享受职业幸福的良好的工作及心理状态。教育的本质是把一个人的潜力真正激发出来，帮助他成长为自己期待的样子，提高其生命的质量和生命的价值，激发和引导他走自我发展之路。既然管理和教育的本质都是激发人的善意，那么教育的整个生态系统一定要能层层激发善意，层层传递正能量，创设更加相互信任、相互理解、相互包容的氛围，让一线保教工作者感受到更多的支持，给老师们更多的自主空间，从而有助于老师们给予孩子更多尊重、理解、支持，为孩子提供更多的自主空间，从而实现十九大报告所提出的"努力让每个孩子都能享有公平而有质量的教育"，因为每个孩子都值得拥有一个尽可能好的人生开端。

最后附上我很喜欢的一句话，愿我们的终生努力能实现让孩子们今天快乐、明天幸福之承诺。

苏婧

2020 年 4 月 30 日

于北京

# 目　　录

我们是一群平凡而执着的幼教人，

每天被好奇叫醒，

沉醉于跟孩子在一起的

有温度、亲密互惠的关系中，

创造着专属于孩子

和我们自己的学习旅程。


我们是被孩子激发着

也在激发着孩子的

幸福的幼儿园老师、园长、教研员。

如果您也是这样的"我们"，

那我们想和您

一起同行。

# 第一章　与学习故事的因缘际会

## 一、我①和学习故事

学习故事，是来自新西兰的一套儿童学习评价体系。

我，一个20世纪90年代初期从幼师毕业的中国幼儿园老师，怎么就和学习故事联系在一起了呢？那是因为1996年我开始在国际学校工作，与来自新西兰的幼儿老师成了搭班老师；因为2006年我选择去新西兰惠灵顿维多利亚大学继续深造；因为2013年拿到博士学位回国后我选择专注于促进幼儿老师专业学习和发展。所以我才得以有机会了解学习故事，撰写学习故事，看到学习故事可能给中国孩子、老师、家庭和幼儿园带来的启发和价值，并有机会和一些有相同愿景的中国幼儿园老师共同研习学习故事。学习故事这种评价体系为什么如此吸引我呢？这究竟是一段怎样的缘分呢？

在《另一种评价：学习故事》第一章中，玛格丽特·卡尔（Margaret Carr）说，我们自身对评价的认知是在我们的成长过程中不断形成的，来自我们作为老师的经验，来自我们作为学生在学校中体验到的评价，还有一部分来自我们作为父母或旁观者对身边孩子们所接受的早期教育和学校教育的感受。② 我也不例外。我对"为什么是学习故事"这个问题的思考，来自我自己作为学生、作为妈妈、作为老师的与评价相关的体验和感受。

我的博士论文③中有一段自述，其中，与评价相关的文字是这样的。

> 20世纪80年代，小升初考试成绩不佳，我没考上重点中学。
>
> 我认为这是因为我学习不够努力。
>
> 我让妈妈失望了，自信下降。

---

① "我"指的是本书作者之一周菁。

② ［新西兰］玛格丽特·卡尔：《另一种评价：学习故事》，2页，北京，教育科学出版社，2016。

③ Zhou，J.，"Living with Tensions：Chinese Early Childhood Teachers' Teaching and Learning Experiences in Contemporary Urban Chinese Context，"PhD diss.，Victoria University of Wellington，2013.

在普通中学，我学习成绩挺好，自信回升。

妈妈说这是因为我是"矮个子里的高个子"。

为了规避中考又一次失败的可能，我选择报考提前招生的幼儿师范学校。

我很自信可以通过幼儿师范学校的入学考试。

幼师毕业后，我继续在夜校学习英语和打字。

通过考试，我拿到了相应的英语和打字水平等级证书。

20世纪90年代，我想进大学深造，但是因为没有普通高中的学历，我无法报考正规大学。

我尝试了参加自学考试和读网络大学，可是无法通过某些科目（如高等数学）的考试。

2005年，在没有上任何考前辅导班的情况下，我参加了雅思考试，平均成绩7.5分（满分10分）。

我14年的幼教从业经历，以及我的大专文凭被新西兰惠灵顿维多利亚大学认可。

因为我先修的两门硕士研究生课程成绩都在B＋以上，学校正式接收我为教育硕士研究生。

我享受硕士、博士研究生的学习过程，阅读、思考、演讲、小组讨论、写论文。

从这个自述中大家不难看出，作为一个学生，就学历而言，我一度似乎算不上是个成功者。但是，没有"学历"就代表我没有"学力"吗？如果是这样的，我怎么可能在没有上辅导班的情况下，仅凭在国际学校工作的几年里通过与外教对话练出来的英语考出雅思高分呢？又怎么能在新西兰读完硕士和博士研究生的课程呢？

我是谁？我该如何评价自己？

成为妈妈之后，陪着儿子经历的各种评价，给了我一个新的视角。

2008年1月，在新西兰陪我留学一年半的儿子需要回北京上小学。当时儿子应该插班进入适龄的二年级，可因为语文测试交了白卷，被要求重读一年级，尽管他的英语和数学考得很好，尽管他跟我说："妈妈，语文卷子我能读懂，也知道答案是什么，只是我不会写字。"

这都怪我在新西兰时没有教他写字！

那时候，不会写汉字这一块短板，成了衡量儿子"水平"的那根标尺。

儿子和我都不想留级，于是我们花了三个星期学习二年级上学期语文课本中的字。儿子第二次入学测试及格，才如愿插班进入二年级学习。

新西兰小学也有很多日常的评价，很多时候会让孩子自评，一年还会发放两次学习报告。印象很深的一次是，当我读着儿子老师给他写的评语时，我有一个强烈的感受："这是我的儿子吗？老师不懂我的孩子！"在和老师与校长沟通后才发现，原来儿子的老师并不了解英语作为第二语言的孩子在异国他乡学习过程中的心理状况和所面临的挑战。他们用评价英语是母语的孩子的视角来评价我的儿子，于是就有了如下评语：

> 在众人面前讲话时，有很多手部动作，影响听众注意力。
> 在操场上不能和同伴和谐游戏，总是一个人游荡。
> 在写作任务开始时注意力不集中，迟迟不动笔。

当时儿子的各项成绩都很好，老师和校长都认为儿子学习不错，所以他们非常不理解我为什么会不满意儿子的评语。因为儿子的老师不懂他：老师不理解他刚到新西兰不满一年时间就在众人面前说英语需要多大的勇气，会多紧张；老师不理解他在操场上不和其他同学玩，是因为他不会玩新西兰小朋友玩的游戏，那片刻的休息时间是他可以放松和沉浸在自己世界里的时间；老师更不理解他迟迟不动笔写作文，是因为他虽然能口头复述老师所讲述的内容，但其实并没有理解意思，所以不知道如何动笔。

评价，到底评什么？为什么评？怎样评（从什么视角）？……

除了学生、妈妈，我还有一个重要身份，那就是幼儿园老师。曾在公办园、国际学校和新西兰的幼儿园工作过的我对评价的感受在不断变化。

20世纪90年代初期，刚参加工作的我在一所新建公办园工作了三年。关于评价，我只记得每学期结束前我会给每个孩子写评语，而评语的标准格式似乎是写两句孩子的优点，再写一句对孩子的期望。那时候，我不觉得我写的教养笔记与评价有任何关系，那是需要完成的任务，是我自己对教育和保育的思考。但是，现在回想起来，里面很多的内容与对孩子的评价有关。例如，他们出现了什么问题，或者给我带来了哪些挑战，我该怎么办，等等。

后来到了国际学校，我认为评价就是给孩子写的一年两次的学习报告，里面有对各学习领域的一些常规指标的评定，还有老师的评语。现在回想起来，当时我们给每个孩子建立了学习成长档案和家园联系本，里面有我们对孩子学习和发展情况的记录。当时学校还组织一年两次的家长教师一对一见面会，讨论孩子的学习和发展情况。那时候，我不太明白为什么要这么做，只觉得那是常规工作的一部分。学校发了表格，我们就只管填写。

再后来，到2006年，我去新西兰留学，并协助我曾经的外教搭班老师兼好朋友凯西开办了一所只有22个2～5岁孩子的小型混龄式幼儿园。在此过程中我被告知，我要从孩子入园第一天起就开始记录孩子的学习，建立学习成长档案，为孩子写学习故事。一开始我摸不着头脑，后来经过大学里的学习和专业培训，以及对孩子的不断注意、识别、回应，并撰写学习故事，才开始明白这些行为背后的一些缘由。例如，新西兰幼儿园为什么没有指标等级评定式的评价？为什么注意和识别孩子的兴趣会是老师观察孩子时重点关注的方面？为什么孩子和家长会那么珍爱学习成长档案？为什么我会越来越为孩子、为促进孩子的学习这项工作着迷？

作为学生、妈妈和老师的我对评价的切身体会，让我对评价进行更多反思：那些评判式、找短板式的评价究竟会给孩子的发展带来什么样的影响？在2001 年出版的学习故事专著 Assessment in Early Childhood Settings：Learning Stories[①]（中译本为《另一种评价：学习故事》）中，卡尔详尽地论述了学习故事这一有别于传统的指标等级评定式评价的儿童学习评价体系。卡尔说，学习故事中的评价不是能力考查，不为检核碎片式的、不体现环境因素的知识技能，不为发现缺点、不足和弥补差距，而是在发现和突出儿童自身兴趣和优长的前提下，支持儿童用越来越复杂和深入的方式不断建构对周围世界的认识，发展有助于学习的心智倾向。学习故事中的评价不只有"客观观察"，也包括围绕观察进行的多元解读、讨论，而在解读和讨论中呈现的解读者的"主观"观点和反馈被视为是有价值的、重要的。学习故事这样的评价文本更不是写完后就被束之高阁或锁在办公室文件柜里落满灰尘的文档，而是记录了儿童学习成长轨迹的可以被常常拿出来和儿童一起阅读、分享、讨论、回顾的有意义的评价文本，也是能够跨越家、园、社会边界的有助于建立儿童、教师、家长、社会之间的连接的"边界介质"[②]。更重要的是，学习故事这样的评价文本在儿童建构作为学习者的自我身份认知的过程中扮演了重要角色。也就是说，在运用学习故事理念和实践对孩子的学习进行评价时，老师不仅关注孩子如何学习，也在帮助孩子不断从老师为他们撰写的学习故事中发现"我是谁""我是怎样学习的""我是什么样的学习者"，从而建构自我身份认知。

在给很多孩子写过学习故事之后，看到孩子和家长对我写的学习故事的珍视，以及我与孩子共同学习和成长的喜悦，我也越来越体会到它对孩子的意义、对老师的意义、对家长的意义。

2012 年年底，还在新西兰修改博士论文的我，读到教育部颁布的《3-6 岁

---

① Carr，M.，*Assessment in Early Childhood Settings*：*Learning Stories*，London，SAGE Publications，2001.

② ［新西兰］玛格丽特·卡尔、温迪·李：《学习故事与早期教育：建构学习者的形象》，10 页，北京，教育科学出版社，2015。

儿童学习与发展指南》时，激动万分，因为其中提及"尊重幼儿发展的个体差异""切忌用一把'尺子'衡量所有幼儿"，还要"重视学习品质"，不能单纯追求知识技能，要"为幼儿后继学习和终身发展奠定良好素质基础"。《指南》里关于儿童、学习、教育等的表述引起我的共鸣。如果学习故事与我国的幼儿教师相遇，会擦出什么样的火花呢？2013 年 6 月，当我的好朋友，和玛格丽特·卡尔一起研发学习故事评价体系的温迪·李[①]告诉我，她要随自己的先生来北京开一个学术会议，期间会有几天空闲时间时，我非常兴奋，很想促成温迪老师与北京幼儿教师的第一次邂逅。

## 二、北京老师们与学习故事的邂逅

2013 年 8 月，在盛夏的北京，当大部分幼儿园老师还在假期中时，200 多位北京的幼儿园园长、老师怀着好奇心，聚集在北京出版集团的培训厅，参加了北京市教育学会学前教育研究会主办的"学习故事：新西兰国家早期教育课程、实践和评价"培训。新西兰教育领导力项目的创始人温迪老师用了两天时间，向北京的老师们介绍了新西兰国家早期教育课程——Te Whāriki：Early Childhood Curriculum[②]（以下简称"Te Whāriki"），以及与之相匹配的叙事性儿童学习评价体系——学习故事。温迪老师让老师们看到和体会了新西兰幼儿教师从儿童出发，倾听儿童的心声，追随儿童的兴趣和热情，为支持儿童建构自己对周围世界的理解，建构作为学习者的积极的自我身份认知，促进每一个儿童的学习和成长所付出的努力。

两天的时间不长，但是温迪老师的分享却触动了很多老师的心。培训结束后，几十个老师主动留下来和温迪老师继续对话，并在北京教科院早教所孙璐老师的提议下，自发成立了一个"学习故事研习网上探讨群"，希望在未来能进一步了解学习故事。几年后，被问到当时听温迪老师分享的感受和为什么提议成立研习群时，孙璐老师说："我印象特别深，当时特别激动，散会后马上就成立了研习群。这个理论和我内心想实现的教育理想比较一致，所以我愿意去努力，去实践，去做一些改变。"

孙璐老师还说，温迪老师的分享"激发出我们听众内在的一种力量"。但是温迪老师却告诉我们，我们更需要去"发现儿童的力量"。在新西兰老师们写的

---

① 在本书中，当温迪·李单独出现时，我们称她"温迪老师或温迪"；当温迪·李和玛格丽特·卡尔一起出现时，以"李和卡尔"或"卡尔和李"这样的形式出现。

② New Zealand Ministry of Education，Te Whāriki：Early Childhood Curriculum，Wellington，Learning Media，1996.

一个个儿童学习故事中，我们看见了儿童的力量，这也激发我们思考：是什么样的儿童观、课程框架和评价实践让这成为可能？时任北京市西城区三义里第一幼儿园刘晓颖园长（以下简称"三义里一幼"）后来在《发现儿童的力量："学习故事"在中国幼儿园的实践》一书中写道：

> 培训带给我的最大震动就是新西兰国家早期教育课程框架中的理想宣言："儿童是以有能力、有自信的学习者和沟通者的身份成长的，身心健康，有安全感、归属感，知道他们能为社会做出重要贡献。"……
>
> 在这样的儿童观引领下，新西兰的幼教老师们用撰写"学习故事"的方式来记录、解读，从而进一步推动儿童的学习和发展。我们看到的"学习故事"不仅是新西兰幼教老师们记录的一篇篇发生在幼儿生活、游戏中的小故事，它更是新西兰幼教老师们观察、发现、倾听、记录、分析、反思、评价幼儿的学习并形成新的教学计划的整套课程。[1]

学习故事虽然是舶来品，但老师们还是发现了它和 2012 年我国教育部颁布的《指南》的理念有很多相通之处。西城区教研员付雁老师如是说："我当时一听就觉得（学习故事）跟我内心所追求的（理念）很像。那时《指南》颁布快一年了，我刚调到教研室，组织不同层面的老师分享贯彻《指南》的一些思考。我记得特别清楚，（大家）都觉得贯彻《指南》太难了。后来听了温迪老师的分享之后，我们就觉得（学习故事）跟《指南》的理念非常吻合，可能会帮助我们找到实践的路径。"

当时，虽然大家还只是朦朦胧胧地意识到学习故事和《指南》间可能存在联系，但是大家渴望改变，渴望让工作重心和视角回到儿童这一原点上，渴望在学习故事鼓励的思维和行为模式中，让老师们工作时不那么累，还能体会到成就感，因此，2013 年 9 月，在北京市区两级教研员的鼓励下，三义里一幼刘晓颖园长和她们园的老师们勇敢地开始了学习故事的研究和实践。2015 年5 月，三义里一幼通过了北京市市级示范园的评审和验收，成为"北京市市级示范园"。对于这所在 2013 年 9 月还被形容为"老小旧"、教师平均年龄大（42 岁）、有着"老母鸡护小鸡"般的师生关系的幼儿园来说，这是莫大的肯定和激励！

当时，借鉴学习故事的理念和实践贯彻落实《指南》精神才刚开始，大家还有很多不清楚、不明白的地方，但是三义里一幼从园长到老师的努力被大家看

---

① 刘晓颖：《发现儿童的力量："学习故事"在中国幼儿园的实践》，1 页，北京，北京少年儿童出版社，2015。

见：她们努力发现儿童的力量，倾听和解读儿童的心声，和儿童共同建构学习过程；她们勇敢打破原有的以老师为主导的师幼关系，打破幼儿园一日生活中的时间、空间、常规、材料的限制；她们还勇敢退到儿童身后，认真观察、发现并记录儿童的学习故事，追随和支持儿童的兴趣、需要，为儿童主动学习提供助力。老师们在这个过程中，和孩子们一起创造了各种精彩时刻，看到了一个个强大、积极、有无限学习和成长力量的孩子，同时感受自身的各种转变、兴奋、收获和自信。2015年6月，在《学前教育》杂志社的鼓励和策划下，三义里一幼老师们将自己一年多的探索经历编辑成书——《发现儿童的力量："学习故事"在中国幼儿园的实践》。这些都在激励着更多的老师们。他们纷纷给刘晓颖园长留言，感谢她们带给大家的启发和力量。①

## 三、成立北京儿童学习故事研习小组

三义里一幼的研习和转变，离不开北京市区两级教研员和老师的共同学习、思考和行动——不仅仅是"指导"。因为对于教研员来说，学习故事也是新事物，需要去学习和了解，所以他们和三义里一幼的老师们一样也是学习者，需要支持。2014年4月，在北京教科院早教所苏婧所长的倡议和支持下，北京教科院在原来已有的6个兼职教研组的基础上正式成立了北京教育科学研究院早期教育研究所兼职教研员儿童学习故事小组（以下简称北京儿童学习故事研习小组）。周菁和孙璐任组长，她们同来自北京市9个区的十几位教研员、保教工作者和一线教师一起开始了学习故事研习之旅。

最初三年里，北京儿童学习故事研习小组聚焦"学习故事是什么"进行相关理论的研习。2016年，研习小组参与了北京教科院早教所苏婧所长负责的北京市教育科学"十二五"规划2015年度重点课题"国际视野下北京市幼儿园课程的实践与创新研究"中"评价"部分的子课题研究，进行了文献综述和有关"北京市幼儿园儿童发展评价工作实施现状"的问卷调查。调查一共回收了770份问卷（来自66名教研员、117名业务干部、587名幼儿教师）。调查的内容包括幼儿园使用的儿童学习和发展评价方式有哪些、教师是如何观察儿童的、几种常见的评价方式的使用情况如何、大家理想中的评价方式是什么样的以及可能遇到哪些挑战和困惑等，旨在收集北京市幼儿教师在儿童学习和发展评价方面的态度、观念、实践、需求等信息，从中了解他们开展儿童学习和发展评价工作

---

① 北京市西城区三义里第一幼儿园2015—2019年的研习历程将在《相信每个人的力量：构建基于儿童、重视关系的幼儿园课程与文化》一书中讲述。

的现状和需求，并为进一步探索适合首都情况的儿童学习和发展评价体系提出建议。[①] 2017 年之后，北京儿童学习故事研习小组的研习开始以"发现儿童视角"为切入点，尝试通过"1＋1"式（本组老师＋一位研习同行者）、跨组式（与北京教科院早教所"健康"领域兼职教研员一起研习）以及入园式（进入幼儿园）联合教研等多种形式，纳入更多幼儿园、老师和教研员，在幼儿园一日生活和学习的现场，让大家共同体会"儿童视角"，觉察"倾听"和"看见"，尝试用"多元视角解读学习故事"，思考并探讨儿童、关系、课程和文化等重要主题，试图建立愿景、理论、原则、方法、实践之间的连接。

老师们从刚进研习小组时的紧张、茫然，不知道学习故事是什么，到开始听到别的老师说，"我觉得你们班的孩子跟别的班的孩子不一样，他们不一定多乖，但是他们特别自主"；有园长发现老师们"谈起孩子的时候就兴奋地不得了"；有教研员感受到了自身的变化，说学习故事"让我变得温暖了，变得更感性了，让我看待孩子、看待老师的眼光都变了"；也有老师说自己已经"把学习故事当成理念并深入身体里面……现在很坚定自己的立场"。

现在，当被问及"学习故事可能是什么"时，老师们选择用"无形""空气""魔幻球""白开水"等来形容。

王秀宇老师说它"无形"，说"虽然它看不见、摸不着，但它是能够影响幼儿园整体的"。

朱金岭老师说它像"空气"，是因为"你越走近它，就越觉得它重要、必不可少，因为每个人都是有力量的"。

张福建老师说它像"魔幻球"，是因为"孩子们的学习故事让我看到孩子们的力量，看到老师们的力量，看到他们的兴趣，也能够让我在这个过程中寻找一条支持孩子们走下去的路。这条路没有标准的方向，也没有尽头。它的每一个点都在闪着光，所以我认为它是一个'魔幻球'，怎么看都很美"。

程洁老师说："它看起来很平常，但可以变成凉白开、温水，加点料还可以变成一杯其他口味的饮料。但是它最内核的，还是白开水。学习故事像白开水一样可以变化，而它最意味深长的部分，就是它的价值观；就是它对于儿童心理乃至整个人的理解，对于学习的理解，对于文化、社会的理解，以及它所提倡和鼓励的人与人的关系、人与物的关系、人与社会的关系。这些造就了学习故事。因此，如果想要理解学习故事是一个什么样的存在，不能狭隘地把它理解为一种评价模式或课程模式。你可以把它更广义地理解为一种你展开教育生活的方式。"

在此，我回应下本书的书名：学习故事不仅仅是一种评价，它究竟还给我

---

① 苏婧，等：《儿童视角下北京市幼儿园课程的实践与创新》，116～156 页，北京，北京师范大学出版社，2019。

们带来了什么？它还给我们带来了更多的思考与可能。因为从老师们的描述中不难发现，在她们心里，学习故事首先是一种评价方式，但它带来的意义和价值远不止一个个故事和一份份评价文本。那么学习故事是一种什么样的评价？老师们提到的无形的、必不可少的、怎么看都美的又不起眼的学习故事的内核可能是什么？它与我们的幼儿教育实践究竟存在着什么样的连接？我们在研习、借鉴学习故事的理念和实践中进行了哪些尝试？面对哪些挑战和困惑？建构了哪些我们自己的认知和经验呢？撰写本书的一个目的就是想和大家分享我们的研习旅程上的各种风景和千般滋味，也希望能够激发大家对儿童、学习、课程、评价的更多思考和讨论。

非常感谢北京教科院早教所在专业、组织和平台上的支持与保障，也感谢北京儿童学习故事研习小组的所有成员，以及她们所在区教研室、幼儿园的老师们的一路同行（排名不分先后）。

北京教育科学研究院早期教育研究所　孙璐老师

北京市西城区教育研修学院　顾春晖老师　付雁老师

北京市西城区三教寺幼儿园　杨茜楠老师

北京市西城区三义里第一幼儿园　刘晓颖园长　刘婷老师

北京市第五幼儿园　祁丽丽老师

北京市丰台区南苑第一幼儿园　王秀宇老师

北京市大兴区第二幼儿园　佟爽老师　郭青老师

北京市六一幼儿院　朱金岭老师

北京市海淀新区恩济幼儿园（童心家园）　成勇园长

北京市顺义区澜西园四区幼儿园　张福建园长

北京市顺义区宏城幼儿园　郭立娜园长

北京市通州区教育研修中心　任智茹老师

北京市密云区教育研修学院　许静老师

北京市延庆区第三幼儿园　刘胤老师

北京市东城区崇文第三幼儿园　王朔老师

北京市朝阳区惠新里幼儿园　郑杰老师

《学前教育》杂志社　程洁老师

对世界各国文化，

中国文化采取的态度是

礼之、师之、纳之、化之，

如同孔子所说：

"夷狄入中国，则中国之。"

——刘梦溪

# 第二章 当学习故事遇见《指南》

## 一、学习故事是评价，是课程，更是生活

学习故事是一套有明确的价值观引领的形成性儿童学习评价体系，是新西兰国家早期教育课程"Te Whāriki"编著者之一玛格丽特·卡尔的灵感。说学习故事有明确的价值观引领，是因为学习故事的理念和实践必须遵循"Te Whāriki"的儿童观、课程观、学习和发展观、评价观、教育原则、学习和发展线索以及理论基础等。因此，想要了解学习故事，就需要首先知道"Te Whāriki"是什么，以及滋养它生根、发芽、发展的新西兰特定的社会、历史、经济、文化背景。

现今的新西兰是一个居住着来自世界各地移民的双文化（多元文化）国家。双文化指的是毛利文化和非毛利文化。新西兰早期教育机构的形式也非常多元：有全日制、半日制、时段制的早期教育机构，有家长主导的如"玩耍/游戏①中心"式的早期教育机构，有老师主导的如幼儿园、托幼中心式的早期教育机构，有保护文化和语言的早期教育机构，还有基于不同教育理念（如蒙台梭利、华德福等的理念）的早期教育机构等，以满足0～5岁的儿童及其家庭不同的早期教育需求。不过，不管早期教育机构的规模和形式如何，"Te Whāriki"作为新西兰国家早期教育课程，是新西兰所有经教育部认证和监管的早期教育机构都需要使用及遵循的。

### （一）儿童观是"Te Whāriki"的基础

"Te Whāriki"于1996年由新西兰教育部颁布，并于2017年进行了更新和修订，是世界上第一部双文化国家级早期教育课程。"Te Whāriki"一词为毛利语，意为"编织而成的草席"（a woven mat），以此比喻课程的建构和发展是一个编织的过程：将理论、文化和实践编织在一起。② 它立足于新西兰本土文化以及新西兰作为移民国家的多元文化社会背景，把以维果茨基的理论为代表

---

① 在本书中，"play"一词都将以"玩耍/游戏"这样的中文表述形式出现。

② Gunn，A. C. & Nuttall，J.，*Weaving Te Whāriki Aotearoa—New Zealand's Early Childhood Curriculum Framework in Theory and Practice*，Wellington，NZCER Press，2019，p. 7.

的社会文化理论作为主要理论基础，融合了生态系统理论、毛利文化智慧、太平洋岛国文化习俗、批判理论等相关研究成果与理论，发展形成了两个独立统一、体现双文化特性的课程文本——英语课程文本和毛利语课程文本。

"Te Whāriki"是一部全纳融合的课程，为促进居住在新西兰的儿童的发展而存在。"Te Whāriki"正文第一页从儿童既是独立的个体又是处于关系中的个体这两个维度对儿童的形象进行了描述，清晰地阐明了"儿童是有能力、有自信的学习者和沟通者，身体、心理、精神健康，因有归属感和知道自己在为社会做出重要贡献而感到安心、踏实"这一儿童观，这也是"Te Whāriki"的基石。同时，"Te Whāriki"也将儿童视为民主社会中拥有各项权利的公民，在与人、地方、事物有意义的互动中用自己的方式学习，从而建构自己对周围世界的认识，发展各种有助于学习的心智倾向，而这样的学习是可以"贯穿其一生的持续过程"。

在这样的儿童观和学习观的指引下，"Te Whāriki"期待老师在日常教育实践中，与儿童、家长和社区合作，共同将四大教育原则——激发力量和赋权（empowerment）、整体发展（holistic development）、家庭和社区（family and community）、关系（relationship）与五大学习和发展线索——健康幸福（wellbeing）、归属感（belonging）、贡献（contribution）、沟通（communication）和探究（exploration）编织在一起。对于每个幼儿园和每个班而言，课程这块"草席"需要由儿童、老师、家长、社区共同编织而成，是幼儿园里"所有人都能在上面站立的草席"（a mat for all to stand on）。我们把这样的论述理解为，在课程这块编织而成的"草席"上，每个人（儿童、老师、家长）都应该有自己的"一席之地"。

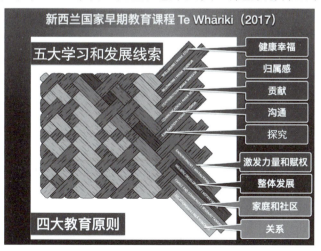

图 2-1　课程编织示意图（引自 2017 年版"Te Whāriki"第 11 页）

2017 年版"Te Whāriki"中，五大学习和发展线索各自的课程目标统一以"儿童体验到这样一种环境……"句式开始。这些目标为老师而设，描述了支持性环境和教学法的特征，旨在指引老师为儿童创设适宜的，有助于儿童在健康幸福、归属感、贡献、沟通和探究等领域学习和发展的环境。同时，"Te Whāriki"还以"随着时间的推移，在引导和鼓励下，儿童越来越有能力……"句式提出了与各条学习和发展线索有关的 20 个预期学习成果。(表 2-1)这些学习成果是对有价值学习的宽泛叙述，可以为课程的计划和评估提供信息，并能支持对儿童进步和发展的评价。这些学习成果凸显了"心智倾向"(learning disposition)和"儿童正在发展的理论"(working theories)的重要性；提醒老师重视时间对于学习和发展的重要性；明确老师的引导和鼓励以及观察的重要性。因为这些学习成果在学习过程中可以被观察到，是学习和发展的证据。老师需要将这些学习成果视为"指南针"，而不是终点明确、路线清晰的"地图"。这是因为指南针能指方向，但不提供精确路线。我们拿着指南针做决定时需要基于事实，如过去的经验、兴趣、心智倾向、能力水平等。指南针适于在探索未知领域时使用，而"Te Whāriki"所期待的儿童学习和发展旅程是充满不确定性、存在无限可能的，因而这些学习成果旨在给老师解读以及促进儿童的学习和发展提供方向与指引。

表 2-1　2017 年版"Te Whāriki"课程目标和预期学习成果①

| 学习和发展线索 | 课程目标<br>儿童体验到这样一种环境 | 预期学习成果<br>随着时间的推移，在引导和鼓励下，儿童越来越有能力 |
| --- | --- | --- |
| 健康幸福 | 他们的健康能得到促进<br>他们的情绪健康能得到呵护<br>他们是安全的并远离伤害 | 保持健康，照顾自己<br>自我管理，表达自己的情绪和需求<br>保护自己和他人免受伤害 |
| 归属感 | 与家庭和更广阔世界的联系得到肯定与扩展<br>他们知道他们有一席之地<br>他们对日常生活、风俗习惯和常规活动感到舒服自在<br>他们知道可接受行为的限度 | 把他们世界里的人、地方、事物联系起来<br>了解这里(身处的环境)的状况，并适应变化<br>尊重毛利文化仪式、规则和他人的权利 |
| 贡献 | 无论性别、能力、年龄、族裔或背景如何，都有平等的学习机会<br>他们被视为独一无二的个体<br>他们被鼓励与他人共同学习 | 公平对待他人，让他人参与游戏<br>认识到并欣赏自己的学习能力<br>使用一系列策略和技能与他人一起玩耍/游戏和学习 |

①　New Zealand Ministry of Education，Te Whāriki：Early Childhood Curriculum，Wellington，Learning Media，2017，pp. 24-25.

| 学习和发展线索 | 课程目标<br>儿童体验到这样一种环境 | 预期学习成果<br>随着时间的推移，在引导和鼓励下，儿童越来越有能力 |
|---|---|---|
| 沟通 | 他们发展非言语交流技能以达到不同目的<br>他们发展言语交流技能以达到不同目的<br>他们体验自己文化中的以及来自其他文化的故事和符号<br>他们发现不同的创造和表达方式 | 用手势和动作来表达自己<br>理解口头语言，并能出于不同目的的运用口头语言<br>喜欢听故事、复述故事、创编故事<br>认识印刷/书写符号及其概念，带着乐趣、意义和目的使用它们<br>认识数学符号及其概念并带着乐趣、意义和目的使用它们<br>用一系列材料和方式表达他们的感受和想法 |
| 探究 | 他们的玩耍/游戏被视为有价值、有意义的学习，自发游戏的重要性得到认可<br>他们增强对他们身体的信心和控制力<br>他们学习积极探索、思考和推理的策略<br>他们建构和发展自己的理论，以理解自然的、社会的、物理的和物质的世界 | 玩耍/游戏、想象、发明和试验<br>自信地移动，并挑战自己的身体<br>使用一系列推理和解决问题的策略<br>通过产生和完善自己正在发展的理论来理解他们的世界 |

"Te Whāriki"提出的这些儿童观、学习观、教育原则、学习和发展线索、课程目标和预期学习成果引领着评价、计划和评估，目的是"让儿童的独特之处指引我们的工作"。

**(二)评价的过程也是课程编织的过程**

"Te Whāriki"是一部基于社会文化建构理论的非规制性(non-prescriptive)课程。也就是说，它并没有具体规定老师每天需要教什么、组织什么活动、学习哪些主题，而是期待老师将自己的工作重点放在对儿童的研究、互动互惠的关系的建构，以及创设一个支持和促进每一个儿童发展的环境上。因此，这样的课程是开放、灵活、多元、存在无限可能的，需要儿童、老师、家长和社区，在相互促进和彼此呼应中生成及建构专属于自己的课程。"Te Whāriki"把课程广泛地定义为"在促进儿童学习和发展的专门机构中所发生的所有直接的及间接的经验/体验/经历①、活动和事件"②，并把课程编织和评价实践紧密联系在一起，认为"评价实践能够阻碍、削弱、支持或强化课程"③。

在围绕什么样的评价实践能够支持和强化"Te Whāriki"课程进行了数年研究后，卡尔及其团队借用德拉蒙德（Drummond，J. M.）对形成性评价的描述，阐述了为促进学习而进行评价的过程，即"每天教学实践的方式，就是我们，即家长、教师和其他人观察儿童的学习（注意），尽力去理解它（识别），然后好好地利用我们观察和分析的信息来理解与支持儿童的学习（回应）"④。在《另一种评价：学习故事》中，卡尔更为详尽地论述了学习故事这一有别于传统的指标评定式评价的儿童学习评价体系，勾勒了这种"另类"评价模式的一些主要特征。⑤

目的：促进学习。

感兴趣的学习成果：有助于学习的心智倾向。

干预的焦点：突出长处，促进心智倾向的发展。

效度：对观察进行解读、讨论，达成共识。

进步：参与状态有提升，更为复杂和深入。

程序：学习故事。

对教育实践工作者的价值：与4类读者沟通——儿童、家长、其他员工以及教育实践工作者自己。

那么，具有这些特征的评价——学习故事在实践中是什么样的呢？它又是如何促进儿童的学习和发展的呢？新西兰惠灵顿维多利亚大学附属幼儿园蒂娜老师写的学习故事《热爱交通工具的男孩》，可能会给我们带来一些启发。

---

① "Te Whāriki"原文用的词是"experiences"，我们选择将其翻译成"经验/体验/经历"而非"经验"，目的是想突出"experiences"这个词指向的是多种不同的体验，以及在英文语境中它所具有的过程属性和感知属性，而不仅仅是"经验"一词可能直接指向的先验性和结果性。

② New Zealand Ministry of Education，Te Whāriki：Early Childhood Curriculum，Wellington，Learning Media，2017，p. 7.

③ Lee，W.，Carr，M.，Soutar，B. & Mitchell，L.，*Understanding the Te Whāriki Approach：Early Years Education in Practice*，London and New York，Routledge，2013，p. 108.

④ Drummond，J. M.，*Assessment Children's Learning*，London，David Fulton Publishers，1993，p. 15.

⑤ ［新西兰］玛格丽特·卡尔：《另一种评价：学习故事》，3页，北京，教育科学出版社，2016。

## (三)实践中的学习故事

### 学习故事 2.1  热爱交通工具的男孩

*作者：蒂娜老师*

*时间：2020 年 8 月 3 日*

奈森(21 个月)，我们发现近期你对交通工具的兴趣越来越浓厚了。你开始每天从家里带一个不同的汽车玩具来到幼儿园。当你跟我们分享你所了解的交通工具知识时，你的眼睛放着光，声音很兴奋。

你很喜欢读有关交通工具的书，也喜欢听与交通工具有关的故事。你喜欢自己拿着书，一页一页地翻着，说出图片里你认识的那些交通工具的名称。

前几天，你决定到户外去玩一辆警车玩具。你拿着警车来到了户外的斜坡处，用手推着车，一直把它推到了坡顶。你注意到一小片草坪，决定在那上面开警车。过了一会儿，你又发明了一个新玩法，那就是把警车推到坡顶，再看着它从坡顶一路滑下。

今天下午，我看到你一边拼一个交通工具拼图，一边唱着《公共汽车上的轮子在跑、跑、跑》。你专注地随着歌曲做着相应的动作，然后把公共汽车拼图放到了准确的位置。

<u>什么样的学习正在发生？</u>

奈森，通过这些学习体验，你在积累更多有关交通工具的知识，比如它们共同的特点和差异。你在试错中学习，并发现了在不同的表面和越过不同的障碍时推动小车所需要的不同力度。当你回顾你了解知识时，你很自信，并能用多种方式探索各种资源，以扩展自己的学习路径。

"让孩子成为自己游戏的编剧、导演和演员。"——玛格达·伯格(Magda Berg)

<u>进一步学习的机会与可能：</u>

我们将继续为你提供有关交通工具的玩具以保持你的兴趣，也会支持你自由地运用自己的想象去玩这些玩具。为了帮助你丰富与交通工具有关的词汇，我们会提供更多你可能感兴趣的图书，并和你一起阅读与讨论。

奈森的老师在这个学习故事中，记录了 21 个月大的奈森对交通工具的热爱。我们能在这个学习故事中看到卡尔所描述的"另类"评价的一些特征。

老师对奈森进行了观察与解读，且是持续的：老师从"近期"对奈森的整体观察中，发现他对交通工具的兴趣不断增强；"前几天"观察到他在阅读图书时以及在户外与交通工具的亲密接触；"今天下午"看到他边玩交通工具拼图，边唱与公共汽车有关的歌曲。同时，老师也在对自己持续的观察进行解读，解读奈森在与图书、斜坡、草坪、拼图等的互动中表现出来的共性——对交通工具的热爱，解读奈森与交通工具有关的体验、意义和价值等。

奈森的老师感兴趣的学习成果，是奈森对什么感兴趣以及能做什么。她让奈森自己和我们都看到了奈森是有能力、有自信的学习者这一积极形象——热爱交通工具，愿意分享自己对交通工具的认识，会玩，爱唱，更会充分运用各种资源来探究和学习……这些都成了奈森的老师思考如何为促进和拓展奈森的学习而制订计划的起点。

奈森的老师通过撰写学习故事，用叙事的方式赋予了这个寻常的学习事件以价值——奈森在用自己特有的方式与周围环境（汽车、图书、斜坡、拼图、歌曲……）互动的过程中，建构着自己对周围世界的认识，发展着有助于学习的心智倾向。奈森的老师用了第二人称"你"来撰写学习故事，就像在向孩子讲述一个老师看到的发生在他身上的故事。它可以用来读给孩子听，也可以用来跟家长沟通和交流，邀请家长共同解读这个学习故事。当然，它也可以作为老师教育实践的实例，供老师自己回顾和反思，以及跟教育督导部门和像我们这样对学习故事感兴趣的老师们进行沟通和探讨。奈森的老师这样评价的目的是在了解奈森的基础上，促进奈森的学习和发展，而不是评判奈森的发展水平。

以上这些特征都被融入了学习故事的三个主要组成部分：①对一个重要学习事件进行的描述；②对学习进行的分析和解读，如"什么样的学习有可能在这一刻发生了"；③计划，即设想促进儿童学习的"机会和可能"。如同卡尔和李在她们的新作《实践中的学习故事》[1]中所指出的那样，奈森的老师在每天的教育实践中注意、识别、回应奈森的学习，给孩子、家长和自己提供与孩子的学习旅程、优长、进步，以及促进学习的可能等方面相关的反馈（包括每日生活中的口头反馈、表情动作反馈和学习故事中的书面反馈）。反馈有助于优化"儿童的动机、他们作为学习者的社会性身份、他们的学习观以及学习氛围"等影响学习和发展的"数不清的互相关联的因素"[2]。这样的评价实践和课程建构还鼓励融入"家长的声音"，以及儿童的自我评价——"儿童的声音"，即家长和孩子在回顾学习旅程时的感受和想法。也就是说，在对学习进行分析和识别时，老师们需要尽可能多地融入多元化的视角、多方的声音，同时接纳在分析和识别过程中可能存在的不确定性。不能为了追求客观而使评价过于简单化，

---

① Carr，M. & Lee，W.，*Learning Stories in Practice*，London，SAGE Publications，2019，p. 14.

② Perrenoud，P. "Towards a Pragmatic Approach to Formative Evaluation," in *Assessment of Pupil Achievement*：*Motivation and School Success*，Rockland，Mass.，Swets and Zeitlinger，1991，p. 80.

因而丢失对学习复杂性的解读。① 正是这样的思维和行为，才让学习故事中老师们的注意、识别、回应、记录、再读和回顾既成为评价过程，也成为能够给学习带来强大推动力的课程建构过程。在《热爱交通工具的男孩》中，我们还能看到老师的评价行为——注意、识别、回应奈森的学习所基于的儿童观以及所遵循的教育原则：儿童观——因为相信奈森是"有能力、有自信的学习者"，所以老师愿意在持续倾听和观察中去发现奈森的兴趣、能力；激发力量和赋权——基于奈森的兴趣和能力思考促进学习的机会和可能，创设环境，让奈森有机会在主动选择如何与老师提供的环境进行互动的过程中成为自己学习的主人；整体发展——不仅对汽车进行探究，也关注沟通和表达以及想象；家庭和社区——支持奈森从家里带玩具到幼儿园，让兴趣可以跨越家园边界，也通过撰写学习故事，让家长了解孩子在幼儿园里的学习和探究；关系——奈森在与老师、汽车、图书、户外环境、家庭等互动互惠的关系中建构着对自己和周围世界的认识。这样的学习故事，让我们既看到了奈森的学习、老师的教学，也看到了学习中作为学习者的奈森的形象和支持、促进奈森学习的老师的形象。

由此可见，学习故事既是一种促进儿童学习的评价理念和实践，也是一种早期教育课程发展理念和实践。在卡尔看来，"这样的评价过程就像行动研究"②，即用阐释性和质性的评价方式探究真实早期教育环境中复杂的学习过程，而研究对象是正在行动中和处于关系中的学习者——儿童。学习故事通过调查包括儿童在内的许多人的想法，尝试理解收集到的客观信息。它也对学习者的动机感兴趣，并想要从儿童的视角来理解学习环境。因此，学习故事这种像行动研究的评价过程，有可能让儿童身边的老师在研究儿童、研究学习、编织课程的过程中提升专业能力和即时地注意、识别和回应儿童学习的能力，并成为促进教师专业学习和发展的路径。

**（四）在学习故事中看见儿童、老师和学习者共同体**

学习故事"首先是写给孩子和他的家人的，承认并识别学习自身的复杂性，包括情感、社会性和动机层面的影响"③。儿童的学习是学习故事的聚焦点。

① Lee，W.，Carr，M.，Soutar，B. & Mitchell，L.，*Understanding the Te Whāriki Approach*：*Early Years Education in Practice*，London and New York，Routledge，2013，p. 20.

② ［新西兰］玛格丽特·卡尔：《另一种评价：学习故事》，13～14页，北京，教育科学出版社，2016。

③ Lee，W.，Carr，M.，Soutar，B. & Mitchell，L.，*Understanding the Te Whāriki Approach*：*Early Years Education in Practice*，London and New York，Routledge，2013，p. 109.

而学习中的儿童才是学习故事的原点。学习故事"在儿童建构作为学习者的自我身份认知的过程中扮演了重要角色"①。试想，奈森在《热爱交通工具的男孩》中会看到一个什么样的自己？这样的自我身份认知会如何影响他未来的学习和发展呢？因此，学习故事需要让儿童的学习被看见，更需要让每一个学习中的儿童被看见。

学习故事的主角虽然是儿童，但同样能够呈现老师的认知、解读、情感、价值观等，传递老师想要传递的与学习和发展有关的重要信息。在《热爱交通工具的男孩》这个故事里，我们不仅看到了奈森的老师对他的了解，也看到了奈森的老师与奈森之间的师幼关系、她对创造力的理解、她的教学方式、她的情感以及她认为重要的东西。因此，老师为儿童撰写的学习故事，呈现的不仅是儿童的学习和发展轨迹，也是老师自身的专业学习与发展轨迹。

学习故事，还是属于由儿童、老师、家长和幼儿园里所有人共同组成的学习者共同体的，记录和呈现了学习者共同体中的每一个人为创设适宜的学习和发展环境所付出的努力，以及他们共同建构的专属于他们的学习和成长旅程。事实上，学习故事记录和呈现的就是儿童和他们身边的成人共同拥有的生活，如同新西兰老师们所说的"是的，在这里，我们的生活就是学习故事"②。

我们不难发现，作为课程一部分的评价——学习故事，既是评价，也是课程，更是生活，但它最核心的是人。

> 折断亚麻丛中央的嫩芽
> 风铃鸟将在哪里歌唱？
> 告诉我
> 这个世界上
> 什么才是最重要的？
> 我会说
> 人，人，人。
> ——新西兰毛利族小诗

不过，"Te Whāriki"也好，学习故事也好，毕竟是新西兰社会文化环境的产物，所以当这块"他山之石"与我们的幼儿教师相遇之后，会发生什么呢？

---

① ［新西兰］玛格丽特·卡尔、温迪·李：《学习故事与早期教育：建构学习者的形象》，2页，北京，教育科学出版社，2015。

② ［新西兰］玛格丽特·卡尔：《另一种评价：学习故事》，206页，北京，教育科学出版社，2016。

## 二、《纲要》《指南》和学习故事

### （一）"以幼儿为本"是《纲要》《指南》所追求的核心价值取向

2001年，我国颁布了《幼儿园教育指导纲要（试行）》（以下简称《纲要》），将幼儿园教育评价视为促进儿童发展和提高教育质量的必要手段，提出"评价过程是各方共同参与、相互支持和合作的过程"，应"自然地伴随着整个教育过程进行"，既能帮助教师"了解幼儿的发展需要，以便提供更加适宜的帮助和指导"，又是有助于教师"自我成长的重要途径"。《指南》进一步提出要"尊重幼儿发展的个体差异"，"切忌用一把'尺子'衡量所有幼儿"。"平时观察中积累，在真实的教育过程中伴随，教中有评，评中有教，评教合一"的评价被认为可能是"幼儿园最易行、最有效的一种评价方式，是把教师专业发展方向与幼儿发展相结合的一种很好的评价方式"①。《指南》还从健康、语言、社会、科学、艺术五个领域描述了幼儿的学习与发展，并同时提出要关注幼儿学习与发展的整体性，尊重幼儿发展的个体差异，理解幼儿的学习方式和特点，重视幼儿的学习品质。《指南》期待老师们抓住儿童发展核心，遵从儿童规律、教育规律，以提高教育质量。

《纲要》和《指南》精神，在评价的价值取向、形式和意义层面给幼儿园和老师指明了方向，那就是要"以幼儿为本"（"以儿童为本"）。李季湄老师指出，"以幼儿为本"的核心内涵是"珍惜幼儿的生命，尊重幼儿的价值，满足幼儿的需要，维护幼儿的权利，促进每一个幼儿的全面发展等"②。"以幼儿为本"，就需要老师在教学实践中重视观察、了解幼儿，"评估他们的兴趣、特点和需要，以便更有效地拓展他们的经验，促进他们学习与发展"③。而"了解幼儿的最好的办法就是本着尊重与爱护每一个幼儿的态度，通过观察幼儿游戏、生活中的种种表现，通过对话、互动、家园合作沟通等多种途径"④，全面获取能反映幼儿多方面情况的信息，然后深入分析和综合评估影响每一个幼儿学习的多种因素，包括场景、互动关系和行为发生的因果关系等，发现每个幼儿的特

---

① 李季湄：《〈3-6岁儿童学习与发展指南〉实施问答》，123页，北京，北京师范大学出版社，2014。

② 李季湄、夏如波：《〈幼儿园教师专业标准〉的基本理念》，载《学前教育研究》，2012(8)。

③ 肖湘宁、周亚君：《如何利用〈指南〉观察和了解幼儿》，见李季湄、冯晓霞：《〈3-6岁儿童学习与发展指南〉解读》，181页，北京，人民教育出版社，2013。

④ 李季湄：《〈3-6岁儿童学习与发展指南〉概述》，见李季湄、冯晓霞：《〈3-6岁儿童学习与发展指南〉解读》，34页，北京，人民教育出版社，2013。

点和优势，并且积极看待幼儿的每一点进步，利用幼儿的进步促进全面发展。

近 20 年来，我国幼儿园教育评价也在不断变化：从过去的重结果鉴定性、静态一次性、常模参照评定式的评价，向着真实情境中、动态过程中、质性的发展性评价转变①②③。越来越多的幼儿园开始采用个案观察记录、轶事记录、作品分析、档案袋评估等评价方式，也开始建构自己的评价系统。但多种评价方式共存的现状虽然能够带来百家争鸣、百花齐放的好处，但也存在缺乏有机联系和整合所带来的负担重、成效差等问题。

《纲要》《指南》精神及其对评价的论述，以及我国幼儿园评价实践的变化，让我们看到，我们关于儿童的学习和发展评价的理念及愿景——"以儿童为本"，在观察、了解儿童和分析、评估学习中利用进步来促进儿童的学习与发展，并将教师专业发展与之相结合，与前文中新西兰幼教同行对学习故事这种形成性评价的描述不谋而合。但是《纲要》《指南》并没有提出具体实施的路径，由此也给一线老师带来很大的挑战。2016 年在北京市进行的"学前儿童学习与发展评价实施现状的调查与分析"④显示，在日常教学实践中，关于儿童学习与发展评价的某些关键点，老师们感觉比较难把握。例如，儿童学习与发展评价聚焦在哪个(些)最根本的内容上？从什么样的视角进行评价？评价时如何传递重要的价值观？如何建构一套能将评价与幼儿园一日生活、课程发展、促进儿童发展的思维和行为模式联系在一起的评价体系？等等。尽管如此，幼儿园园长、老师和教研员等幼教工作者还是表达了他们渴望突破的意愿，渴望像《纲要》《指南》所期待的那样，让教育回归原点——儿童，并且提升教育者的自我价值感，但是究竟应该从何做起仍旧是深深困扰着广大老师的问题。或许，新西兰幼教工作者们把理念、价值观与教育原则、教育实践编织在一起的经验，可以给我们带来一些启示。

**(二)"Te Whāriki"和《指南》的连接与启发**

1. 明确描述儿童的形象和愿景

《指南》和"Te Whāriki"都把"以儿童为本"作为教育的基础。"Te Whāriki"

---

① 郑名、冯莉：《幼儿发展评价方法的现状调查与分析——以兰州市为例》，载《教育导刊》，2008(6)。

② 郭雄伟：《2001 年以来我国幼儿发展评价研究的文献计量研究》，硕士学位论文，西北师范大学，2011。

③ 李晓巍：《动态系统理论对我国幼儿发展评价研究的启示》，载《教育导刊》，2015(3)。

④ 苏婧、顾春晖、孙璐：《学前儿童学习与发展评价实施现状的调查与分析——以北京市为例》，载《教育科学研究》，2018(5)。

对儿童形象进行了具体的描述——儿童是有能力、有自信的学习者和沟通者。基于这一明确的儿童观，再结合新西兰本土文化对儿童的认识——儿童连接着过去、现在和未来，生来拥有伴随和影响他们一生的生命力，"Te Whāriki"提出"激发力量和赋权"这条教育原则，重视儿童的主体能动力和积极的自我身份认知，并把能为终身学习提供力量源泉的五个维度——健康幸福、归属感、贡献、沟通和探究作为促进儿童学习和发展的线索。儿童是有能力、有自信的学习者和沟通者这一儿童观，也指引着评价的切入点——发现儿童的兴趣、优长和能力，而非"找差距、补短板"。

新西兰幼教同行的这些理念和实践，启发我们思考"儿童是谁、什么样"，并提醒我们结合自身的文化和愿景去尝试发现及刻画《指南》在字里行间鼓励和阐释的中国儿童的形象；同时也激发我们在实践中寻找"激发力量和赋权"这条教育原则与尊重儿童主体性等《指南》精神之间可能建立的连接。

2. 把关系置于教与学的核心

《指南》和"Te Whāriki"都认为儿童的学习是在与周围世界的互动中发生的。《指南》基于"幼儿通过自己特有的方式与周围环境互动的过程，是幼儿主动地探索周围的社会环境、自然环境和物质世界的过程"[①]这一学习观，重点对幼儿学习的方式和特点进行了描述："幼儿的学习是以直接经验为基础，在游戏和日常生活中进行的。要珍视游戏和生活的独特价值，创设丰富的教育环境，合理安排一日生活，最大限度地支持和满足幼儿通过直接感知、实际操作和亲身体验获取经验的需要……"《指南》明确了儿童与周围世界互动的方式和特点，强调游戏和生活在儿童学习中的重要性。

"Te Whāriki"则聚焦儿童与周围世界的"关系"，认为"儿童是在与人、地方、事物互动互惠的关系中学习的"，学习发生在教育环境所提供的东西与儿童带来的知识和经验之间所形成的中间地带，并期待儿童在互惠式的参与中通过与成人之间发生的权利动态平衡来促进学习和发展。也就是说，"Te Whāriki"更为关注互动过程中儿童与人、地方、事物之间互惠式的交互关系。在这样的互动中，儿童被周围世界所影响，也同时在改变着周围的世界。例如，在沙坑里挖沟渠——学习在孩子与沙坑、沙子、玩沙工具、自己或他人的想法产生的交互关系中发生了。因为每个在沙坑里玩的孩子与周围环境的交互关系可能各不相同，所以即便几个孩子同时在沙坑里挖沟渠，在他们身上发生的学习，以及他们的学习体验也会各不相同，同时每个孩子都可能影响正在沙

---

① 李季湄：《〈3-6岁儿童学习与发展指南〉概述》，见李季湄、冯晓霞：《〈3-6岁儿童学习与发展指南〉解读》，23页，北京，人民教育出版社，2013。

坑中发生的各种学习。

这启发我们思考，想要实现《指南》所期待的符合儿童特点和需求的学习状态，我们不仅需要关注我们为儿童提供了什么样的游戏和生活环境，还需要关注每个儿童自身与周围世界的关系，为帮助我们了解每一个儿童的兴趣、需要提供依据。

3. 重视儿童的体验，在倾听、对话和持续呼应中编织课程

"整体发展"是《指南》和"Te Whāriki"都遵循的教育原则。《指南》和"Te Whāriki"都从广义的视角定义课程，重视一日生活和游戏。《指南》对课程的定义基于"活动说"，认为"幼儿园课程是实现幼儿园教育目的的手段，是帮助幼儿获得有益学习经验，促进其身心全面和谐发展的各种活动的总和"[①]。同时，《指南》明确提出要转变教育观念，从"重教师教"到"以幼儿为本"，以学定教，因而对儿童的了解是《指南》所期待的教学和课程建构的前提。但这样的转型并不容易，如果不关注儿童对课程的体验，各种活动则可能成为老师的一厢情愿。

"Te Whāriki"重视儿童的体验，认为儿童需要的是可以激发他们主导自己学习旅程力量的课程，并期待老师通过"营造互惠的氛围，'倾听'儿童（即便他们不会说话），观察他们在与周围环境互动时的感受、好奇心、兴趣和认知，鼓励他们为自己的学习做出贡献"。

在这些描述中，我们发现，"Te Whāriki"把"活动"视为课程的一部分，认为儿童在幼儿园一日生活里的方方面面都是课程，而儿童在这样的课程中不只是活动或课程的参与者，而是和老师一样，是主导者和贡献者。这不也是《指南》期待的"以幼儿为本""尊重幼儿主体性""在游戏和生活中学习、教学和建构课程"的路径吗？

4. 创设有助于儿童建构和发展自己的理论及心智倾向的环境

《指南》和"Te Whāriki"都重视环境在儿童学习和发展中，特别是在建构自己对周围世界的认识和培养学习品质中的作用。《指南》用大教育观和广义视角来界定幼儿园环境，即幼儿园环境是幼儿园教育赖以进行的一切条件的综合，包括人和物的因素，也包括幼儿园内外的环境，还有可见的物质环境和不可见的心理及人际关系环境等。用一句话说，《指南》期待的是丰富的教育环境，即温暖的、互动的、相互理解和激励的学习环境。

"Te Whāriki"对于环境的期待与《指南》相似，包括"社会性环境""感知觉

---

① 李季湄：《〈3-6岁儿童学习与发展指南〉实施问答》，96页，北京，北京师范大学出版社，2014。

环境"和"物质性环境"的创设。但是,"Te Whāriki"对环境的具体表述可能会进一步丰富和补充我们对《指南》所期待的环境的认识:一个支持性和促进性的学习环境,一个语言丰富的环境,一个安宁平静的环境,一个激发力量和赋权的环境,一个以尊重、鼓励和接纳为准则的环境,一个安全、稳定和回应性的环境……"Te Whāriki"还指出,"重视不确定性的环境、能看到探究行动和榜样的环境、把意义建构作为目标的环境",有助于促进儿童建构自己对于周围世界的理论和心智倾向。

这些表述激发作为老师的我们,在创设环境时把自己作为影响孩子学习的环境因素中的重要组成部分,从而反思自己的言行。例如,我们在组织幼儿园一日生活和与孩子互动时,是在尽量给孩子提供与不确定性相处的机会,还是在努力规避不确定因素的出现?作为孩子身边重要的成人,我们自己是什么样的学习者和探究者?孩子能从我们身上看到探究行动吗?我们是他们的探究榜样吗?在我们自己的学习和教学中,我们是否重视意义建构?即不仅仅关注"怎么做",而且常常追问"为什么"。在幼儿园的一日生活中,我们正在一起建构和发展怎样的学习文化和幼儿园文化呢?

5. 形成性评价——学习故事反映价值观和学习的复杂性

《指南》和"Te Whāriki"都关注教、学、评之间的结合,并期待将其融入幼儿园的日常生活,伴随教育过程,通过观察和解读儿童促进每个儿童更好地学习和发展。评价方式是与教育理念、教育方向、教育水平等密不可分的。[①] 可是,如何在评价中让抽象的教育理念、教育原则、教育愿景、教师的教、儿童的学等都清晰可见,并让评价成为转变观念和实践的一种催化剂呢?学习故事这一通过叙事的方式进行的形成性评价给了我们启示,激发我们思考。

如果评价不再是"找差距、补短板"式的,而是从一种取长、接纳、欣赏和相信的视角进行的,那在视角转变的过程中,是不是就有可能让儿童作为学习者的积极形象渐渐清晰,从而转变成人的儿童观呢?

如果评价不再只是关注知识技能的发展情况,而是从关注有助于学习的心智倾向入手,注重观察、解读影响学习发生发展的动机、环境、知识等因素,是不是就有可能为支持儿童主动学习提供线索和依据,从而促进主动学习、实现有效学习呢?

如果评价发生在真实的日常生活中且无处不在,并通过老师对儿童学习的持续注意、识别、回应,与教学行为融为一体,那么"以儿童为本""一日生活

① 李季湄:《〈3-6岁儿童学习与发展指南〉实施问答》,127 页,北京,北京师范大学出版社,2014。

皆课程"是不是就有可能不再只是口号？是不是我们就可以在师生彼此的倾听、对话、持续呼应中支持儿童主动学习和建构自己对周围世界的认识，共同建构课程，共享学习旅程呢？

如果评价不再是老师高高在上对儿童的发展水平进行评判，而是老师首先从儿童的视角理解每一个独一无二的儿童，走近和走进他们的世界，发现他们的力量，是不是互动互惠的师生关系就有可能建立呢？

如果在评价中老师能发出自己的声音，如果评价鼓励老师从专业视角运用自己的专业知识，明确一个或一连串学习事件对于某个或某些儿童的价值，以及学习中的儿童对人、地方、事物的价值，并且包容多元视角，是不是教师就有可能更愿意主动与儿童、同事、家长分享和讨论自己对儿童的观察和解读，从而加深对儿童、学习、教育的理解，发展"以儿童为本"的思维和行为模式呢？

如果评价不再只是指标、数字和勾勾叉叉，而是能够看见每个人（包括儿童、老师和家长）的力量，重视与促进每个人的学习和发展，能够分享喜悦、传递爱的学习故事，是不是评价就会有助于建构幼儿园"以人为本"的文化呢？

这些只是《指南》和"Te Whāriki"、学习故事之间的一部分连接，但足以让我们因为可能发生的改变而兴奋。同时，我们也认识到，借鉴"Te Whāriki"和学习故事帮助我们在教育实践中落实《指南》"以儿童为本"的精神并不容易，我们需要深入地学习，理性地思考，勇敢地尝试，持续地反思，思辨地借鉴。

## 三、对学习故事理念和实践本土化的思考

比较教育学家萨德勒（Sadler）认为："我们不能随意地漫步在世界教育制度之林，就像小孩逛花园一样，从一堆灌木丛中摘一朵花，再从另一堆中采一些叶子，然后指望将这些采集的东西移植到家里的土壤中便会拥有一个有生命的植物。一个民族的教育制度是一种活生生的东西……"[①]因此，在学习、借鉴"Te Whāriki"和学习故事的理念与实践的同时，我们要目光向内，认真研究我们自己的课程，特别是北京市园本课程的特点与特色，本着实事求是、一切从实际出发的原则，因地制宜，结合国情、市情、区情乃至园情，兼顾城市地区及农村地区的特点、需求，对理念和实践进行本土化的思考与实践，建构自己的幼儿园课程模式。

### （一）文化差异和"美美与共"

虽然，学习故事的理念和实践与《指南》有很多共通之处，但是不可否认，新西兰的社会背景、教育历史、教学现状都与我国有着巨大的差异，而这些差

---

① 转引自王承绪：《比较教育学史》，66页，北京，人民教育出版社，1999。

异的根本是文化差异。

我国的教育历来重视教师地位、团结和谐、集体主义和对前人经验的学习，鼓励努力奋斗。这些都是非常宝贵和重要的教育思想与理念，影响了我国一代代的学子和教师。但是，在经济全球化、信息技术高速发展的21世纪，教育越来越提倡关注学生学习的主体性和师生间的平等关系，重视个体和个性化的教与学，重视核心素养的培养，并认为与努力和意志力同样重要的还有兴趣与热情。

老师们常常会受到多种理念与实践，包括传统和现代的理念与实践、西方和中国的理念与实践——的影响，并因此感到困惑。如何在现代教育环境中看待传统？如何看待中西方不同的理念和实践？这些问题都是我们在进行学习故事本土化探索的过程中首先需要思考的。或许，学贯中西的大家们的立场可以给我们一些启示。王国维说"学无中西"；钱锺书认为古与今、中与西是可以连接起来、相互打通的世界，"东海西海，心理攸同；南学北学，道术未裂"；陈寅恪对古人的著作秉持"了解之同情"；费孝通说要"各美其美，美人之美，美美与共，世界大同"；刘梦溪则认为中国文化有着无与伦比的吸纳和消解异质文化的能力，并用"濡化"来形容缓慢、渐进、不知不觉增添和吸收异质文化的过程。所有这些论述都在提醒我们，不要用非此即彼的二元论立场简单地看待各种思想，把它们放在"拔河"比赛对立两端的位置。我们要寻找文化间的联系，发现、认可、接纳各种理念和实践的"和"与"不同"，以帮助我们理解自己和了解他人，在审辨中建构自己的理解、认知和实践。我们的学习故事本土化的探究旅程也基于这样的认识论立场，即通过学习、连接、整合和解读思辨地借鉴古与今、中与西的多元理念和实践。

另外，我们认为，"本土化"这个概念不能简单从"地理"维度去思考，还需要加入"时间"维度。也就是说，来自外来文化的如学习故事这样的理念和实践，需要与我国的教育情境和价值观相结合，实现跨越地理时空的本土化；而中国古代的影响我们的教育文化至深的传统理念和实践，同样需要与21世纪中国的教育情境和价值观相融合，融入当代中国社会文化的土壤，这是跨越历史时空的本土化。因此，我们把古今中外的各种理念和实践，都视为需要我们选择、反思、解读和审辨的资源及信息。学习故事本土化中的"本土"，既可以指当代中国或《指南》背景下的幼教热土，也可以指每个人心田里的那片土壤，因为人的主体能动力、人的感知、人的思维和行为模式，才是"本土化"如何实现，如何避免"拿来主义"和"舍本逐末"的关键。因此，如何将每位研习参与者自身的教育背景、体验、价值观、愿景和实践等与学习故事的理念和实践建立连接，是我们在研习过程中非常重视的。

我们重视每位研习参与者对包括学习故事在内的古今中外的理论和实践的深入学习，鼓励每个教师都从明确自己的立场和观点出发，在自己所处的环境中(如所在幼儿园、教研区域等)对各种理论和实践进行选择、反思、解读和审辨，期待每个人在边学边实践的过程中知己知彼，用爱和智慧指引研习。每个人心田里的那片土壤，是理念和实践本土化的根据地。

**(二)"圆规"工作原理和多元化的理论**

卡尔等人在对儿童的学习与教育环境之间的关系进行研究时，谈到了她们如何在各种范式和理论中建构自己的理论体系。[①] 她们受克丽丝·哥特里(Kris Guttiére)的启发，把理论系统建构的状态描述为一只脚扎根在以维果茨基为代表的社会文化理论里，另一只脚可以自由移动，以寻找有助于研究的相关理论，并探究不同理论在相互交汇的空间里会激发出怎样的火花和活力。这样的理论系统建构模式，让我们联想到了"圆规"工作原理，也给我们应对多元化的理论提供了思路。

像"圆规"这样选择、整合和解读多元化的理论，有可能避免形成松散的"大拼盘"式的理论基础。因为扎根的那只脚让我们的理论基础稳固、有依据，移动的那只脚可以根据我们的探究需要和实践情况迈出或缩回，这让理论基础变得灵活、丰富、多元。而这个"圆规"最后画成的，不一定是一个完美的圆，可能是一个由不同的圆弧组成的开放但又相互连接的理论空间，让我们的各种探究实践有理论依据。

从这样一个立场出发，我们选择一只脚扎根社会文化理论以及"Te Whāriki"和学习故事对它的诠释，另一只脚在杜威的进步教育理论、皮亚杰的建构主义、瑞吉欧教育理念和实践、卡罗尔·德韦克(Carol Dweck)的成长型思维模式、克莱斯顿(Claxton，G.)的学习力量理论和我国教育家陶行知、陈鹤琴等的理论与实践中寻找连接，同时把这些理论置于当代中国幼儿教育和《指南》背景中进行探究。

舒尔曼(Shulman，L. S.)提醒我们，要像我们期待教师如何对待儿童那样对待教师。[②] 这让我们意识到，对教育理论的探究，不仅需要与教师的教学、评价实践编织在一起，还需要引领教师自身的专业发展，让教师在自身的学习中亲身体验与期待中的儿童的学习状态相似的学习旅程。于是，北京儿童学习故事研习小组以"让研习小组成为一个学习共同体(learning community)，建构民主、尊重、主动、有效和充满乐趣的学习文化"为愿景，遵循学习故事的

---

① ［新西兰］玛格丽特·卡尔、温迪·李、卡罗琳·琼斯，等：《学习的心智倾向与早期教育环境创设：形成中的学习》，3～4页，北京，教育科学出版社，2016。

② Shulman，L. S.，"Teaching Alone，Learning Together：Needed Agendas for the New Reforms，"in *The Wisdom of Practice：Essays on Teaching，Learning，and Learning to Teach*，San Francisco，Jossey-Bass，1988，pp. 309-334.

四大教育原则——激发力量和赋权、整体发展、家庭和社区、互动互惠的关系，在小组成员不断注意、识别、回应彼此学习的过程中，支持每一位小组成员建构并加深自己对儿童、学习、教学和课程的认识，促进她们教学领导力（pedagogical leadership）的提升和发展，使她们成为所在幼儿园、教研室有关学习故事和儿童学习评价的促进者。我们所有的这些努力都是为了能够在共同研习学习故事的理念和实践的基础上，寻找学习故事与《指南》的联系，寻找借鉴学习故事的理念和实践帮助北京的幼儿园更好地贯彻落实《指南》精神的可能，以促进儿童的学习和发展。

### （三）解道悟道和以道御术

学习故事是一种用叙事的方式进行的重视学习过程的形成性评价，同时又是一种重视兴趣、内在动机和学习热情的取长式评价。我们幼儿园的师幼比、一日生活组织方式、课程建设、文案要求、管理模式、家长参与情况等都与新西兰不同。因此，当我们对学习故事进行本土化探究时，有一个重要的问题需要明确，那就是，研习什么才算是抓住了"本"呢？

《指南》"Te Whāriki"和学习故事是"抽象的思想"，有自己的根本，即价值观、教育原则和理论基础。这些决定了它们是什么，以及为什么是这样的，等等。这些应该是我们在研习中需要学习、解读、体悟的根本。

但是，时时抓住这些根本进行研习并不容易，因为教师更为关心的似乎是："可以用什么样的方法、策略去观察、解读学习故事？""学习故事怎么写和写成什么样是好故事？""有什么操作性强的指标可以参考？""怎样才能准确评价？"……这些都是很重要的需要研习的内容，也与教师的日常实践息息相关，但它们更关乎方法论层面"怎么做"的探索，而不是对"是什么"和"为什么"的探究。不可否认，教师从探索"怎么做"入手，有可能涉及"是什么"和"为什么"的思考，但也有可能出现"知其然而不知其所以然"的情况。

老子在《道德经》中对道、法、术、器有过专门论述。"道"是天道，宇宙万事万物运行的自然规律；"法"是人定的，是行为的指导方针、方法论或战略；"术"是根据方法论做事情的具体步骤，以及在步骤中使用的技术、技巧，指技术层面的操作方法；"器"就是客观实在，也就是万事万物，包括有形的物质或者有形的工具。道、法、术、器之间存在着如下的内在逻辑关系：做事做人要以"道"为根，讲究方"法"并遵循、利用客观规律，通过采用做好的工具即"器"和最好的技"术"来达到目的。法、术、器在执行层面固然重要，但我们如果没有将作为核心、根本、本源的"道"体悟、思考清楚，方法、策略、工具再多，也可能会南辕北辙、徒劳无益。这显然不是我们的愿景。我们进行学习故事本土化研习的目标并不只是想办法让教师写好一个个学习故事，更是希望在研习学习故事的过程中，帮助教师建立一套"以儿童为本"的思维和行为模式，特别是提升他们的元认知能力，建构他们自身关于儿童和教育的理论，这也是形成性评价的目标之一。

温迪老师说，学习故事是一套思维和行为模式。而这套思维和行为模式在实践中的样态不是一成不变的。如学习故事的评价过程，就在过去20年里发生了三次大的变化：从2001年卡尔所描述的4D模式——描述、讨论、记录、决定①，发展成2005年的逐步过滤过程——注意、识别、回应、记录、回顾②，而在2019年最新的学习故事专著中，这个逐步过滤过程又加入了"再读"这一步，即变成了注意、识别、回应、记录、再读和回顾③。撰写学习故事的形式，也从最初的多种多样的表格形式，发展成后来的书信、长短不一的图文故事、视频故事等形式。可见，学习故事的外在形式在随着大家对儿童、学习、评价、课程等的认识而变化，不变的是评价过程和学习故事背后的根本，即它的价值观、教育原则和理论基础等。因此，我们希望在进行学习故事本土化研习时，重视对学习故事"道"的学习和解读并在实践中体悟"道"，以道御术。

**（四）在思考和实践中转变范式、建构意义**

温迪老师曾经不止一次地向教师介绍说，"学习故事不只是一种评价形式，更是一种哲学性的方式（a philosophical approach）"，它的建立"基于一系列与学习和评价的本事有关的前提"。也就是说，学习故事的评价理念和实践对以下概念有着自己的解释，而"这些前提代表了在教育与研究中所发生的思想层面的实质性转变"。举例如下。

关于客观性：学习故事认为清晰地呈现多种视角能加强客观性。换句话说，如果有人认为不"主观"的远距离观察，参照"客观"的量表进行评价才能实现"客观"，不认为多元视角在加强客观性上有多大价值的话，那么他可能无法认可学习故事这种鼓励和认可教师以及其他参与者发表自己观点的评价是有效度的评价。

关于叙事：学习故事认为叙事是一种可信赖的记录生活百态的形式。换句

---

① Carr，M.，*Assessment in Early Childhood Settings：Learning Stories*，London，SAGE Publishing，2001.

② Lee，W.，Carr，M.，Soutar，B. & Mitchell，L.，*Understanding the Te Whāriki Approach：Early Years Education in Practice*，London and New York，Routledge，2013，p. 109.

③ Carr，M. & Lee，W.，*Learning Stories in Practice*，London，SAGE Publications，2019，p. 8.

话说，如果有人认为叙事可能是主观、虚构的，学习就是学教材、学课本或者上课，进步就是一步一个台阶按阶段发展，而与生活、关系、情境、动机等关系不大，那么他可能不会认为"讲故事"对促进学习和发展有多大价值。

关于学什么：学习故事认为"作为一个学习者意味着什么"这个问题与知识技能同样重要。换句话说，如果有人不认为"学会学习"和"知道我是谁"也是重要的学习内容的话，那么他可能同样无法理解为什么要花时间去注意、识别、回应学习，并记录下来。

关于教与学：学习故事认为教与学都很重要，都值得被记录下来。换句话说，有人如果认为教很重要，那么教师的文案可能多会呈现教师在教什么、如何教、教得怎么样等；如果认为学很重要，那么教师的文案可能多会呈现儿童在学什么、如何学、学得如何等；如果认为教与学都很重要，那么教师写的东西可能就会两者都有。

关于评价：学习故事认为评价的重点是优势和兴趣，而不是需要。在这里，需要（need）一词有与短缺、不足、被动获取相关联的意味；而优势和兴趣是儿童已经拥有的、能积极主动表达出来的东西。不同的切入点，可能会带来不一样的学习体验和历程。

温迪老师在一次视频访谈①中分享道：

> 我把学习故事视为一个哲学性的概念而不只是评价形式的原因是，我是一个促进教师专业发展的人。我很坚定地想让大家明白，它（学习故事）不是一种写故事的形式、格式或者公式。因为如果人们这样看待它的话，人们就有可能把他们之前那种老的观察结果写进新的格式里。我们需要投入写故事的过程中，并思考教育实践和理论中的那些实质性转变。我们不仅要围绕评价进行思考，还要思考什么是基于社会文化理论的评价，思考叙事的力量，思考什么是激发力量和赋权。激发力量和赋权是我们课程的核心。如果你说评价实践需要视儿童是有能力、有自信的学习者，你就不能用检核清单和发展阶段框架去评价儿童。学习故事背后有许多这样的观点。这些观点让我们知道，学习故事不只是评价，还是一种哲学性的方法。你只有围绕这些问题进行思考，才能写好学习故事。事实上，你必须改变你的实践。

在这段访谈中，温迪老师提醒我们思考和改变实践的重要性。评价方式有很多种，学习故事只是其中之一。思考和研习关于学习故事的这些观点，并不

---

① 资料来源于"新西兰教育领导力项目"。

代表我们认为基于其他立场和前提的评价是错误或不正确的，而是我们希望在研习过程中能用更为多元的视角深入思考，明确我们自己的立场和范式，从而建构我们对这些概念、对儿童和自己的认知和理解。因此，我们的学习故事研习，不纠结于学习故事要用表格还是用书信的格式写，是否一定要有"注意—识别—回应"三段体，是否一定要用"第二人称——你"来写等。我们希望在研习中进行更多围绕儿童、学习和教育本质问题的思考，尝试改变我们的实践，并在思考和实践中建构意义，即进一步思考我们为什么要这样做，以及这样做对儿童、自己、家长、幼儿园的意义，抑或为什么不这样做等。

### （五）成长型思维

"Te Whāriki"和学习故事 20 多年前就已经开始影响新西兰幼儿教师的思维和行为。但是，2014 年，北京儿童学习故事研习小组刚成立之时，它们对于大多数中国幼儿教师来说还是新事物。而且当时《指南》也刚颁布一年多，大家刚开始学习和领会《指南》精神。虽然我们的研习有明确的价值观做基础，有美好的愿景指引方向，但对于新生事物的学习总会充满不确定性、挑战和困惑。我们如何看待不确定性、挑战和困惑是至关重要的。

德韦克的研究发现，在面对挑战和困难时，人们会倾向于用不同的思维方式去看待它们：固定型思维和成长型思维。[①] 固定型思维者相信自己的才能是一成不变的，要么拥有它，要么没有它。这会使他们急于一次次证明自己，不惜一切代价让自己看上去是聪明有才的。而成长型思维者相信，自己的基本能力是可以通过努力来培养的，能力是建立在时间基础上的，因此倾向于迎接挑战，面对挫折时坚持不懈，并且认为熟能生巧，善于从批评中学习，也能从他人的成功中学到新知，获得灵感。德韦克认为，人们为自己选择的视角，会影响他们自己生活的方向。固定型思维通向的是停滞不前，而成长型思维通向的则是机会和成就。德韦克还指出，思维模式是可以改变的，成长型思维是可以学习的。人们接收的来自他人的夸奖和肯定信息是关于能力水平的，还是关于努力、兴趣或热情的，也会影响人们对于思维模式的选择。同时，我们还要相信"暂时还"的力量(the power of yet)。也就是说，当无法应对困难和挑战时，我们要学会改变我们的内部语言，变"我不行""我不会"为"我暂时还不行""我暂时还不会"，相信努力、时间和变化的力量。

德韦克的这些论述，都让我们审视自己在面对困难和挑战时的态度，以及我们在评价自己、他人时关注的是什么——是"你真聪明"还是"你的努力打动

---

① ［美］卡罗尔·德韦克：《终身成长：重新定义成功的思维模式》，6～7 页，南昌，江西人民出版社，2017。

了我"；也让我们明确，在研习学习故事时，我们需要鼓励成长型思维，将可能遇到的困难和挫折视为通向成功的道路，积极、勇敢和坚韧地应对它们。

由此，我们认为，研习学习故事，对学习故事进行本土化探索，不仅要了解学习故事是什么，以及它与我们中国幼儿教育的价值观、文化背景和教育情境间的连接，还需要从文化差异、认识论、方法论、思维方式等几个层面思考和探究如何研习，重视所有研习参与者的研习体验和经历，在倾听、对话、呼应和反思中促进每个人的专业学习和发展。

## 四、关于本书

在本书中，我们将和读者分享北京儿童学习故事研习小组自 2014 年成立以来的探究旅程和心得。多年来，20 位来自幼儿园和区域教研一线的教师、园长和教研员，通过线下和线上的共同研习，不断建构着自己对"学习故事是什么"的理解，探索着"学习故事会给我/我们带来哪些机会和可能"，觉察和体悟着"研习可能会给我/我们带来哪些变化"。我们发现，学习故事有可能帮助我们建立与儿童、学习、课程和文化有关的信念，并让我们将这些信念与儿童的学习、教师的教学、课程的建构和幼儿园的文化编织在一起。在本章中，我们介绍了在我国当代幼儿教育环境中和《指南》背景下，研习学习故事的价值、可能和原则。在第三章到第五章中，我们将分别讨论我们如何借助学习故事的理念和实践，帮助教师建构关于儿童、学习、课程和文化的认知和实践，以及在研习过程中可能遇到的挑战、困惑。在第六章中，我们将回顾和梳理我们的研习历程与心得，重新审视儿童、关系和愿景（教育理想和信念）对幼儿发展、教师发展和幼儿园发展的意义和价值，并探讨未来继续研习的方向和可能。

我们希望本书是一个"激发物"（provocation），激发出更多围绕儿童、学习、课程、文化等幼儿教育中重要课题的讨论、研究和实践。它也是一份"邀请函"，邀请更多对儿童充满好奇心的教师与我们同行，一起来研究、发现儿童，向儿童学习，和儿童共同成长，充满爱和喜悦地与儿童在一起。就像德国作家赫尔曼·黑塞（Hermann Hesse）在《德米安》中说的那样："对于每个人而言，真正的职责只有一个：找到自我。在那之中尽情生活，全心全意、不受动摇地生活。"我们真正的职责也只有一个，那就是找到我们与儿童、自我的连接点，在那之中尽情工作，全心全意、不受动摇地为促进儿童的发展而工作。

我的心为四事所占据了：

天上的神明与星辰，

人间的艺术与儿童。

——丰子恺

我们必须要认识到

每个孩子内心最根本的孤独是什么。

——薇薇安·嘉辛·佩利

# 第三章　相信儿童

## 每个儿童都是
## 有能力、有自信的学习者和沟通者

儿童是谁？儿童之于他自己、家人、老师、小伙伴、民族、国家、世界，是什么样的存在？对这些问题的回答，关乎儿童观这个大命题，呈现人们对儿童的基本看法、态度。中国传统思想史上留有很多讴歌儿童和童心的文字，如老子的"复归于婴儿"人生哲学，孟子的"大人者，不失其赤子之心者也"，更有李贽的童心说"夫童心者，真心也"。由此，刘晓东认为，中国有着悠久的童心主义思想传统。[①] 可是，大众对儿童的认识和儿童在现实社会中的地位，不仅受到哲学思想的影响，还受到政治、经济等因素的影响。因而，即便中西方自古都有对儿童崇高地位的探索和论述，但在"成人本位"的社会形态中，在过去保守的和教条主义的思想环境中，即便是被后世自然主义和人本主义学人大为认同的李贽的"童心说"，也还是被视为"异端"[②]。新文化运动开启了中国近代史上的人本主义启蒙。受西方思潮和当时物质、制度和精神文化的影响，国人对儿童的看法开始转变。[③] 鲁迅提出"幼者本位"思想，发出"救救孩子"的呼声；丰子恺、叶圣陶等文艺界人士通过文学、绘画作品刻画儿童独特的形象，表达他们对儿童的理解、认识和崇拜。在教育界，陈鹤琴、陶行知和张雪门等教育家，进一步提出尊重儿童、尊重儿童的天性、在儿童本位和社会本位之间构建儿童观等观点，并阐述了这样的儿童观对幼儿教育的启示。[④] 改革开放 40 多年以来，我国早期教育中的儿童观也在发生变迁，更加重视发现儿童和童年的独特性、丰富性，确立儿童的本体地位，贯彻儿童优先

---

① 刘晓东：《童心的哲学》，载《中国德育》，2017(11)。

② 刘晓东：《李贽童心哲学论略》，载《西北师大学报(社会科学版)》，2016，53(4)。

③ 原琳琳、何茜曦：《略论近代以来中国儿童观的政治因素及嬗变历程》，载《山东青年政治学院学报》，2019，35(2)。

④ 万滢安：《大众媒介与"发现儿童"：以清末民初的中国社会为观察对象》，载《三峡大学学报(人文社会科学版)》，2020，42(1)。

原则，保障儿童应该拥有的各种权利。①②

发现儿童，发现儿童作为个体和群体的独特价值与意义，是现代教育学诞生的基础和逻辑起点。③ 转变儿童观，也是近年来我国幼儿教育改革的重要课题。虽然自《纲要》颁布以来，大部分教师已经建立起了"以儿童为本"的意识④，但是，研究发现，教师的儿童观在理论层面和实践层面之间存在着的巨大差距。⑤ 在本章中，我们将探讨北京儿童学习故事研习小组在借鉴学习故事理念和实践的过程中，转变儿童观的一些思考、努力和发现。

## 一、在思辨和行动中建构儿童形象

### （一）探究：儿童是谁？什么样？为什么这样？

《指南》对儿童的认识，强调了对儿童和童年独特价值的重视。《指南》在字里行间告诉我们，儿童是整体发展着的、具有个体差异和自己独特学习方式及特点的、积极主动的学习者。"Te Whāriki"从个体和社会两个维度，对儿童形象进行了具体的描述，并借助社会文化理论和布鲁纳的生态系统理论来理解儿童与周围环境之间的关系，以及促进儿童学习的路径和方式。事实上，不只是《指南》和"Te Whāriki"重视儿童和儿童形象，意大利瑞吉欧幼儿教育也把对儿童的认知和理解作为教育原则的一部分，明确指出"儿童是主导自己成长发展的主角"，认为"儿童拥有进行学习和变化的非凡潜力；亦拥有许多的禀赋：情感的、关系的、感知的、智力的，表现在他们与文化、社会环境的不断交互中。每一个儿童都是权利主体，首先是被尊重的权利——在儿童的成长和发展过程中，个人的身份、独特性和差异性要获得尊重。每一个儿童，无论是个体还是从属于某个集体，对他人和环境（都）具有一种生态敏感性，会将经验建立于他能够感知和赋予意义的事物之上"⑥。

————————

① 蒋雅俊：《改革开放 40 年学前教育政策中的儿童观变迁》，载《学前教育研究》，2019(3)。

② 刘晓东：《童年何以如此丰饶：思想史视角》，载《南京师大学报（社会科学版）》，2017(5)。

③ 刘晓东：《修造通往"伟大儿童"的道路》，载《全球教育展望》，2019，48(12)。

④ 李季湄：《〈3-6 岁儿童学习与发展指南〉概述》，见李季湄、冯晓霞：《〈3-6 岁儿童学习与发展指南〉解读》，10～53 页，北京，人民教育出版社，2013。

⑤ 范铭：《一个游戏引发对"儿童观"的深度反思》，载《上海教育科研》，2018(4)。

⑥ ［意］瑞吉欧·艾米利亚幼儿园和婴幼园学会：《瑞吉欧·艾米利亚市属幼儿园和婴幼园指南》，4 页，南京，南京师范大学出版社，2014。

这些对儿童形象的刻画和描述，特别是"Te Whāriki"中的儿童形象提醒我们，儿童不是我们传统观念里什么也不懂的人，而是有着巨大发展潜能的人。他们的学习和发展受所处环境的影响，他们也在改变和影响着他们身边的人、地方、事物。"Te Whāriki"描绘的儿童形象是基于什么样的信念建立起来的呢？

### 1. 基于毛利文化

"Te Whāriki"写道："在毛利传统中，无论年龄大小和能力高低，儿童都被视为天生拥有能力、能干、完整、有天赋的个体。从可追溯的历史开始，他们就是过去、现在和未来之间的重要生命纽带，是其祖先的反映。"[①]毛利儿童在出生之前即被视为毛利世界中有价值的成员。儿童是昨日世界的象征，是珍贵的种子。儿童是身、心、灵合一的存在，有自己的情感，生活在相互呵护、尊重、支持和关爱的大家庭中。因而儿童是有情感、有灵性的存在，是完整、权威的个体，是生命的积极力量，是自己命运的主人。[②] 毛利文化中的儿童观，将"儿童是谁、什么样"这个话题与祖先相连接，与生活的土地相连接，与生命本质相连接。基于这样的信念和认识，"Te Whāriki"认为"儿童是有能力、有自信的学习者和沟通者"，"身体、心理、精神健康"，"在为社会做出重要贡献"，并提出激发力量和赋权、整体发展、家庭和社区、关系这样的教育原则。

### 2. 基于社会文化理论

以维果茨基为代表的社会文化理论支持着"Te Whāriki"把理解新西兰毛利文化中的儿童观作为课程建构的起点。维果茨基认为，个体的思维和行为不是孤立存在的，与所处的环境——人、地方、事物密切相关，受到由社会文化环境所提供的如语言文字和事物等中介工具的影响，故不能把个体的思维和行为放在"真空"环境中理解。[③] 在维果茨基理论的基础上，沃茨（Wertsch，J.）提出要视个体为"受中介工具影响而行动着的个体"，因此，作为学习者的儿童也可以被视为"受中介工具影响而行动着的学习者"[④]。罗格夫（Rogoff，B.）则更为直接地研究了作为学习者的儿童和他们所参与的文化性实践及其身处的社区

① New Zealand Ministry of Education，Te Whāriki：Early Childhood Curriculum，Wellington，Learning Media，2017，p. 12.

② New Zealand Ministry of Education，Assessment for Learning Early Childhood Exemplars，Wellington，Learning Media，2009，p. 47.

③ Rogoff，B. & Chavajay，P.，"What's Become of Research on the Cultural Basis of Cognitive Development?"*American Psychologist*，1995(50).

④ Wertsch，J.，*Voices of the Mind：A Sociocultural Approach to Mediated Action*，London，Harvester Wheatsheaf，1991，p. 65.

之间的连接，并用一个个不同文化背景中的儿童实例让我们看到：①儿童自身的力量和无限可能；②儿童的发展是一个文化性过程；③儿童所参与的文化性实践定义着他们是谁。[1] 如同布鲁纳（Bruner，J.）所说："我们从一开始就是我们所置身的文化的表达。文化充满了关乎自我是什么或可以是什么的可选择的叙述。""Te Whāriki"提出的"家庭和社区"和"互动互惠的关系"等原则正是基于这些学者对儿童的理解和认知，把评价作为一种影响儿童学习和发展的重要中介工具来研究的。

3. 基于 21 世纪的时代特点

"Te Whāriki"把儿童置身于更为宏观的时代背景中，从 21 世纪的学习者这个角度来建构儿童形象。现在的儿童生活在多元文化并存、万物互联、科技日新月异的 21 世纪。在面对充满未知和不确定性的世界时，"儿童需要有适应力、创造力和坚韧性"，需要"积极乐观""足智多谋"，也需要知道该如何学习。因此，作为有能力、有自信的学习者和沟通者的儿童，不仅需要学习知识技能，还需要对周围世界充满好奇心和兴趣，遇到困难或不确定性时不放弃，自信地用言语和非言语的方式进行沟通和表达，负责任并有担当意识。卡尔把"感兴趣、在参与、遇到困难或不确定性时能坚持、能表达观点和感受、能承担责任"称为有助于学习的心智倾向。它们既能标记儿童作为学习者的自我身份认知，即他们是什么样的学习者，又能帮助我们理解儿童如何将知识技能转化为行动，如何对学习机会进行识别，如何决策或基于什么动机让学习得以发生或不发生，即儿童如何准备好（being ready）、很愿意（being willing）、有能力（being able）参与学习。[2] 有助于学习的心智倾向是"Te Whāriki"重视的学习成果。"Te Whāriki"期待随着时间的推移，在引导和鼓励下，儿童越来越知道自己是谁，知道在何时何地锁定学习，知道如何在学习中运用已有的知识技能，从而建构自己对周围世界的认识。

4. 我们的思考

诚然，"Te Whāriki"的儿童观和对儿童的期待是对生活在新西兰的儿童而言的，但我们发现其中不乏与《指南》所期待的儿童形象的相似之处。比如，我国儿童与新西兰儿童一样，都生活在 21 世纪这个大时代背景下，同样需要学习面对不确定的未来。《指南》同样期待儿童的好奇心和学习兴趣，期望作为学

---

[1]　Rogoff，B.，*The Cultural Natural of Human Development*，New York，Oxford University Press，2003，pp. 3-9.

[2]　［新西兰］玛格丽特·卡尔、温迪·李、卡罗琳·琼斯，等：《学习的心智倾向与早期教育环境创设：形成中的学习》，20 页，北京，教育科学出版社，2016。

习者的儿童是"积极主动、认真专注、不怕困难、敢于探究和尝试、乐于想象和创造"的，这些都与"Te Whāriki"中有助于学习的心智倾向相似。但是，能不能把学习品质等同于有助于学习的心智倾向呢？有助于学习的心智倾向是什么样的概念？为什么它被视为重要的学习成果呢？如何发现儿童的学习品质或者有助于学习的心智倾向，并以此为切入点了解儿童，促进儿童的学习和发展呢？在研习"Te Whāriki"儿童观背后的文化、理论和时代基础时，我们也意识到，我们需要反思我们眼里、嘴里、心里、笔下的儿童是什么样的，是什么在影响着我们对儿童的认知和理解，我们自己的儿童观是如何形成的，以及为什么转变儿童观那么重要又那么难。

### （二）反思行动中的儿童形象

近几十年来，我国幼儿教育改革的一个根本变化在于儿童观的转变：从把儿童视为从属于社会的成员，到关注儿童本身，再到确立儿童的本体地位，尊重和保障儿童作为人的各项权利，逐渐形成"儿童是有着独立价值的存在者，他们与成人一样平等地享有人的地位、价值和尊严"[①]这样一个基本的儿童观。《指南》也基于这样的儿童观，希望能指引教师和家长了解3～6岁幼儿学习与发展的基本规律和特点，形成对幼儿发展的合理期望，实施科学的保育和教育，让幼儿度过快乐而有意义的童年。可见，我国学前教育的政策越来越凸显儿童个体和他们的本体，教育学、儿童文学、心理学、社会学等学术界也越来越重视围绕"儿童观、儿童形象"进行研究。但是，围绕"行动中的儿童形象"这个话题即什么样的儿童形象在影响着幼儿园的教育教学实践的探讨却很难找到。那么，在行动中，在幼儿园一日生活中，什么样的儿童形象在影响着我们的教育教学？我们的教育教学重视和刻画的又是什么样的儿童形象呢？

#### 1. 多元儿童形象共存

"儿童"这个词不仅仅是两个字而已。它既可以指一个儿童，可以指几个或一群儿童，也可以指"普遍的儿童"这一人群。儿童形象，也不是只有一个特定的形象。它既可以指基于发展心理学对儿童年龄特点的描述所刻画的具有一般年龄特点的儿童形象，也可以指受传统文化、社会环境、个人愿景所影响的我们理想中的儿童形象，如"听话的、懂事的、乖的、不贪玩的、有礼貌的"儿童形象，或《指南》所期待的儿童形象，更可以指我们眼前的一个个独一无二、生动活泼的

---

① 蒋雅俊：《改革开放40年学前教育政策中的儿童观变迁》，载《学前教育研究》，2019(3)。

儿童形象。研究发现，这几种儿童形象共同影响着我国幼儿教师的教和学。[1] 在北京 L 老师提供的几份文档记录中，我们可以看到这一现状（表 3-1）。

表 3-1　聚焦儿童形象看 L 老师在 2010—2013 年撰写的部分文档

| 文档名称 | 文档主要内容 | 部分描述儿童形象的语言 |
| --- | --- | --- |
| 2010—2011 年大二班幼儿发展评价 | 在一个月的观察测评后，从"共同生活""认识环境""主动活动"三大方面对班里 34 名幼儿进行评价。每个方面又分为不同的评价要素和测评点。教师统计测评数据，算出达标率和未达标率，进行评价，给出教育策略。 | 以"共同生活"方面为例：<br>身体素质：未达标率高达 35%，其中男孩占绝大多数；大部分男孩食欲不好，挑食现象严重……女孩动作协调灵活，积极主动参加活动……<br>自理能力：达标率为 50%，达标的基本为女孩，她们有较好的……愿意参加……未达标的多为男孩……<br>个性品质：大多数男孩的坚持性差，自控力弱……近 25 名幼儿的游戏属于独立游戏。他们不会主动关心他人。<br>合作交往：未达标及基本达标的以男孩居多，他们在游戏中常常产生问题，不能商量合作……女孩普遍在合作中感到快乐，能独立解决交往中的问题。 |
| 2013 年 3～6 月观察记录 | 对个别儿童的观察记录和教师的教育笔记。观察记录没有标题，有对象、日期、地点和目的，有对发生事件的记录和反思。教育笔记有标题，如"老课新上有方法""主题活动对幼儿增长认知经验的作用"，没有时间、地点、目的，也有对发生事件的记录和反思。 | 以教育笔记《晚长的小天，迟到的责任》为例：<br>　　小天是个瘦瘦小小的男孩……年龄在班上偏小，做任何事都不慌不忙，落在了最后也不觉得有什么。绘画没有完成……这些统统不会让小天着急……以至于我们班上的老师给他的评价都是没有责任感，没有任务意识。<br>　　第二学期开学后，孩子们明显长大了，懂事了……小天也有一些变化：上课时坐得特别精神！……每天小天来时都会拿着天气预报……孩子们长大了，懂事了，成熟了。这让我感到我们的教育要对时、对人、对位、对效，在适当的时机进行适当的教育，例如，把值日生工作放在第一学期做，我想未必有这么好的效果，因为…… |

────────────

① Zhou，J.，"Living with Tensions：Chinese Early Childhood Teachers' Teaching and Learning Experiences in Contemporary Urban Chinese Context，" PhD diss.，Victoria University of Wellington，2013.

| 文档名称 | 文档主要内容 | 部分描述儿童形象的语言 |
|---|---|---|
|  |  | 以对小阳的观察记录为例：<br><br>小阳是一个很安静的男孩……小阳偏爱科学区，很少见到他在其他区域内游戏……正是他突出的与众不同的爱好，引起了我的关注和追踪观察。在长期的观察下，我归纳了对待这样特殊的富有良好学习个性的儿童的教育方法和步骤，还鼓励他敢于张扬个性，带动其他幼儿，共同营造我班爱科学、学科学、用科学的班风。（孩子名字为化名） |
| 2013 年 3～7 月 大二班 班级教学 工作计划 | 本学期三个主题活动的计划<br>1. 和书交朋友<br>2. 走进小学<br>3. 告别幼儿园 | 以"和书交朋友"主题活动（为期 6 周）计划为例：<br>主题由来：……这些奇特的书深深吸引着孩子们。孩子们在书的海洋里像小鱼一样快乐地遨游……各种各样的书可以教会孩子们很多知识和本领……<br>主题目标：分五大领域共 33 个目标，其中主题目标 13 个。例如，能自然、礼貌地与人交流，能大胆运用各种语言表达方式清楚地表述自己的想法；能有意识地注意倾听，理解儿童文学作品的主要内容；愿意当众表达，表达时自然、从容、自信；能主动发现问题、提出问题……<br>主题活动名称：44 个活动＋分享阅读 12 册、数学练习册……5 个主题活动区活动＋互动墙饰活动＋生活活动＋户外活动＋家园共育（内容、目标、材料、指导建议……） |

注：表中的省略号表示著者省略的内容。

聚焦 L 老师对儿童的描述，我们不难发现，具有一般年龄特点的儿童形象和理想中的儿童形象主导着 L 老师当时对儿童的评价以及教学切入点。例如，达标或未达标的测评，是比对着一套发展指标进行的。虽说有达标的孩子，但是 L 老师更为关注的是未达标的那部分孩子。教育策略也是以未达标转达标为目的的，而且男女孩的儿童形象明显有别，且差距有点大。再如，在观察记录和教育笔记中，我们看到了独一无二的儿童形象，但是他们似乎有一个共同之处，那就是他们都是需要 L 老师特别关注的孩子，因为他们的有些地方不符合具有一般年龄特点的儿童形象和理想中的儿童形象。例如，小天年龄偏小，没有责任感，没有任务意识，但他在 L 老师"对时、对人、对位、对效，在适当的时机执行适当的教育"中，发生了变化——懂事了，成熟了，已经可以离开老师的呵护独自担当责任了。"每天小天来时都会拿着天气预报"这呈现了孩子独一无二的兴趣和热情，却似乎和课程与教学并没有什么直接关

第三章　相信儿童

系，因为在 L 老师的班级教学工作计划中，我们并没有发现该计划与班里孩子的独一无二之处之间的连接。与小天不同，小阳这个安静的、只偏爱科学区的、有突出的个性化的喜好和追求的孩子，获得了 L 老师的肯定。在 L 老师的这些观察记录和教育笔记中，独一无二的儿童形象、理想中的儿童形象，以及具有一般年龄特点的儿童形象共存，并影响着 L 老师对不同孩子的理解和与孩子的互动。L 老师的"2013 年 3～7 月大二班班级教学工作计划"则是基于理想中的儿童形象和具有一般大班年龄特点的儿童形象在开学初预先制订的计划。虽然计划文本没有提到本班儿童的情况，但是我们相信，L 老师对本班儿童和家长的了解也在影响着计划的制订，只是这里的"儿童"指的可能是本班儿童这个群体，而不是一个个儿童个体。

在进行组内教研时，我们也发现，教师提到孩子时，经常会用"小班孩子年龄小、能力差""贪玩调皮""内向不说话"等话语来描述孩子，这样的话语更多指向的是成人视角。教师往往期望他们"懂事""不贪玩""有礼貌"等，但这些似乎与现代教育理念中的"儿童是积极主动的学习者""主动学习"和"在游戏中学习"相矛盾。我们感受到，一方面，教师已经意识到要尊重儿童，"以儿童为本"，但另一方面，在日常教育教学实践中，具有一般年龄特点的儿童形象和我们理想中的儿童形象仍占主导地位，个体的儿童形象相对模糊，尽管"看见儿童""看见儿童的学习""发现每个儿童的闪光点"已经几乎是每个教师都会说的话。为了不让这些话语只是口号，我们鼓励教师转变自己的视角，更为关注作为独一无二的个体的儿童的形象，从关注"不达标"，到发现"哇时刻"，聚焦一个个孩子的兴趣、优长和能力，而不是不足、缺点或差距。

图 3-1　阿宝两只脚凳子四只脚

2."哇时刻"和"唉时刻"之思

阿宝，是丰子恺先生的大女儿。丰公常常观察阿宝，并用画笔记录下来，《阿宝两只脚　凳子四只脚》[1]就是其中一幅。在《给我的孩子们》[2]一文中，丰先生分享了这幅画背后的故事。

　　阿宝！有一晚你拿软软的新鞋子，和自己脚上脱下来的鞋子，给凳子的脚穿了，划袜立在地上，得意地叫"阿宝两只脚，凳子四只脚"的时候，你母亲喊着"龌龊了袜！"立刻擒你到藤榻上，动手毁坏你的创作。当你蹲在榻上注视你母亲动手毁坏的时候，你的小心里一定感到"母亲这种人，

①　本书所用丰子恺漫画已获丰子恺后人授权。
②　丰子恺：《给我的孩子们》，《子恺画集》代序，上海，开明书店，1927。

何等杀风景而野蛮"罢！

丰公画笔记录的这一时刻，在你眼里是惊喜的"哇时刻"呢，还是让人头疼的"唉时刻"呢？为什么面对同一时刻，有人惊喜有人忧呢？这可能就是我们需要探究的问题。显然，阿宝母亲看到的是阿宝没有穿鞋就站在了地上，担心的是袜子脏了。在那一刻，阿宝母亲心中最重要的是袜子。如果你看到这一幕为阿宝的想象、创造、表达、自信等感到惊喜的话，你可能就更为重视阿宝的想法、做法、说法和情感。阿宝母亲关注袜子是否干净整洁无可厚非，但如果你是阿宝，你希望身边的人看到和重视什么呢？事实上，丰公的很多儿童漫画都可以用来帮助我们进行"哇时刻"和"唉时刻"之辨，帮助我们反思自己的价值观——"在我心中什么是重要的"，以及自己的视角——"是否在尝试从儿童的视角去解读儿童"。

丰公的这些画，以及他给画起的名字，都让我们看到，丰公是个愿意从儿童视角看孩子、理解孩子的父亲。《研究》系列有四幅画，每一幅画让大多数成人看到后的反应可能都是"太脏了""太危险了""怎么这么淘气"……然后迅速制止孩子的行为。而在丰公眼里，这却是"研究"。是呀，如果你去问问这些孩子他们在干什么，他们一定会让你知道，是什么样的好奇心和疑问在驱使着他们的"淘气"行为。丰公给孩子正在用积木进行简单搭建的这个时刻起名为《建筑的起源》，让我们了解到丰公对儿童的仰视，以及在他心中游戏和童年在人一生发展中的重要地位和意义。更重要的是，丰公记录的都是孩子们生活中的寻常时刻，但似乎又蕴含着不寻常的价值。

小练习："哇时刻"和"唉时刻"之辨。

1. 看到这几幅画中孩子与周围环境的互动，你的第一反应是什么？惊喜还是惊吓？无感还是其他？
2. 让你惊喜的是什么？为什么？让你惊吓的是什么？为什么？让你无感或产生其他感受又是为什么？
3. 如果你是画中孩子的同伴，看到小伙伴在这样玩，你会有何反应？这一反应和你之前的反应一样吗？如果不一样，为什么？如果一样，又是为什么？
4. 反思你对这些画的反应，你觉得自己重视的是什么？在你眼里，这些孩子各自是什么样的形象？
5. 如果让你给这些画起名字，你会怎么起呢？
6. 如果画中的孩子看着你问："你懂我吗？"你会如何回答？

图 3-2　丰子恺儿童漫画

北京市大兴区第二幼儿园的教师曾在一次教研中讨论了在她们心中什么样的时刻可能会是寻常时刻中给她们带来"哇"的感觉的"哇时刻"：孩子的高超技

能就是"哇时刻"；孩子宽容的态度就是"哇时刻"；孩子的兴趣和对兴趣的执着就是"哇时刻"；孩子做了出乎她们意料的事情就是"哇时刻"；孩子敢于质疑成人并积极验证就是"哇时刻"；孩子对事情的不断探究就是"哇时刻"……

### 3. 寻常时刻中的不寻常

2015 年上半年的某一天，刚参加完某幼儿园开放活动的我①，准备穿过小班门口的走廊，下楼乘车离开。刚踏上长长的走廊，我就看到一个小男孩安静地站在走廊上的自然角桌边，专注地看着桌上的一盒东西。远远地，我无法看清盒子里有什么，但这个与周围热闹氛围不太合拍的小男孩让我感到好奇，是什么如此吸引他呢？

走到近前，我停下脚步定睛一看，发现小男孩在看的原来是一盒蚕茧。黄色和白色两种蚕茧，一共 12 个左右。我更好奇了，蚕茧有什么好看的？小男孩为什么会如此入迷呢？

我蹲下问他："你在看什么呀？"

小男孩没有抬头，喃喃道："蚕宝宝在里面。"

噢，原来他看的是蚕宝宝呀！

我随口问了一句："蚕宝宝会出来吗？"

这时，他看着我，摇摇头说："不知道。"

我听完愣了一下，说："噢，你也不知道呀。"

于是，我站了起来。此刻，我的好奇心已被满足，准备和他道别。

故事讲到这里，大家一定觉得这个时刻太寻常了，不就是一个小男孩看蚕茧吗？而且他还对蚕宝宝的发展变化不太了解，有认知"短板"，所以哪有什么不寻常的地方？可是，真的没有吗？如果没有，我为什么对他这么好奇？一定有原因吧！我想，那就是小男孩在热闹游戏环境中有点"孤独"的身影。

这个"孤独"的身影有什么价值？这样的时刻有必要被发现和重视吗？薇薇安·嘉辛·佩利在《直升机男孩：教室里说故事的魅力》中曾说"我们必须要认识到每个孩子内心最根本的孤独是什么"②，即认识每个孩子内心世界独特的、不被理解的东西。这句话让我们深刻反思，我们如何认识小男孩的"孤独"的身影？——一个很容易被认为没有在玩那个时刻孩子们应该玩的区域活动的"孤独"的身影；一个很容易因旁人的一句"×××，快去玩"或"×××，你怎么没有和大家一起玩"而消失的"孤独"的身影；一个可能不容易被发现、接纳和理

① 此故事的亲历和讲述者为本书作者之一周菁老师。

② ［美］薇薇安·嘉辛·佩利：《直升机男孩：教室里说故事的魅力》，259 页，昆明，晨光出版社，2019。

解的"孤独"的身影。此外，小男孩内心最根本的孤独可能是什么？

其实，这样的"孤独"的身影经常在我们身边出现。

不说一句话、常常想干什么就干什么、累了就躺在地上不起来的孩子，他内心最根本的孤独可能是什么？

每天扎在搭建区，拿起拼插积木就飞快拼好飞机然后拿在手里玩，老师想了各种办法拓展他对飞机的认识和理解，却也不见飞机拼搭水平提高的孩子，他内心最根本的孤独可能是什么？

情绪反应比较强烈，喜欢用身体接触的方式解决问题的孩子，他内心最根本的孤独可能是什么？

各种能力很强，常常是老师的小帮手、孩子群中"小头头"的孩子，他内心最根本的孤独又可能是什么呢？

…………

回到小男孩看蚕茧的那个上午，就在我想要跟小男孩告别时，一个同样来自小班的小女孩像小鸟一样飞到我身边，告诉我："蛾子会飞出来。过几天，蛾子会产卵。明年春天，蚕宝宝会出来……"我随即谢谢小女孩解开了我心中的疑惑。小女孩听完，开心地回到自己玩的游戏中。我又一次觉得可以离开了。这时，一直默默听着小女孩和我对话的小男孩突然说："有的里面飞出é子[①]，有的里面飞出鸭子。"我没听懂！我再次蹲下身问："有的里面飞出鸭子，有的里面飞出什么？"他认真地指着盒子里黄色的蚕茧说："有的里面飞出鸭子。"他又指了指白色的蚕茧说："有的里面飞出é子。"我心中一阵狂喜。哇！多么"美妙的"理论。这时，教室门口传来教师的声音"收玩具啦"，窗外的操场上也响起了提醒我抓紧时间上车的声音。

故事的后续真让人惊喜，不是吗？这个故事我讲过很多次，因为它可以解释很多我们想要传递的重要信息，不仅包括：孩子的好奇心的重要性；什么是发现"寻常时刻的不寻常"？为什么"儿童正在发展的理论"可能是促进儿童学习的黄金线索？等等。这个故事也让我们意识到，"每一个孩子内心最根本的孤独"可能很难被认识，但是，即便如此，每个孩子的内心都依然需要幼儿教师努力去倾听、认识、理解和呼应。因为幼儿教师的专业是建立在对孩子的认识和理解上的；因为幼儿教师的责任是促进每天走进幼儿园、走进教室、站在我们眼前的每一个孩子的学习和发展；因为幼儿教师需要承认和尊重每一个孩子的"个人身份、独特性和差异性"；因为幼儿教师的任务之一就是创设能让每一个孩子用自己特有的方式"主动地探索周围的社会环境、自然环境和物质世

---

① 用拼音标注"é"子，是因为我不确定小男孩当时说的究竟是"蛾子"还是"鹅子"。

界"的学习环境。

4. 每一个儿童都值得被看见

管理大师彼得·圣吉（Peter Senge）说："因为你看见我，我才得以存在。"①把这句话引申到我们与儿童的关系中，我们会说："因为我们看见孩子，孩子才得以在我们的世界里存在。"每个孩子都值得被看见、被理解。2020 年 1 月，读了研习小组里年龄最小、工作才五年的杨茜楠老师（北京市西城区三教寺幼儿园）写的学习故事《你好，大福妈妈》，我深深被打动了，因为我感受到了小班男孩大福被看见、被倾听、被理解、被公平对待、可以信任教师、可以用自己的方式展翅飞翔的幸福！

### 学习故事 3.1　你好，大福妈妈

作者：杨茜楠

时间：2019 年 12 月 13 日

地点：小一班娃娃家

"杨老师，我想穿妈妈的裙子。"一进娃娃家，你就拿着妈妈的衣服来找我，让我帮你穿妈妈的裙子。过了一会儿，你抱着娃娃来到我身边说："杨老师，小点声，娃娃睡着了。"只见你用两只手抱着娃娃，一边拍她，一边摇晃着，动作很温柔。后来，我问你："大福，你为什么想当妈妈呢？"你告诉我："因为妈妈很漂亮，妈妈的裙子也很漂亮。"从那天开始，你只要来到娃娃家游戏，就会穿上裙子当妈妈。

解读：

亲爱的大福，我想在你的心中妈妈一定非常美吧。你知道妈妈怎样照顾娃娃，也知道妈妈喜欢穿漂亮的裙子。在你的心里男孩也可以成为妈妈，因为你知道我们都是假装成为一个角色在娃娃家里游戏的，所以你来到娃娃家勇敢尝试你想要做的事，体验了当妈妈的感觉。为这样勇敢实践自己想法的你点赞！

大福妈妈读完故事后，给老师留言："看完老师给大福写的所有学习故事，热泪盈眶。看照片时我还在笑，这孩子怎么穿着裙子？还抱个娃娃？原来还有这样的故事。"

杨老师也告诉我们，老师们第一次看到大福穿上裙子成为"妈妈"的时候，也都觉得挺新奇的，但是，她说：

---

① ［美］彼得·圣吉、阿特·克莱纳、夏洛特·罗伯茨，等：《第五项修炼实践篇（上）：创建学习型组织的战略和方法》，1 页，北京，中信出版社，2011。

我们在活动区里看到大福当妈妈并不是无所事事的，他知道怎样照顾娃娃，怎样帮娃娃做饭，甚至会在我们大声说话的时候提醒我们要小点声，还能和娃娃家的爸爸、奶奶一起照顾娃娃。我们觉得这其实就是"大福的游戏"。他只是在游戏中扮演着妈妈，就像有的小朋友会去扮演奶奶。我们接纳和认同这件事情还有一个原因，就是班里其他的小朋友没有对大福当妈妈这件事情感到大惊小怪，反而他们都能接受大福在游戏中是妈妈，那么我们为什么不能呢？当然这个故事涉及孩子们对于自己性别的认识。我们也观察了，大福对于男孩和女孩特征的认知在他现在这个年龄段是比较清楚的。因此，根据观察和分析，我们觉得大福在娃娃家成为妈妈当然是可以的。我们好奇他一开始这么做的原因到底是什么，而破除我们的疑问最直接有效的办法就是直接去问问孩子，所以我们问了大福，于是就有了后来这篇大福当妈妈的故事。

　　在杨老师写的这篇学习故事中，我们深切感受到，当有一颗心和孩子的心连在一起、贴在一起的那一刻，孩子不孤独！或许，认识每个孩子内心最根本的孤独究竟是什么并不是最重要的，而让每个孩子都能感受到有人和他在一起，愿意倾听他的心声，愿意尽力读懂他，可以让他展翅飞翔，能够让他被公平对待，才是最重要的！

　　老师们为什么愿意这般认同孩子，然后越来越走近他们、增进对他们的了解呢？杨老师说，这是因为"我认同孩子是独立存在的个体，是有自己的思想和理论的"，而看见孩子在杨老师看来是"一个老师本能的做法"，"也是最重要的做法"。相反，如果杨老师不这样认为，没有选择对大福感到好奇进而去和他对话，去了解大福行为背后的原因；没有选择观察、了解其他孩子对"大福当妈妈"这个游戏的态度并进行多元化的解读；没有选择以看见真实的大福为观察目标，而是带着自己的标准和指标去看"我们期望中的儿童"的样子，那么，所有这一切可能就不会发生。杨老师做出这些选择，在于她拥有坚定的儿童观，也在于她的评价观的转变。

## 二、转变评价实践，努力建构儿童的积极的学习者形象

　　评价，是价值赋予，不是评判。我们可以通过学习故事对儿童的学习进行评价，即对某个或某些儿童的学习片段的价值进行评论，并用非量化、叙事的方式让这些价值能够被看见，因为很多重要的东西无法被量化，而能被量化的东西不一定都是重要的。不评判，赋予价值；非量化，讲故事；转变视角看儿

童……这些学习故事的理念和实践，都激发我们审视自己关于评价的经验、感受、认知和实践。我们也在通过各种方式重新建构我们自身对评价的理解和认识。例如，为什么评价那么重要？讲故事为什么是评价？这样的评价有什么意义？形成性评价是如何促进儿童学习的？……对于这些问题的探究，有的老师可能会从了解各位学者、专家的观点入手，而我们选择把老师们自身已有的认识和经验作为探究和转变的起点。

### (一)评价影响深远

为什么评价那么重要？《另一种评价：学习故事》一书中有很多相关的论述，但它们也在提醒我们，我们自身对评价的认知是在我们的成长过程中不断形成的。我们通过两个小练习，建立自身与评价的连接。

第一个小练习，请老师们与自己的已有经验对接，写一写在自己的成长过程中对自己有重大影响的一次评价及其带来的思考。在老师们的分享中，我们读到了工作中领导对他们的评价和影响。

> 这个环节一下子把我的思绪带回了 24 年前的那个炎热的夏天。那时我刚参加工作满一年，在全国召开的工作总结大会上，其中有一个环节是园长对刚工作一年的教师的工作进行评价。我永远忘不了时任园长对我的评价——"工作踏实，手脚勤快，但是上课还不上路"。被贴上"不上路的老师"的标签之后，从未有过的孤独感、无助感、挫败感在我心底升起。……转眼开学了，一位新的园长上任了。前任园长特意介绍我是一位"不上路的老师"。我确实不聪慧，不善言谈，不自信，还有点个性。在那种境况下，新任园长还是耐心地走进我的内心，经常赞扬我。我很不好意思，因为我确实没有她在其他老师面前夸赞得那样优秀。……我后来是被园长夸着成长起来的！

在老师们写下的让自己印象深刻的评价中，有考试和分数对自己的影响，但让老师们印象深刻的评价却都如上述老师分享的那样，是周围人给自己的某一句评语或一个"标签"等。如同某位老师所写，"学习故事这种评价方式越来越让我认识到，如何评价一个人对这个人的影响极其深远"。这些深远的影响，包括人们在自己和别人的评价中塑造和再造着的自我。用布鲁纳的话说，"正是通过叙述，我们创造并再造了自我。自我就是我们讲述和重述的产物"①。

---

① Bruner, J., *Making Stories：Law，Literature，Life*，Cambridge，MA，Harvard University Press，2002，p. 86.

第二个小练习，请老师们收集 10 句他们听到、看到或自己说的属于评价的话。我们读到了老师们记录下来的各种评价语言。它们来自不同的人，发生在不同的时间和场域。

　　发生在幼儿园里老师对孩子的评价："这个孩子真乖，真听话。""这个孩子内向、胆小。""你学得真快！""你很能干，进步真快！""你太聪明了！""你真棒！""你们怎么这么慢？我们班的小朋友一定要有时间观念。""不行，这个太简单了，这是小班水平。""你想了个好办法，和大家说说吧。""影子画得不错，下次把四肢都画清楚就更好了。"……也有老师写道："在幼儿园中，我们的评价其实有很多种：一个鼓励的眼神、一个竖起的大拇指、一个温暖的拥抱……"

　　发生在幼儿园里成人对老师的评价："这个老师认真、踏实、细致。""这个班的美工区材料摆放得比较乱，没有清晰的分类和层次。环境创设方面缺少欣赏的内容。""这很正常。"……

　　发生在幼儿园里来自孩子的评价："老师，你的裙子好漂亮。""我最喜欢××老师了"。"×××，你是我们班最厉害的。""×××，一定是你弄坏的。"……

　　老师们的分享不仅让我们深刻认识到评价无处不在，也让我们开始觉察与儿童有关的不同评价话语折射的不同价值观。例如，"你学得真快！""你们怎么这么慢？""你很能干，进步真快！"——重视"速度"。"真高兴看到你有如此表现。"——重视"表现"。"继续做，你的进步会越来越大。"——重视"持续"。"你想了个好办法，和大家说说吧。"——重视"想法"。"不行，这个太简单了，这是小班水平。"——重视"水平"和"达标"。"影子画得不错，下次把四肢都画清楚就更好了。"——重视"都画清楚"……分析评价语言传递的价值观，不是为了评判这些评价语言的好坏对错——不评判，尽力解读，是我们几年来秉持的原则，对儿童、对老师皆如此。分析是为了觉察、发现、理解、选择、再选择……建立自己和评价的连接，反思并选择自己认同的评价视角、语言、聚焦点，并付诸实践。

　　老师们与孩子们日常互动时的口头评价，远比写下来作为正式评价文本的学习故事数量多。如果老师们不改变互动中对儿童的评价视角、语言和聚焦点，只是写出一两个学习故事，就没有多大意义。可是，为什么还要写呢？因为通过写学习故事并进行分析（如表 3-2），有可能促进我们对自身评价视角、语言和聚焦点的觉察与反思，促使我们看到自己重视的东西和自己眼里的儿童形象，而这是改变的前提和基础。

表 3-2　北京学习故事研习小组第一次学习故事撰写分析

| 故事名称 | 故事主角 | 发生时间 | 识别重点 | 回应导向 | 思考 |
|---|---|---|---|---|---|
| 我来给你讲（故事） | 女儿 | 家里晚饭后 | 情绪、同理心、社会性语言的发展 | 在墙上贴纸上写上感谢和鼓励的话语，读绘本，关注图文关系，认识多种水果 | |
| 收玩具 | 小一班园园 | 区域活动收玩具时 | 沉稳，心中有数，认真，不断发现和解决问题，一丝不苟。 | 帮助班主任发现孩子有自己的想法，引导老师关注孩子行为背后的想法。 | 为什么与未来科学家联系起来？ |
| 牛牛的混色 | 中班牛牛 | 区域活动美工时间 | 认可孩子有自己的想法、新发现，分享发现，体会成功 | 将各种颜色混合，思考用什么工具混色更好 | 如何混合出好看的颜色？ |
| 香水卡片 | 中班涵涵 | 区域活动美工时间 | 玩了 75 分钟，自己设定目标并勇敢行动，坚持克服困难，有创作想法 | 对在支持孩子学习过程中老师位置的反思，提出一些可以继续探究的新问题 | |
| 天空的微笑 | 中班孩子 | 早上来园时 | 对彩虹感到好奇，能发现问题，引导老师进行探究 | 对彩虹进行探究的可能 | 可以发展出一系列探究活动 |
| 有趣的陀螺 | 小班缘缘 | 区域活动拼插时间 | 创意，交流分享，小肌肉动作，经验连接 | 孩子们喜欢能转会动的东西，提供新的游戏材料，延长游戏时间 | |
| 好玩的水车 | 丫丫 | 区域活动玩水时间 | 兴趣，尝试，交流分享，发现，成功 | 鼓励继续尝试，提出新问题：生活中的水车和两个玩具水车间的关系 | 可以提供哪些材料来引导和支持丫丫对问题的探究？ |
| 纸浆机器人 | 大班程程 | 区域活动美工时间 | 想象力和创造力 | 下次制作带颜色的机器人，集体探索制作各种纸浆机器人 | 自己为自己定任务，并克服各种困难 |

| 故事名称 | 故事主角 | 发生时间 | 识别重点 | 回应导向 | 思考 |
|---|---|---|---|---|---|
| 胶条画中的秘密 | 4岁的啸啸 | 区域活动美工时间 | 思维活跃,有想法,爱尝试,能坚持,爱探究,使用多种工具,发展与同伴的关系,老师反思 | 鼓励在美工区使用不同工具涂鸦,给孩子自主探究的空间 | |
| 管理小菜园——除草 | 小远 | 户外菜园活动时间 | 教师反思,兴趣,坚持,好奇心,专注,沟通 | 老师反思此活动的价值 | 识别和回应的区别及联系 |
| 滚珠玩色 | 小班亮亮 | 区域活动美工时间 | 班里最小,专心,有办法,挑战自己,不断尝试自己的想法 | 建议分享自己的好方法,期待新玩法 | |

从对老师们在2014年5月——参与研习一个月后——第一次撰写的学习故事进行的分析中,我们不难看出,老师们开始转变自己的观察与评价视角,开始聚焦有助于学习的心智倾向。区域活动似乎是比较容易发现"哇时刻",以及看见"有能力、有自信的学习者和沟通者"的儿童形象的时候。不过,慢慢地,老师们为孩子们写的学习故事开始不局限于区域活动。在老师们写的学习故事里,我们看到了:一个为了帮助同伴拉拉链而一次次尝试的热心的孩子;一群因阳光而发现影子又因雾霾而寻找影子的爱探究的孩子;刚刚起床就迫不及待地捧起那本心爱的关于星球的书看起来的小书迷。意识到评价无处不在,学习故事也无处不在,以及我们身边的每一个孩子都是有能力、有自信的学习者和沟通者,在我们看来,可能是让教育回到原点,让儿童可以主导自己的学习旅程的非常重要的一步。因为"我们看见什么,主要取决于我们要寻找的是什么"①,而"我们所关注的会生长,我们所思考的会发展"②。

**(二)评价,是价值赋予,也是研究儿童的过程**

在《学习故事与早期教育:建构学习者的形象》一书中,卡尔和李认为,质性评价实践可以被视为一种叙事研究(narrative inquiry,也被译为"叙事探

---

① 出自约翰·布洛克(John Bullock),原句为"What we see depends mainly on what we look for."。

② 出自罗宾·夏玛(Robin Sharma),原句为"Whatever we focus on grows,what we think about expands."。

究"），而教师是研究者，并在评价、叙事研究的过程中探究和理解身处复杂又多元的环境中的儿童、儿童的经验、儿童的学习及其与周围世界的关系等。[1] 可是，在书中，卡尔和李并没有详细介绍"叙事研究"究竟是一种什么样的研究方法及其与质性评价实践间的联系，因此我们有必要对此进行拓展学习。

叙事研究，作为一种质性研究方法，被克莱迪宁（Clandinin，D. J.）和康纳利（Connelly，F. M.）定义为"一种理解'经验'的方式"[2]。基于杜威的经验观，叙事研究视经验为"交换互动的"，而不是先验性的，因而，叙事研究者研究的是"个体处于世界之中的经验，一种在生活和讲述之中故事化的经验，一种能够通过倾听、观察，以及与他人一起生活、写作和文本解释等途径进行研究的经验"[3]。在这个基础上，克莱迪宁和康纳利提出在叙事研究的三维空间——个人和社会互动维度、时间维度、地点情境维度中对经验进行叙事性分析（如图 3-3 所示）。

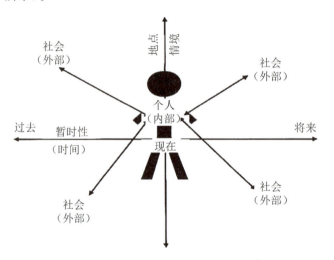

图 3-3　叙事研究的三维空间示意图[4]

① ［新西兰］玛格丽特·卡尔、温迪·李：《学习故事与早期教育：建构学习者的形象》，23～46 页，北京，教育科学出版社，2015。

② Clandinin，D. J. & Connelly，F. M.，*Narrative Inquiry：Experience and Story in Qualitative Research*，San Francisco，Jossey-Bass Publishers，2000，p. 20.

③ ［加拿大］D. 瑾·克兰迪宁：《进行叙事探究》，5 页，重庆，重庆大学出版社，2015。

④ Zhou，J.，"Living with Tensions：Chinese Early Childhood Teachers' Teaching and Learning Experiences in Contemporary Urban Chinese Context,"PhD diss.，Victoria University of Wellington，2013.

克莱迪宁和康纳利认为对经验进行的叙事性探究是流动性的、关系性、开放性的，也是无处不在的，因为"我们自能够交谈开始就一直讲述着我们的生活故事。我们讲述的故事和我们存在的时间一样源远流长。这些故事及关于这些故事的讨论，是我们赋予我们所生存的世界以意义的方式之一，也是我们彼此互助交织、共同建设生活和社区的方式之一"①。

我们如何利用叙事研究的三维空间对儿童的经验进行讲述和分析呢？让我们借助《学习故事与早期教育：建构学习者的形象》②的一个学习故事《研究者》②来细细揣摩一下（表 3-3）。故事的主人公是两岁左右的亚历克斯。

> 亚历克斯对水坑有着浓厚的兴趣，他能够像大侦探那样很快发现它们在哪里。
>
> 其实，亚历克斯不仅对水坑有着浓厚的研究兴趣，而且十分喜爱泥坑。
>
> 他的研究要求他尽可能地靠近他感兴趣的东西。他利用可以拿到的任何资源来帮助他全面探究。他最重要的探究工具就是双手，他特别爱用双手在水坑里玩水。事实上，亚历克斯这样会弄湿自己，或者就像照片里那样变成小泥人，可这些他都不在乎。亚历克斯的感官给了他很多有关水坑的信息，也就是通过这些，他发现了水的特性：水是湿的，滑的，很难拿住；当水和土混在一起时，它就会变成泥。给我的感觉是，亚历克斯认为很有必要对这些大自然的产物进行更多的研究！

《研究者》这个学习故事虽然很短，也没有明确的注意、识别、回应三段体，却让我们看到了老师对亚历克斯持续的观察，并从亚历克斯的视角出发，理解这个学习故事为什么会发生、如何发展、对亚历克斯有什么价值、未来还有哪些拓展、延伸和回应的可能等。借助叙事研究的三维空间去解读老师为亚历克斯写的这个故事，我们意识到，如果想要理解儿童的经验和学习过程，我们就需要将观察到的儿童当时当下的学习片段，与儿童的内心世界、主体能动力、情感和已有的知识技能建立连接，与儿童和周围环境（人、地方、事物）的关系建立连接，与过去和未来建立连接，以发现那些在成人看来调皮捣蛋、不懂事的儿童的体验/经验/经历的价值。

---

① Clandinin，D. J. & Rosiek，J.，"Mapping a Landscape of Narrative Inquiry：Borderland Spaces and Tensions，" in *Handbook of Narrative Inquiry：Mapping a Methodology*，London，SAGE Publications，2007，pp. 35-76.

② ［新西兰］玛格丽特·卡尔、温迪·李：《学习故事与早期教育：建构学习者的形象》，33 页，北京，教育科学出版社，2015。

表3-3　在叙事研究的三维空间中分析学习故事《研究者》

| 叙事研究的维度 | 老师在学习故事中呈现的相关信息 | 学习经验的价值 |
| --- | --- | --- |
| 个人和社会互动维度：个人内在的兴趣/动机/探究相关的知识和能力，以及与周围环境（人、地方、事物）的互动 | 动机：对水坑有着浓厚的兴趣；很喜欢泥坑；不在乎变成小泥人<br>知识和能力：他利用可以拿到的任何资源来帮助他全面探究；他最重要的探究工具就是双手，他特别爱用双手在水坑里玩水。<br>与周围环境互动：他能很快发现水坑在哪里；他尽可能地靠近它们；他的感官给了他很多有关水坑的信息，也就是通过这些，他发现了水的特性…… | 由内在兴趣驱动的主动学习<br>能运用已有的知识技能和可用工具，并用自己的方式探究周围世界<br>在互动和探究中发展感官，建构自己对周围世界的认识 |
| 时间维度 | 不仅对水坑有着浓厚的研究兴趣，而且十分喜爱泥坑……对这些大自然的产物进行更多的研究！ | 当下对水、泥持续的研究兴趣<br>未来可能拓展的对大自然更多产物的研究兴趣 |
| 地点情境维度 | 水坑、泥坑、大自然 | 有玩水、玩泥和探索大自然机会的重要性 |

　　老师们读了这个故事后会有什么样的感受呢？在北京，S老师就以不同的身份和视角与《研究者》这个故事进行了一次隔空对话。

**现在我是我，一位幼儿教师**

　　我可以肯定，我不会记录这样的学习故事。一个爱用双手在水坑里玩水的小家伙，多半是淘气的、爱搞乱的……我也可以肯定，我会用商量的语气把他从泥水中动员出来。也许他不肯出来，那么我会直接把他抱出来，我是为他好……

**现在我是亚历克斯**

　　我对这个世界的认识，就是照在身上的光、流在手中的水、闻在鼻里的花香、活动在眼前的小动物……我喜欢土，因为我可以非常容易地摸到它，也能轻轻用我的小手抓起它；我喜欢水，因为水是凉凉的；如果把土和水混在一起，我会发现更多有趣的事情。不是吗？就是很有趣！……

**现在我是亚历克斯的妈妈**

　　见到我的亚历克斯时，他很开心地扑了过来。不过，他的脸上是什么？是一个小小的泥点吗？天呢！你遇到了什么事情呢？老师笑吟吟地递给我一张照片。哦，照片一定是亚历克斯！他趴在水里吗？他又去玩那些土和水了吧？老师写道："亚历克斯不仅对水坑有着浓厚的研究兴趣，而且十分喜爱泥坑。"是的是的，他在家也是这样的，总会去找水坑和泥坑。我小时候也是这样的，孩子们好像都喜欢水和泥……

**现在我是亚历克斯的老师**

当然，我承认，亚历克斯弄脏了衣服，这点对我来说确实是个小麻烦。不过，我觉得很正常啊！亚历克斯弄脏的是一件衣服，留下的却是对这个世界的好奇心，这点很重要啊！

**未来，亚历克斯可能……**

他一定是一位拥有积极的心智倾向的、有能力的、有自信的学习者和沟通者。他的探索行为得到了老师和家长的认可，也让自己有所发现和收获。他会坚定地视自己为强大的学习者，充满着好奇心和探究愿望……

**现在我又在想什么**

我们对教育和学习的理解从何而来又去往何处呢？在孩子们最愿意与大自然接触的时候，我们十分焦虑地让他们去学习我们认为有用的知识技能；在孩子们最该在与周围人的交往中培养情感的时候，我们十分焦虑地让他们去遵守我们认为应该遵守的规则。而当孩子们到了该呵护自然、传承文化的时候，他们可能已经从内心疏远大自然了……所以在他们充满热情地去探索与尝试时，我们是不是也可以像亚历克斯的老师一样，保护他们的这种学习激情，让他们的每一段经历都有趣和有意义？

S老师与《研究者》的隔空对话，正是学习故事作为一种叙事研究方法给我们提供的另一种可能，那就是对同一段经验的讲述和重新讲述，并在讲述和重新讲述的过程中觉察我们自己的多元视角，并学着将多元视角交织在一起进行我们对经验的解读。[①] 这提醒我们，当我们研究儿童、观察和理解儿童、评价和分析儿童时，我们需要审视自己是站在谁的立场和视角上的，以及儿童的立场和视角是否被放置在首要位置。因为卡尔等人说，作为教师的我们，最需要回答的，是我们眼前每一个孩子心中都可能存在的那些疑问[②]：

- 你懂我吗？（Do you know me?）

- 我能信任你吗？（Can I trust you?）

- 你能让我展翅飞翔吗？（Can you let me fly?）

---

① ［加拿大］D. 瑾·克兰迪宁：《进行叙事探究》，59页，重庆，重庆大学出版社，2015。

② Podmore, V., May, H. & Carr, M., "The 'Child's Questions'：Programme Evaluation with Te Whāriki Using 'Teaching Stories'," *Early Childhood Folio*，2001(5).

- 你能听到我的心声吗？（Can you hear me?）
- 这里是一个公平的地方吗？（Is this place fair for us?）

"你懂我吗？"既是儿童心中的疑问，也是他们对我们的期待。虽说我们无法完全读懂每一个孩子，但是我们可以借助叙事性思维，从儿童的视角和教育专业的视角等多元视角，试着读懂每个孩子当时当下的一个想法、一个意图、一种情绪并发现它们的价值。在我们看来，孩子就好像一幅大拼图，而我们努力注意、识别和回应的每个学习故事，好似一小块拼图，让我们对孩子的了解越来越全面，并且让每一个孩子有能力、有自信的学习者和沟通者的形象越来越清晰。因此，借助叙事性思维对孩子进行的研究，是在行动中、实践中进行的研究。它把儿童以及儿童与周围世界的关系放在核心位置。它的研究过程和成果——对儿童和儿童学习的注意、识别、回应和记录，对每一个孩子都意义重大，也可以为教学提供依据和方向，以持续支持、拓展和延伸孩子的学习。

### （三）评价，是为了促进学习

评价可以成为支持学习的强大推动力。为了促进学习而进行的评价，需要保护和增强学习动力，理解学习的复杂性，接纳学习的不确定性，倾听儿童的心声，重视儿童与周围环境的关系，并在参与的过程中促进知识技能和心智倾向的发展。这种评价的聚焦点是学习，注重的是对学习的理解和解读，而非对发展水平的评判。社会文化建构理论的学习观认为："学习促进发展"；"参与即学习"；"进步和发展"呈现在学习者参与位置和状态的改变的过程中——"从边缘到中心""从学徒到专家"的过程中。因而，在我们看来，作为一种评价手段的学习故事，之所以叫"学习"故事，而非"成长""发展""游戏"或"课程"故事，就在于它聚焦的是学习，是从对儿童的学习进行观察和倾听、分析和解读入手，继而促进和拓展儿童学习的频度、长度、深度、宽度的评价实践。来自北京市大兴区第二幼儿园的赵佳怡老师为三岁半的淘淘撰写的系列学习故事《淘淘的消防梦》（学习故事 3.2 为删减版，阅读完整版请扫二维码），向我们呈现的就是一段独一无二的专属于淘淘的学习和发展旅程。

### 学习故事 3.2  淘淘的消防梦

作者：赵佳怡

**水枪！  2016 年 4 月 7 日**

天气越来越好，每天户外活动时你都能玩得越来越尽兴。集体游戏之后，随着老师一声"开始分散游戏"，你撒腿就跑，每次都要抢到蓝色的粗"水枪"（软棍），用"水枪"对准幼儿园的大楼，嘴里还不停地配音"哧哧哧"，演着没有实物、没有情节的戏，从来没有厌烦过。你发现草丛里"躺"着保安叔叔浇水用的水管，便走过来问我："赵老师，我能玩水管吗？"我说："当然能啦。"你听后飞奔过去，先是找水龙头，把水管随便放在草地上学着消防员的样子，接下来为水管接头换了两个地方——地垫下、排水洞口。最终你找到了木桩，说："这个最像消火栓！"有了满意的工具后，你开始继续为我们的幼儿园大楼"灭火"……你嘴里还不停地念叨："我是消防员，火势已被控制！报告完毕！"

图 3-4 "我是消防员"

淘淘，老师问过你最大的梦想是什么，你毫不犹豫地说："就是当一名消防员。"从每次户外活动时你一次比一次细致的"灭火"行动中，我能看出你是个称职的"消防员"。你显得特别勇敢，还不断地问有没有"伤员"。在其他小朋友的配合下，你马上冲进"火场救受伤的小朋友"。老师还发现你有时候穿的衣服上印着消防车。你的观察能力很强，我猜你之前就看过消防员叔叔是怎么操作的吧？有时候老师真的以为你是消防员，正在进行一场灭火行动呢。

我没想到一个简单的水管就能满足他。接下来，我们可以带他去找找幼儿园的消防器材都有什么，看看真正的消火栓，等保安叔叔下次浇水的时候可以让他尝试一下。或者等到幼儿园消防演习时，请他来当小小消防员，给小朋友表演。也可以告诉他的妈妈找机会带他去消防大队参观，回家观察楼道里的消防器材。

学习品质：有爱心、勇敢、坚持、敢于自我表达、敢想敢做、敢于尝试……

### 收水管　2016 年 4 月 7 日

因为有了真的水管，整个户外活动时间你的笑容一直挂在脸上。听到"收玩具啦——"你立刻放下手里的水管，开始收这个大玩具，可是没卷两下它就散开了，再次尝试还是散开了。你换到另一头，果然另一头一卷就卷起来了。……

淘淘，你真出乎我的意料——原本水管是"乱躺"在地上的，你玩完了竟然还学着消防员叔叔的样子把它卷成圈收起来，给保安叔叔做榜样。保安叔叔看见了下次也会学着你的样子，用了水管就把它收好。看到咱们班的小朋友都回班了你也没有

图 3-5　收水管

放弃，而是坚持收完，还把水管放到不会妨碍小朋友活动的墙角。你真是太细心了。

学习品质：坚持、经验迁移、敢于尝试、专注……

**水是从哪儿来的？　2016 年 4 月 11 日**

…………

**消防演习　2016 年 4 月 12 日**

…………

**我给小树浇水　2016 年 4 月 15 日**

今天地上又"躺"着一根长长的水管。你问我："赵老师，这不是上次保安叔叔浇水用的水管吗？怎么又放这儿了？""是啊，那怎么办呢？"你拿着水管，看着草丛里的小树和灌木丛。我说："如果你想试试，就去吧。"话音刚落，你扛着水管就跑到了楼后面。

图 3-6　扛起水管

你尝试把插头插进阀门里，却没插进去，又起身用力往里一按，滋了一身水还是没有成功。你站起来摸摸脸上的水问我："赵老师，您会吗？我劲儿不够啊。""我可以试试，那你能帮我照张照片吗？""没问题！"看似简单，老师却也使足了力气才插进去。水管插好了，你撒腿就跑。看到水管压到了灌木丛，你还把水管从它身上拽下来。

图 3-7　水管和阀门

图 3-8　给小树浇水

看着水管出水了，你笑得小嘴都合不上了，浇浇树，浇浇灌木丛，根本感觉不到小泥点溅到了裤子上和鞋上。中班的涵涵被吸引过来，看着你浇水玩。你转过头问他："小哥哥，要不你试试？可好玩了。"你像个小专家一样，一板一眼地教他怎么浇水。

淘淘，你真是太聪明了！上次你找到的水的源头，这次派上用场啦。你会学着保安叔叔的样子给小树、小草浇水。你真是善良的孩子。太阳这么晒，它们正口渴呢，它们一定会感谢你的。老师试过，水管确实太不好插了。你还小，力气还不够，以后如果想浇就请身边的大人帮帮忙。你有足够的耐心让小花园里所有的植物都喝上水。中班的涵涵哥哥也跟着你学会了新本领。

反思：根据淘淘的兴趣提供相应的支持，不要打消他的积极性。

可以给淘淘提出要求，比如，把水浇得更高，浇完关掉阀门。适当的鼓励、真实的材料和宽松的环境可以让淘淘有更浓厚的兴趣和更多的探索机会。和家长沟通淘淘现在的发展情况时，妈妈回应："回家找水管让他尝试洗车；放暑假带他回山东老家，让他尝试给地浇水。"

**参观消防队　2016 年 12 月 9 日**

幼儿园要参观消防队，我特意把这个消息告诉了在家休息的你。第二天一早你就穿戴整齐在幼儿园门口等我们。妈妈说："今天 6 点你就激动地起床了，说要去消防队。"你站在最前面，小眼睛直勾勾看着消防员叔叔，生怕错过了什么知识。尤其是在参观消防车环节，你一直拉着叔叔问各种你想问的问题。最后有个环节是尝试用灭火器灭火。我们再三鼓励，但你最终也没鼓起勇气尝试，有可能是白粉飞扬得太猛烈吓到你了。后来妈妈告诉我，你回家后向姥姥、爸爸、妈妈讲在消防队的参观经历，讲得眉飞色舞。看来你是真的爱着消防。

**图 3-9　参观消防队**

淘淘，从你的身上我学到了很多东西，比如，自己喜欢的东西要坚持下去，自己玩的玩具再难收也要自己收起来，自己观察身边的事情……你也要勇敢一点，遇到想做的事，征求了大人的意见后就勇敢去尝试。你让老师看到了你的勇敢、坚持、自信、乐于观察。这几天你感冒请假了，我们都很想你，等你回来的时候会有个大惊喜。老师已经帮你买了消防玩具，以后你就可以和好朋友一起做有实物的消防员灭火游戏了，能带上我一起玩吗？希望你长大后可以如愿当上消防员，成为大英雄，我相信你！

此系列学习故事写于 2016 年。4 年后当我们征求淘淘妈妈和淘淘的意见把故事收入本书时，淘淘妈妈说："孩子到现在都觉得那个故事特别好玩。故事发生的时候淘淘才三岁半，可能他自己都不知道他竟然这么棒。"在这一系列故事里，赵老师发现了淘淘的兴趣、热情、情绪、责任感、自我身份认知、意图和目的，支持他与周围的人（其他小朋友、保安叔叔等），事（消防演习、浇花、收水管、参观消防队等）以及物（水管、玩具、户外水龙头、花草等）互动和连接。因而在这个过程中，淘淘有机会运用已有的知识技能让这样的学习和探索得以进行，并从中获得新认识、新技能和新体验，进一步发展有助于学习的心智倾向或学习品质。在淘淘的这段学习旅程中，"消防员"这个身份和"水管"这个物件是主要线索，但淘淘的学习并没有被局限在"认识消防员"和"玩水管"这类老师预设的相对确定的主题活动中，而是随着自己的兴趣、意图以及自己与周围世界特有的互动在发展着。

在赵老师所写的学习故事中，我们发现了赵老师为促进淘淘的学习而制订的计划，但这不是惯常的活动计划——围绕某个主题开展一系列活动的计划，而是基于对孩子的了解，自己可以如何进行呼应的教学计划，包括：如何将孩子的兴趣、意图等与幼儿园的人、地方、事物——消防器材、消防员服装、水管、保安叔叔给花浇水、消防演习等连接起来；老师可以做什么，不可以做什么——和孩子一起尝试找找身边有什么材料可以做消火栓；和孩子聊聊他的发现；不要阻止淘淘的做法，以免打消他的积极性；等等。

事实上，淘淘对当消防员的热情，也感染着班里其他孩子。在老师们的支持下，他们可以在户外活动时穿"消防服"做操，带"消防水枪"；他们也可以一起探索消防器材，玩滋水枪大战，给小树浇水等。这些学习场景和体验，可能并没有像淘淘的故事那样被记录下来，但它们真实发生着。赵老师为了促进儿童学习而进行的非正式评价（没有被记录下来）——对孩子的注意、识别和回应也在发生着，特别是她在日常的教学中都会先听取孩子们自己的想法。虽说在这样的学习过程中，淘淘和其他参与其中的孩子们回应赵老师所创设的支持性学习环境时存在很多不确定性，但赵老师十分确定的是，"给孩子更多的机会和权利，才能有更真实的故事（学习故事）发生"。

从2016年4月至12月，赵老师选择了与淘淘的消防梦有关的六个学习事件，把它们写成正式的评价文本——学习故事，并把它们串在一起，形成了一条"学习事件链"，呈现了淘淘独一无二的学习轨迹。赵老师对每个学习故事的评价，立足于解读它对淘淘的意义和价值是什么，然后融入自己的专业视角，进而思考可以如何回应和支持淘淘。在这些学习故事里，我们没有看到赵老师对淘淘各领域发展水平的评判，却能看见淘淘在各领域的学习和发展——健康（操作水管，自我防护，发展动作、耐力等）；语言（表达自己的想法，讲述所见所闻，发展倾听、表达等能力）；社会（发展与同伴、成人的关系，发展对自我的认知，自尊自信等）；科学（对周围人、地方、事物的探索和对工作原理的假设等）；艺术（在与环境的互动和角色扮演中感受自然的各种美，进行想象和表演等）。更重要的是，这些学习故事对淘淘来说，"是那些对我们的幸福生活来说非常重要的'流畅的'学习事件链，用希斯赞特米哈伊的话来说，这些'流畅的'学习事件链能创造'卓越的人生'"①。

## 三、学习故事的儿童观及评价实践可能带来的思维和行为的改变与挑战

在这一章中，我们讲述了通过研习学习故事的儿童观和评价实践来引发我们的思考、练习和尝试。老师们开始相信每个儿童都是有能力、有自信的学习者和沟通者，愿意更努力地寻找"哇时刻"，并以此为教育切入点，同时也开始觉察学习故事这种形成性评价与以往我们所熟悉的评价实践之间的异同：

找短板式评价——取长式评价；

重测量与评判——重评论与解读；

量化总结性评价——叙事形成性评价；

重标准常模比对——重自我身份认知的建构；

教师视角的评价——融入儿童视角、教师视角等多元视角的评价。

在研习过程中，我们尝试发现和体会这些差异，努力从发现儿童生活和学习中的"哇时刻"开始，建构我们对儿童、对评价的新认知，也体会自身的转变及可能面临的挑战。比如，北京市西城区教育研修学院的教研员顾春晖老师分析西城区老师们所写的教育论坛征文后发现了老师们的一些困惑。例如，只关注"哇时刻"，孩子的问题怎么解决？发现了"哇时刻"又能怎样？很多老师并未跟进他们观察到的学习中的"哇时刻"，反而更多地去跟踪观察孩子的"唉时刻"。关于"只关注'哇时刻'，孩子的问题怎么解决"这个困惑，顾老师建议老师们思考："孩子的问题真的是问题还是他们发展过程中独特性的体现？……很多时候，所谓孩子的问题很大程度上是老师用同一个标尺衡量不同的孩子所带来的后果，是老师观念有待转变的表现。"老师们感叹"发现了'哇时刻'又能怎样，"可能是因为老师们"没有从中找到孩子的学习线索，从而落入尴尬境地。……老师们在惊喜、感动之余需要进一步追问'哇时刻'为什么会发生，从而站在孩子的角度找到学习线索，明确支持的方向"。

顾老师从教研员的视角倾听、解读、呼应老师们的心声，让我们看到了在实践中、行动中转变儿童观和评价观实属不易，而转变的发生，需要时间、场域以及鼓励和支持，更需要我们每个人——老师、管理者、教研人员等的信念

---

① ［新西兰］玛格丽特·卡尔、温迪·李：《学习故事与早期教育：建构学习者的形象》，160 页，北京，教育科学出版社，2015。

和愿景。我们应该常常问自己：我是否相信每一个儿童都是有能力、有自信的学习者和沟通者？是否愿意去发现每个儿童的力量？是否把倾听儿童的心声、研究儿童、走近和走进儿童的世界作为本职工作并为之付出各种努力？是否愿意审视自己教学和管理实践中的计划、文档、措施、行动等有多少是带着爱和喜悦首先写给儿童并为儿童而存在的？是否愿意在"破"和"立"中让"以儿童为本"的信念和愿景融入幼儿园的各项工作？愿意付出多少努力去倾听儿童，以及接纳、认识和理解"每个孩子内心最根本的孤独"？薇薇安·嘉辛·佩利老师说："孩子们的故事，我都会听三次：一次是他们讲故事我记录的时候，一次是他们演出的时候，一次是我回到家听录音带将故事整理成文字的时候。""如果我想要知道贾森是如何弄懂说故事与演故事间的联系的，那么我一定得耐心地观察和聆听。"①那我们呢？

---

① ［美］薇薇安·嘉辛·佩利：《直升机男孩：教室里说故事的魅力》，4、222页，昆明，晨光出版社，2019。

幼儿的学习就是幼儿通过自己特有的方式

与周围环境互动的过程，

是幼儿主动地探索周围的社会环境、

自然环境和物质世界的过程。

——李季湄


学习并不是一个直线型的进程，

不是由发展性的和可预见的阶段确定的，

而是在即时的进步、停顿和"后退"的

过程中建构的，有着很多方向。

——卡丽娜·里纳尔迪

# 第四章　聚焦学习

在注意、识别、回应中
促进儿童的学习和发展

对儿童心存爱、尊重和敬畏，相信和发现每个儿童的力量与价值，是教育的前提，也是对幼儿教师的专业要求。第三章探讨了我们如何借助学习故事的理念和实践，反思和重构我们对儿童、儿童形象的理解，以及由此带来的对评价观和评价实践的思考及其改变。我们开始慢慢理解马拉古奇（Malaguzzi，L.）在《你心中的儿童形象：教学从这里开始》①中表述的那些观点。他说："世间有无数关于儿童的不同形象。你们每一个人心里都有一个儿童形象。当你开始接触儿童时，这个形象就开始指引你了。你的这个内在的理论推动你表现出某种特定的行为；当你和儿童交谈时，在聆听儿童时，在观察儿童时，它都引导着你。对你来说，让自己的行为违背这个内在的形象是很困难的。比如，如果你的儿童形象告诉你男孩和女孩是很不一样的，你和他们各自的互动就会不一样。"他提醒我们，"绝不可以把孩子当作一个抽象的儿童来看。当我们想到某个孩子时，当我们对某个孩子进行观察时，这个孩子已经与真实世界的某一部分紧密地联系在一起——他已经有多样的经验和关系。我们不能把这个孩子从特定的现实世界中分离开。当这个孩子上学时，他带着他所有的经验、情感和关系来到这里"。我们也希望自己能像薇薇安·嘉辛·佩利那样，全神贯注地去倾听和观察行动中的儿童、关系中的儿童、学习中的儿童，并运用专业知识对儿童的活动与状态加以识别和回应，以促进儿童的学习，让我们的观察和教学从以"我要教什么"和"我教得怎么样"为出发点，转变为以"我想知道孩子正在学什么"和"他们可能还想学什么"为起点。可是，什么是学习？如何理解学习、进步和发展？注意、识别、回应、记录、回顾儿童的学习可能是什么样的过程？它是如何促进持续学习的？这样的过程可能会给老师们带来哪些转变和挑战？……

---

① 本文翻译和改编自马拉古奇教授 1993 年 6 月在意大利瑞吉欧·艾米利亚的一次讲座。英文版刊于 *Exchange* 杂志（1994 年），中文版由李薇翻译（2016 年）。

# 一、在思辨和行动中建构学习观

在第二章中，我们提到《指南》和"Te Whāriki"对"学习"有相似的定义和表述，都重视学习中儿童的主体能动力、主动探索与建构能力，以及学习品质的培养。《指南》强调学习中儿童与周围世界的互动和儿童在生活中、游戏中学习的独特方式，鼓励成人放手让儿童玩，让儿童成为学习的主人。"Te Whāriki"也是如此，以激发力量和赋权为重要原则，并基于社会文化理论把儿童与周围世界互动互惠的关系放在教与学的核心位置，认为参与即学习——如果儿童表现出某种兴趣，用自己的方式参与学习，遇到困难或不确定的情况时不放弃，与他人沟通和承担责任时，学习就有可能发生了，此外还重视儿童参与时的体验、状态。很显然，《指南》和"Te Whāriki"所重视的学习，与我国传统的重知识传授、教师权威的学习文化，以及大多数教师过去接受学校教育时的学习体验——听讲、识记、应试有明显差异。因此，我们认为，想要借助学习故事的理念和实践促进儿童的学习和发展，就必须对"学习是什么"进行研习和思辨，并将这样的研习和思辨与幼儿园中儿童具体的学习和生活连接在一起。

## (一)学习是复杂的——"水面上"和"水面下"的学习

### 1. 他在学习吗？[①]

几年前我们在某个幼儿园里旁观了一个小男孩（没有与之沟通和交流）在操场上活动的 20 分钟。户外活动时，当大家在操场上热火朝天地玩着各自的游戏时，这个小男孩看上去实在是太安静、太不活跃了。他似乎什么也没干，只是一直在不远处看着两个小女孩玩大油桶，看着她们一遍遍爬上油桶，看着她们一边玩一边聊一边笑，看着她们滚着滚着因没掌握好平衡从桶上掉下来然后又爬上去……只见他随着女孩们的动作和状态一会儿微笑，一会儿皱眉，一会儿走近油桶，一会儿又不声不响地帮她们扶一下油桶从而方便她们爬上去。几年过去了，这个小男孩还会被常常提起，因为他引发了我们对一个简单问题的思考："他在学习吗？"

有老师可能会说这个问题太好回答了，答案无外乎"不在学习"或"正在学习"两种可能。但是，如何判断"小男孩是否在学习"？如何理解他这 20 分钟

① "他在学习吗？"的部分内容选自周菁撰写的《一个旁观的小男孩引发的思考：谈"学习故事"中的学习》一文，原载于《早期教育·教师》2017 年第 4 期。

"不在学习"或"正在学习"的体验呢？《〈3-6岁儿童学习和发展指南〉解读》中，李季湄老师把幼儿的学习定义为"通过自己特有的方式与周围环境互动的过程，是幼儿主动地探索周围的社会环境、自然环境和物质世界的过程"。卡尔在《另一种评价：学习故事》中也认为学习发生在学习者与周围环境的交互关系中，植根于社会实践和活动中，并视学习为复杂的过程。学习是环境和思维产生交互影响的过程，可以被描述为学习者参与状态的变化，即学习者在参与活动时从边缘到中心、从学徒或新手到专家的变化过程。儿童是否在参与活动，参与时是否感兴趣，遇到困难或不确定性能否坚持，是否与他人沟通，是否能用多种方式承担越来越多的责任，是成人在观察和理解儿童的学习时需要重点关注的。

借用李季湄老师和卡尔的观点来解读小男孩的旁观过程，我们不难发现，小男孩"在学习"，因为我们可以看到他在用自己特有的方式与周围环境互动。进一步解读，我们可以看到他对两个小女孩玩油桶这个活动的兴趣，这种兴趣可能是驱使他选择持续旁观的动力。他并没有完全袖手旁观，而是在边缘用他的眼神、表情、身体姿态和动作参与着玩油桶的整个过程。他遇到困难后还在坚持，尤其是当女孩们持续忽视他想要借走近油桶、帮助女孩们扶油桶等方式表达参与的意愿时，他还在用自己的方式成为这个油桶游戏的一部分。我们可以看到他在用自己的方式表达自己的感受和想法，也感受到他对女孩们的欣赏，对参与油桶游戏的渴望。他在旁观的同时还承担起了帮助和支持女孩们游戏的责任——当油桶一直摇晃导致小女孩试了几次都没能爬上去时，他主动用脚固定油桶。他选择旁观而没有打扰女孩们游戏，在我们看来，也可以被视为他对女孩们游戏的支持和帮助。小男孩的参与状态随着女孩们游戏脚本的变化以及他自己内心意愿、想法的变化而发生着变化。我们看到了他想要从边缘到中心的尝试，看到了他在用自己的方式存在于这个学习情境中。学习就这样悄无声息地在这个旁观的小男孩身上发生了，发生在他与女孩们的互动中，发生在玩油桶这个活动里，发生在一个孩子们可以自主选择、可以有时间和空间进行旁观的学习场中。

可是，这个小男孩好像也没有学到什么本领呀？为什么他值得我们这样去关注呢？从表面上看，旁观的小男孩并没有学习到某些特定领域的知识技能，也没有解决某个问题，比如，如何站在油桶上行走，如何大胆明确地表达自己的意愿，如何与他人协商等。如果我们关注的是这些方面的学习，或从这些方面去评价小男孩的学习，我们可能会非常失望，因为这些成人认为重要的学习，对于当时的小男孩来说似乎并不重要，他并没有想让这样的学习发生的意愿。那么，这样的旁观有什么价值呢？

卡尔认为，儿童的学习既可能有"水面上"的学习，比如某些学习策略的习得以及运用；也可能有"水面下"的学习，比如给儿童的学习和发展带来持续动力的有助于学习的心智倾向的形成。卡尔把有助于学习的心智倾向视为"一整套和参与有关的机制，学习者从中识别、选择、编辑、回应、抵制、寻找和建构各种学习机会……是学习意向、对场合的敏感度和能力的结合"①。这种动机、情境和技能持续累积而成的有助于学习的心智倾向是卡尔感兴趣的学习成果，因为它们可以支持儿童建构积极的学习者形象，也有可能为终身学习打下基础。因此，卡尔希望看到的儿童的进步不再指向知识技能的线性累积，而是每个儿童都可以准备好、很愿意、有能力在越来越多元的情境中参与越来越复杂的学习，也希望教师可以促进儿童持续学习，从儿童参与的频度、长度、深度和宽度等维度发生的变化中发现和评价儿童的进步与发展。

卡尔的这些论述提醒我们，当我们讨论"什么是学习"和"儿童在学习什么"时，除了关注某些具体可见的学习行为，还需要关注"水面下"的学习，从儿童的角度去感受和体会他们的内心世界，试着去理解：在当时的情境中，儿童的动机和意图可能会是什么？儿童为什么会选择这样的方式存在于当时的情境中呢？从这样的视角去分析和解读案例中的小男孩，我们看到的不再是一个"消极旁观、没参与活动"的小男孩，而是一个对油桶游戏或者对和女孩们一起玩感兴趣、在用自己的方式参与、遇到困难能坚持并且愿意帮助他人的小男孩。我们不应该忽视他的这个旁观时刻，而更应该去保护在安静、不活跃的旁观行为下面小男孩可能经历的心理过程，产生的行为策略以及小男孩和自己的内心世界、女孩们以及油桶的交互影响。

重新讲述小男孩的故事，让我们意识到，在幼儿园里，学习随时随地都在发生着，关键是我们是否能够觉察、发现和重视它们的存在和价值，并思考我们如何理解、看见和评价发生在"水面上"和"水面下"的学习。

2. "水面上"和"水面下"学习之思

卡尔用一张冰山图（图 4-1）来描述学习故事和"Te Whāriki"课程之间的联系。露出水面的那部分冰山，用来比喻可以被观察到的学习行为，是基于"Te Whāriki"理念教师需要注意和记录的与有助于学习的心智倾向相关的行为，也是学习故事里应该被记录的学习时刻。

---

① ［新西兰］玛格丽特·卡尔：《另一种评价：学习故事》，23 页，北京，教育科学出版社，2016。

图 4-1　学习故事和课程冰山①

这些既可以被视为教师教学和评价的切入点，即教师需要去注意、识别、回应的时刻，也是教师期待的发生在儿童身上的学习成果，即希望能有更多这样的时刻在越来越多元化的时段、场合和领域中发生发展。因为这些可观察的学习行为的基础，是"Te Whāriki"所重视的有助于学习的心智倾向，以及滋养着儿童生命成长力量的五大学习和发展线索。卡尔对"水面上"和"水面下"学习的论述，给我们提供了一个不一样的视角，帮助我们理解什么是学习以及学习包括什么。于是我们展开了讨论，以帮助教师建立卡尔的论述与自身经验和认知之间的连接。

小练习：用图文的形式呈现你对"水面上"和"水面下"学习的理解。

刘晓颖老师说，这个练习让她一下子就联想到了北京奥林匹克森林公园深处的一大片美丽的人造湿地。

　　原来我们看到的水面上的郁郁葱葱的芦苇荡下面竟然有这么庞大、复杂的工程！原来水下的工程需要依赖如此科学的设计、系统的建设！结合我们所讨论的"水面上"的学习，在偌大的公园中忽然发现一大片郁郁葱葱的芦苇荡是不是就像我们发现了孩子们主动学习的"哇时刻"？孩子们的成长因准备好、很愿意、有能力才呈现出"郁郁葱葱"的状态。但这状态背后只有"让孩子自由生长"那么简单吗？所以当我从网上查到人造湿地的种种介绍时，我所想到的是，原来，一切事物都不是如我们在表面看到的那么

---

① Carr，M．，*Assessing Children's Experiences in Early Childhood*，Wellington，NZCER Press，1998.

简单的。孩子的学习也是同样的道理。无论孩子表现得是专注投入还是混乱无序，作为专业人士的我们都应该向"水面下"探寻，去寻找、发现表象之下的缘由。是什么支持孩子们这样想、这样说、这样做的？"水面下"与"水面上"呈现的状态有什么关系？怎样做才能让"水下系统"更科学、更有力地支持"水面上"的生长？人造湿地让我看到了北京这个城市更多的可能。那么，孩子在幼儿园里的学习呢？我想道理也是如此吧。

任智茹老师借助分析"幼儿折纸、剪纸"的学习过程，对"水面上"和"水面下"的学习进行了探讨。

> 知识技能的学习。当把折纸、剪纸作为单纯的、外显的、可见的知识技能时，教师通过教授折法、剪法和重复练习来提高儿童折纸、剪纸的水平。这种学习多是"水面上"的学习，是一种被动的学习。在知识技能的学习中，我们能够分出"水面上"的学习（看得见的学习）和"水面下"的学习（看不见的学习）。
>
> 体现幼儿主体学习意图的学习。如果将折纸、剪纸与儿童的意图相联系，就能够体现儿童作为具有社会角色的主体能运用一定的知识技能来表现自己的意图。比如，儿童运用折纸的方式来折小鱼，是为了玩"钓小鱼"的游戏。
>
> 发展想象力和创造力的学习。
>
> 作为一种交流方式的学习。
>
> 作为一种解决问题方式的学习。
>
> 培养良好的学习习惯的学习。在折纸游戏中，儿童需要按先后顺序一步一步进行，逐步培养一种习惯：做事情要按一定的顺序。
>
> 体验主动探索和成功的学习。
>
> 提高注意力、专注力、坚持性等意志品质的学习。
>
> 实现自我价值、成就"折纸小能手"的学习。

任老师说我们需要反思：我们看到了哪些"水面上"的学习？还有哪些"水面下"的学习是我们没有关注的？我们期待和能够支持的是哪种学习呢？要回答这些问题，我们就需要在教育教学中首先对儿童所学的内容进行细致梳理，进而选择真正对儿童终身发展有价值和意义的学习内容。

每位教师都在结合自己的思考、认知和经验从不同角度建构和发展着自己对学习的理解。我们也结合中国文化中有关水的解释如老子和孔子对水的理解，以及我们自己的学习观，对"水面上"和"水面下"的学习进行了思考。

水是什么？老子说水有七善——善地、善渊、善仁、善信、善治、善能、善时。孔子认为水有九德——德、义、道、勇、法、正、察、志、善。因而，我们在学习中，可以视水为场域、环境——一个以"善"和"德"为本性的场域和环境。

"水面上"和"水面下"指什么？"体"的维度："水面上"——浅显、表面；"水面下"——深刻、本质。"相"的维度："水面上"——光明、易见、显性；"水面下"——黑暗、不易见、隐性。"用"的维度："水面上"——直接、短期；"水面下"——间接、长期。因而，在"水面上"和"水面下"学习的过程、状态、体验、成果等可能不同，所需要的条件等可能也不同。

学习是什么？学习是复杂和多元的，是情境性和文化性的，是动态和形成中的，是主动和投入的，是创造和思辨的，是知识技能和态度的学习，是参与、改变和发展。

学习者在"水面上"和"水面下"的学习可能是什么样的呢？学习者在一个充满"善"和"德"的场域里主动参与活动，探索、创造、思辨、改变和发展；学习者学习在"水面上"活动，也学习在"水面下"活动；学习者以不同的形式与水融为一体；水承载着学习者，学习者也改变着水；学习者在不同的"水域"可能参与不同的活动；学习者当下在"水面上"和"水面下"的活动可能影响学习者未来对水的态度和与水的互动，也可能影响学习者作为一个多层面的人的发展。

围绕"水面上"和"水面下"的学习进行的讨论与思考，让我们更加意识到学习是一个复杂、整体的过程，对儿童学习的注意、识别、回应需要看到并保持这样的复杂性、整体性，还需要重视个体与环境的关系、外在和内部的关系等。它也把我们引向了另一个重要话题——我们想要的能促进儿童长期发展的学习成果，以及其与个体的有助于学习的心智倾向和当下可见、正在发生的学习行为之间的联系。

3. 有助于学习的心智倾向

刚开始接触心智倾向这个概念时，很多教师会问：心智倾向和学习品质一样吗？且不说心智倾向和学习品质是否是一回事，单就学习品质这四个字而言，国内学者的定义各有不同[1][2]。也有学者把国外相关研究中的同类概念翻译成"学习品质"，如"quality of learning"和"approaches to learning"。丽莲·

---

[1] 曹正善：《论学习品质》，载《集美大学学报（教育科学版）》，2001(4)。

[2] 王菁：《用专业的心，让观察更有温度：幼儿园"学习故事"的本土化实践研究》，13～15页，上海，上海教育出版社，2017。

凯兹(Lilian Katz)所论述的"learning disposition"（这也是"Te Whāriki"所用的英文表达方式）也曾被翻译成"学习品质"[1]。这样看来，"learning disposition"可以被翻译成"心智倾向"或"有助于学习的心智倾向"，也可以被翻译成"学习品质"，其实不然。

在仔细研读和体悟卡尔对心智倾向这个概念的阐述后，我们发现，卡尔并没有像大多数国内外学者那样聚焦思维层面论述心智倾向这个源自心理学的概念，而是引入布尔迪尔的社会学视角，结合"惯习"这个概念理解心智倾向，强调社会文化环境、个体与环境的关系、身份和意义等可能给心智倾向带来的影响。同时，卡尔也没有只是把心智倾向——兴趣、勇气、自信等当作名词来使用，而是将它们"在名词和动词间转换"，认为一个心智倾向就是公开的或隐蔽的与一个行动有关的决策过程。我们有意识或无意识地做出的决定，是依据我们在环境中所感知到的启示或机会做出的，也与个体或群体当时特定的目标和意图有关。[2] 这就可以解释前文学习故事和课程冰山图中，"水面上"的学习行为与"水面下"有助于学习的心智倾向之间的联系了。由此，我们认为，"Te Whāriki"和学习故事语境中的心智倾向与学习品质有相似之处，它们都指向与"如何学习"相关的品质、方式或态度，但又不太一样。

卡尔和"Te Whāriki"是如何论述心智倾向这一概念的呢？心智倾向，可以被视为"思维的习惯"（habits of mind），即针对某种情境或某一广泛目标经常、自愿、自觉表现出的特定的回应倾向和方式。[3] 它可能给人带来积极或消极的影响。有助于学习的心智倾向是那些有可能给学习者带来积极影响的心智倾向。因此，心智倾向关乎情境，也关乎具体行为。如果一个儿童有好奇心这一心智倾向，那么我们可以经常看到他对环境的回应倾向是探索或常常提问。"Te Whāriki"认为，有些心智倾向可以支持终身学习，如勇敢和好奇、信任和坚持、自信和负责任，以及互惠、创造、想象和坚韧等。这些心智倾向又与一些具体可被观察到的行为相关联，如感兴趣，在参与，遇到困难或不确定性时能坚持，能表达观点和感受，能承担责任等。卡尔进一步把重视当下情境的有助于学习的心智倾向定义为一整套和参与有关的机制，并用"准备好、很愿意、有能力"这三个维度来描述有助于学习的心智倾向，将学习者和学习联系在一起。"Te Whāriki"里写道："有助于学习的心智倾向必然包含'准备好、很

---

① 鄢超云：《学习品质：美国儿童入学准备的一个新领域》，载《学前教育研究》，2009(4)。

② ［新西兰］玛格丽特·卡尔、温迪·李、卡罗琳·琼斯，等：《学习的心智倾向与早期教育环境创设：形成中的学习》，19页，北京，教育科学出版社，2016。

③ Katz，L.，"Dispositions as Educational Goals,"*ERIC Digest*，1993.

愿意和有能力'三个要素。'准备好'意味着有意向，'很愿意'意味着对时间和地点敏感，'有能力'意味着拥有必要的知识技能。有助于学习的心智倾向能使儿童建立作为学习者的自我身份认知，而儿童会带着这样的自我身份认知进入新时期、新环境，并支持终身学习。"①卡尔还提出，教育者应该将学习者的意向——"准备好"这一维度放到前景位置凸显出来，关注学习者表现出来的兴趣、参与的状态、坚持不懈的热情、沟通的意愿和方式，以及承担责任的方式和习惯，并思考如何让背景中的环境因素、知识技能增强学习者的学习意向。

如我们在前文中提到的，在研习过程中，我们非常重视鼓励老师将理论学习与自身的学习体验相连接，在帮助老师理解和体会有助于学习的心智倾向，以及"准备好、很愿意和有能力"如何在前景和背景位置影响着老师自身的学习时也是如此。

例如，2020年3月惊蛰那晚，我们组里的成勇老师发来一张她刚刚完成的水粉画，取名《惊蛰一惊》，并兴奋地告诉我们，这是为纪念当晚她在敷面膜时突然停水所受到的那一点点惊吓而画的。

并不是每一个人在遇到敷面膜停水这个状况时，都会选择画画来记录。即便选择画画，也不一定会带着成老师这样的情感吧。那么，这次学习是如何发生发展的呢？于是，在和成老师的对话中，我们激发成老师从"准备好、很愿意、有能力"这三个维度来解读自己的这个学习过程。（表4-1）

表4-1 用"准备好、很愿意、有能力"三个维度解读学习

| 维度 | 内涵 | 解读《惊蛰一惊》中学习的发生 |
|---|---|---|
| 准备好 | 知道为什么：意向<br>与学习者的意图、兴趣、目标和承诺、情绪、自我认知等有关 | 意向：强烈想要用画笔记录下给自己带来"一惊"的时刻<br>——强烈的情绪和创作欲望的驱动 |
| 很愿意 | 知道何时何地：对时间、场合敏感<br>读懂情境，关乎学习者对时间、环境和关系的识别与解读，以决定是否锁定某一学习机会 | 激发事件：敷面膜时停水<br>人：每天都与身边有画画爱好的伙伴及一直鼓励自己的艺术老师互动<br>物：家里有画水粉需要的材料<br>——赋能积极的启发网络 |
| 有能力 | 知道如何：能力<br>与学习者已有的知识技能的储备相关 | 近期基本上每天晚上都会临摹绘本中的一幅图画<br>——不断增加和发展着的知识技能储备 |

---

① New Zealand Ministry of Education，Te Whāriki：Early Childhood Curriculum，Wellington，Learning Media，2017，p. 23.

成老师说，自己"强烈地想用画笔把这件事记下来"的学习意向对这次学习起着决定性作用，处于前景位置。但是，如果没有"停水""师友""已有知识技能"这些背景因素的支持，她可能不会第一时间想到画画并愿意勇敢尝试、大胆创作、自信表达。成老师从"准备好、很愿意、有能力"这三个维度来解读自己的这个学习事件，让她开始关注学习过程的复杂性，意识到个体的意向、与环境的关系和已有的知识技能储备，在共同影响着学习的发生发展。

除了激发老师练习从"准备好、很愿意、有能力"这三个维度来分析自己作为学习者所经历和体验的学习事件，我们还非常重视激发老师借助"三位一体的有助于学习的心智倾向"概念来分析儿童的学习事件。以下是北京六一幼儿院的朱金岭老师的尝试。她从"准备好、很愿意、有能力"三个维度对小一班的大老鹰小朋友给小花拍照这个学习事件进行了分析，并由此写下了她识别和回应的过程。

### 学习故事 4.1　我给小花照个相

作者：朱金岭

时间：2019 年 4 月

大老鹰，今天妈妈一来接你，你就拉着妈妈往外跑，一边跑一边说："我要给小花照相去！"你来到操场上，向妈妈要了手机，对着地上掉落的海棠花瓣照。妈妈说："你怎么不照树上的花呀？"你一边照一边说："我们捡花瓣做东西了。"

接着，你说："我照树上的花吧！"你举起手机，对着树上的花照呀照。你一会儿站直，一会儿又半蹲，不停地调整着角度。

图 4-2　给地上的花瓣照相

图 4-3　给树上的花瓣照相

本以为你照完了，没想到你又说："我要去给地上的花照相。"你来到操场边的土地上，一眼就看到地上紫色的小野花，马上蹲下来照。

朱老师从"准备好、很愿意、有能力"三个维度进行了分析。

图4-4　给小野花照相

准备好（作为学习者的个体）：大老鹰是班上一个很特别的孩子。虽然从外在的表现看他比较沉默，但是，他是一个特别爱学习的孩子，只要遇到感兴趣的事他就会一直看，还若有所思。于是，我仔细回忆在小小介绍照相的事情时大老鹰的状态：他虽然没有像其他小朋友一样坐在座位上听，但是他一边在旁边溜达，一边不时地看看小小，有时还停在那里歪着头听一会儿。对于大老鹰来说，虽然他的外显学习行为不那么明显，但是，他内隐的状态却是一个特别积极、好奇的学习者，而且他一直用他自己喜欢的状态在学习。

很愿意（对学习场合和情境的识别）：刚开始带这个班时，我和老师们就立志给孩子们创设一个"每一个儿童都是自信的、有能力的学习者"的环境。我们努力倾听每一个孩子的想法，让孩子们感到这种环境、这些关系是可以信任的。大老鹰也充分地感受到了这一点，所以他可以用自己喜欢的状态学习。但是，有一点对于我来说非常值得反思：他为什么没有直接告诉我他想去照相，而是等到妈妈来接他时他才行动？这是不是说明我们的环境还没有充分地让孩子处于"很愿意"的状态？是不是还有一些条条框框束缚着老师和孩子？如相机是教师用的，如果弄坏了相机怎么办……

有能力（能够为参与学习做出贡献的知识技能储备）：现在的孩子一般都会用手机拍照。班级正在开展"留住幼儿园的春天"的活动。小班孩子对春天里开放的花特别感兴趣，和老师一起发现了各种各样的花。

分析之后，朱老师写下了她识别和回应的过程。

大老鹰，今天一听你对妈妈说要出去给小花照相，熊奶奶（朱老师的昵称）特别高兴，你知道为什么吗？因为我发现了你的又一个兴趣点。我还发现你每次照相时的身体姿势都不一样。你就像电视中的摄影师一样，为了照到自己想要照的东西，不断变化着姿势，有时弯腰，有时屈膝，真是太棒了！还有，你照相时盯着手机屏幕一动不动，我真喜欢你专注的样子。当看到你照花瓣时，我没有感到特别惊讶，因为一直以来，我都知道你在用自己的方式关注着班里发生的事情，就是没想到上次璐璐老师带你们捡花瓣做创意手工的事，你还记得！你总是有自己的想法。每次你跟我们分享你的想法，总能让我感到惊喜，这次也不例外！

不过，熊奶奶也有一个小想法和你分享。看到你迫不及待地拉着妈妈去照相，我猜你是不是早就想像小小那样用相机照相了呢？以后如果你有什么想做的，不用等到妈妈来，你可以直接告诉熊奶奶或者其他老师。这样你就可以不用等那么久了，你觉得呢？

爱你的熊奶奶

在识别和回应的过程中，朱老师说，通过三位一体的分析，她能识别很多东西，但是不知如何表述，这让她感到困惑。后来，在与我们的共同分析探讨中，朱老师学着不断调整自己的表述方式和语言习惯，并修改自己的文字表达（表4-2）。在我们看来，朱老师这样的转变是从理念到实践、从价值观到行动的转变。例如，困惑1让我们看到朱老师在努力尝试与大老鹰独一无二的参与方式建立连接；困惑2的背后是朱老师如何看待和理解大老鹰"不太爱说话"；困惑3则是朱老师学着如何在与大老鹰共情的基础上建立师生间的连接。

表4-2　朱老师识别和回应过程中的困惑与调整

| 困惑 | 第一次识别和回应 | 修改后 |
|---|---|---|
| 1. 如何解读让妈妈感到惊讶的"照花瓣"行为 | 当看到你照花瓣时，我没有感到特别惊讶，因为一直以来，我都知道你总有自己的想法和看法。虽然你不太爱说话，但每次都能让我感到惊喜，这次也不例外！ | 当看到你照花瓣时，我没有感到特别惊讶，因为一直以来，我都知道你在用自己的方式关注着班里发生的事情，就是没想到上次璐璐老师带你们捡花瓣做创意手工的事，你还记得！ |
| 2. 要不要写"虽然你不太爱说话" | | 你总是有自己的想法，而每次你跟我们分享你的想法，总能让我感到惊喜，这次也不例外！ |
| 3. 如何呼应孩子等到妈妈来了才去照相 | 看到你迫不及待地拉着妈妈去照相，我就知道你一定特别喜欢这个游戏，但是你为什么等到妈妈来时才去呢？你为什么没有直接来找我呢？咱们俩不是好朋友吗？我想，你是不是担心什么呢？你的担心说明环境还没有真正地给你足够的安全感，所以接下来，熊奶奶还要加油呀！努力让这个环境成为你的家！你觉得怎么样？ | 看到你迫不及待地拉着妈妈去照相，我猜你是不是早就想像小小那样用相机照相了呢？以后如果你有什么想做的，不用等到妈妈来，你可以直接告诉熊奶奶或者其他老师。这样你就可以不用等那么久了，你觉得呢？ |

4. 我们的思考

卡尔用"准备好、很愿意、有能力"这三个维度来描述有助于学习的心智倾向，与第三章论述的用叙事研究的三维空间来分析和解读儿童的经验一脉相承。它提醒我们在评价中可以从"个体的动机意向""个体与所处场合、地点和环境的关系"，以及"随时间累积的知识技能"这三个维度，对复杂的学习过程和某一学习事件的发生发展进行解读，而不只是对知识技能的习得进行识别。因而，教师在教学中需要双重聚焦，既聚焦"学习什么"，又聚焦"如何学习"。卡尔及其同事的研究还发现，有助于学习的心智倾向与个体在学习中被赋予的角色有关，而且可以改变。她们进一步阐释了有助于学习的心智倾向和学习之间的关系。

> 在这里，有助于学习的心智倾向被描述为复杂的教育投入、输出和成果。我们会倾向于更多或更少地注意、识别、回应我们已知的和能做的，也更多或更少地倾向于从我们已知的和能做的出发，进一步开创、即兴发挥和想象。心智倾向就像是学习轨迹过程中有效的文化过滤器，能将知识和技能转化为行动。它们通常可以在一代代家庭和学生中被追溯，也能在不同的境况和经验中被加强、改变和阐释。它们是对学习机会进行识别（或误识）的信息来源，能提供无可避免的、进行即兴发挥的策略和动机，而这就是学习。①

在《指南》中，与心智倾向相似的概念是学习品质，并且《指南》把学习品质视为"终身学习与发展所必需的宝贵品质"。但《指南》没有详细阐释学习品质是如何影响儿童学习的，以及我们如何促进学习品质的发展。在实践中，我们发现，经过这几年的努力，教师的儿童观在转变。对于教师来说，发现儿童学习时表现出来的学习品质并不难，有好奇心、敢于探究、善思等学习品质经常出现在教师对学习的识别中。但是，这些学习品质是如何在"水面下"影响儿童学习的，即这些学习品质是如何帮助儿童发起学习、如何读懂环境和关系从而识别学习机会、如何帮助儿童用越来越复杂的方式习得知识技能和新的学习品质的，还需要进一步研习和探索。怀特海（Whitehead，A. N.）也提醒我们，"不能加以利用的知识是相当有害的"②。借助"Te Whāriki"和卡尔关于有助于学习的心智倾向的论述，在日常教学的注意、识别、回应中，在撰写学习故事的

---

① ［新西兰］玛格丽特·卡尔、温迪·李、卡罗琳·琼斯，等：《学习的心智倾向与早期教育环境创设：形成中的学习》，19 页，北京，教育科学出版社，2016。

② ［英］怀特海：《教育的目的》，4 页，上海，文汇出版社，2012。

过程中，从"准备好、很愿意、有能力"这三个维度来解读和评价儿童的学习，有可能帮助教师重视儿童利用知识技能建构自己对周围世界的认知的过程，理解儿童是如何将知识技能与学习过程中自己的动机、意图、情绪等以及自己与环境的关系联系在一起并加以利用的。富兰（Fullan，M.）在论述支持深度学习的新型教学法时说，学习应该是让学生和教师都难以抗拒而想要投入进去的事情。① 那么，如果想让我们的教育设计和实践让每个儿童都"难以抗拒而想要投入进去"，我们就需要在分析和解读儿童的学习时，不仅关注他们在学习什么，还要了解他们各自的那一整套和参与有关的机制，即儿童是如何准备好、很愿意、有能力参与学习的。同时，我们也需要认识到，有助于学习的心智倾向既是儿童参与学习的能动系统，也应该是重要的教育目标② 和学习成果③。

**（二）儿童是学习的开创和共创者**

1. 对儿童在学习中的位置和角色的思辨

《纲要》和《指南》对儿童在学习中的位置没有进行明确表述，但是，《纲要》指出，"教师应成为幼儿学习活动的支持者、合作者、引导者"。"自主"一词在《指南》中出现了 10 次，用在儿童身上的"主动"一词则出现了 23 次。这些都暗示《指南》和《纲要》希望儿童在学习中处于主动的位置，而教师在促进儿童主动学习的过程中，其位置可以是动态多元的。教师有时是站在儿童身后的支持者，有时是和儿童并肩学习的合作者，有时还是在儿童前面给儿童提供可能的方向的引导者。除此之外，"儿童中心""以儿童为主体""儿童—教师双主体"等也常被教师用来描述儿童在教育中的位置。同时，"放手""把学习的权利还给儿童"④的呼声也越来越强烈。只是这些对儿童位置的描述，更多指向的是儿童在与成人的关系和教育中所处的位置，而非儿童在学习的发生发展过程中所处的位置。

"Te Whāriki"同样重视"放手"和"把学习的权利还给儿童"，把它们当作一条重要的教育原则——"激发力量和赋权"提出，期待幼儿园和教师把它与幼儿园、课程和教学的方方面面编织在一起，并对此进行了详细的阐述。前文中

---

① Fullan，M.，"The New Pedagogy: Students and Teachers as Learning Partners," *Learning Landscapes*，2013，6(2).

② Katz，L.，"Dispositions as Educational Goals,"*ERIC Digest*，1993.

③ ［新西兰］玛格丽特·卡尔：《另一种评价：学习故事》，5 页，北京，教育科学出版社，2016。

④ 常晶：《把学习的权利还给儿童——"安吉游戏"带给中国学前教育改革的探索》，载《中国校外教育》，2018(4)。

我们提到，这一原则与毛利文化相信每个人与生俱来拥有"生命的力量"相关。"Te Whāriki"认为教育和课程"需要维护和强化这种力量"，以"拓展儿童的能力和自信，并随着时间的推移，使他们能够主导自己的生活"。"Te Whāriki"还具体描述了在一个能激发力量和赋权的环境中，儿童参与学习时的状态："儿童拥有主体能动力，能够创造并按自己的想法行事，在自己感兴趣的领域发展知识技能，渐渐地，能在与自己有关的事情上做出决定和判断。"[①]在这样的原则指引下，卡尔及其同事提出把作为学习者的儿童置于学习的"开创"位置，"视儿童为有能力共同开创自己学习旅程的人"，并"视儿童为社会化的行动者——有自己的观点，是专家，也是自己学习的主人，而不是视他们为没有能力的、被动接受成人对他们所做事情的人"。[②]那么，在幼儿园的日常生活和学习中，作为学习者的儿童以开创和共创者身份参与学习可能是什么样的呢？

2. 发现作为学习开创和共创者的儿童

每年 9 月开学时，进入新环境的小班孩子也能发挥自己的主体能动力"开创"和"共创"学习吗？在童心家园教师为小班孩子写的这组学习故事中，我们看见了什么样的小班孩子呢？

### 学习故事 4.2　老师，你能带我去溜达溜达吗

作者：张晓萌

时间：2019 年 9 月

从你的小脸上老师能看出今天的你情绪不好。"老师，你能带我去溜达溜达吗？"听到你的诉求，我在想：你想出去玩还是想找奶奶？还是……带着这些不确定性，我们来到了一间"秘密"会议室。你对这间"秘密"会议室十分好奇，打量着一切，变身为"十万个为什么"小朋友，不停地问。"嘘——小点声，"我提醒道，"这间会议室的旁边有人，我们不能被他们发现，要小点声。"这时候你更投入了，仿佛我们在打

图 4-5　溜达前后

①　New Zealand Ministry of Education，Te Whāriki：Early Childhood Curriculum，Wellington，Learning Media，2017，p. 18.

②　[新西兰]玛格丽特·卡尔、温迪·李、卡罗琳·琼斯，等：《学习的心智倾向与早期教育环境创设：形成中的学习》，1～41 页，北京，教育科学出版社，2016。

游击战。"好的，老师。"你边说边压低了嗓音和身体……后来我们还是被发现了，于是你友好地向老师们介绍："我是洋洋……"就这样，我们开开心心地从"秘密"会议室溜达回班级了。你很自豪地说："赵老师，我溜达溜达就没事了！"

洋洋是自己学习的开创和共创者吗？是！来到新环境的他有情绪，有想法，也有诉求。在老师倾听和回应了他的诉求后，洋洋和老师共同开启和创造了洋洋主动探索新环境、疏解自己情绪的学习机会。老师特别喜欢洋洋对这次学习的评价和总结"我溜达溜达就没事了"。谁说小孩子是一张白纸，什么都不懂？

### 学习故事 4.3　一起找奶奶

作者：高雪飞

时间：2019 年 9 月 9 日

图 4-6　一起找奶奶

户外活动时，馨馨用手拉着嘟嘟，边走边说："你想找奶奶，我也要找奶奶。"

馨馨，你看到嘟嘟也想找奶奶，就带着他一起找。你们都很想念奶奶，所以你们互相安慰。这个时候的你完全能够理解嘟嘟，你在帮助他的时候也在不停地安慰自己，这应该就是你排解想奶奶情绪的一种方式吧。老师相信你一定会喜欢上幼儿园，就像喜欢奶奶那样。

在这个故事中，馨馨和嘟嘟两个同样想念奶奶的小朋友共同创造了这次学习机会。共情、彼此安慰和相互关爱，就在这样手拉手走一走、共同想念奶奶的过程中自然而然地发生着。

### 学习故事 4.4　想念——家

作者：梁蕊

时间：2019 年 9 月 12 日

图 4-7　"把我送回家吧"

户外活动时，我发现你坐在玩具警车上，嘴里还说着："我家住在……你把我送回家吧。"于是我好奇地走到你身边，原来你在和开警车的小司机说话。前面的小司机说："别怕，有我在呢，一会儿吃完饭我就把你送回家。"

你或许是想家了吧，于是用自己的方式

来排解自己的情绪。老师相信安妮一定会很快爱上幼儿园，爱上小朋友们的。加油！

这又是一个用自己的方式将幼儿园与自己的家庭建立连接，以进行自我排解的孩子。安妮在与幼儿园的玩具警车、小司机的互动中，学习着与人沟通、应对情绪的方法，发展着自己的游戏情节和脚本。

在这些学习故事里，我们看到的小班孩子没有被动等待安抚、关心，而是发挥自己的主体能动力，用各自的方式回应自己的"分离焦虑"，探索新环境中的人、地方、事物，开创并和自己的同伴、老师共创专属于自己的学习体验。每一个孩子都知道自己的感受，知道自己想要什么，也知道什么方式是适合自己、能让自己感到舒服和自在的方式。诚然，这些孩子在一个新环境中越来越有安全感和归属感需要时间，也需要老师主动安抚、关心他们。这些孩子主动开创的学习时刻，值得被老师看见、听见、识别、回应、记录并分享。这样的记录有可能强化老师和孩子、家长之间的情感连接，安全感和归属感也可能在这样日常的一呼一应中生发。如果小班9月的课程主题是"我爱上幼儿园"的话，这些学习故事所记录的内容不就是有效、有意义的课程内容吗？

3. 反思行动中的主体能动力

放手或者激发力量和赋权，把儿童置于学习的开创和共创者的位置，这与承认和重视儿童的主体能动力（agency）相关。根据陆谷孙主编的《英汉大词典》，"agency"一词有"动原；力量；使然作用，能动作用"的意思，也代表一种可以使用某种权力和发挥力量的资格或身份（identity）。因而，主体能动力可以被视作一种力量，字面解释为"能让主体动起来的力量"。这种力量的源泉之一可能就是学习者对世界和周围人、地方、事物的好奇心及兴趣。教师如果想让学习者成为学习的主人，积极主动地投入学习，建构自己对周围世界的认识，就需要首先识别学习者的兴趣和专长。但好奇心、兴趣还只是主体能动力之源，要想让它们驱动孩子不断学习，教师和孩子身边的成人如何对待孩子的好奇心、兴趣很关键。也就是说，当孩子表现出某种兴趣后——如学习故事4.1《我给小花照个相》中孩子对用真的相机拍照感兴趣——他们身边的成人对此的积极评价以及与评价相关的互动模式非常关键，因为它们能鼓励学习者继续前行，例如，朱老师班里的老师支持和鼓励孩子们对自己感兴趣的事情进行探索。试想，如果成人对孩子说"不行，你太小，会把真相机弄坏的，给你找个玩具相机吧"会怎样呢？那么，什么样的评价以及与评价相关的互动模式有助于鼓励学习者，激发并持续发挥学习者的主体能动力呢？卡尔及其团队经过长期对"学习智慧"的研究认为，她们理想中的评价或互动模式是能让教师和孩子保持共享思维的"有效的分享式互动"模式，这种互动模式的三个特征即识别兴趣和专长、共创学习、自我评价。这样的互动是如何影响主体能动力的发挥的呢？于是，我们尝试借助绘本进行了探索。

小练习：阅读一本主人公（可以是人、动物、植物等）与周围世界互动时发挥主体能动力的绘本，并从中体会有助于保持共享思维的分享式互动在主人公发挥主体能动力与周围世界相处时的意义。北京市顺义区宏城幼儿园陈亚利老师分析的是绘本《味儿》①。

识别兴趣和专长：

雷蒙非常喜欢画画。我们可以从画面中感受到他喜欢画画的程度。他自身也许在画画这件事上有天生的兴趣，因此能调动他的内驱力，这是他的主体能动力。兴趣和自我支持是发展的催化剂，这也是促使他后来实现自我价值的基础。

共创学习：

消极：一次，雷蒙在画一瓶花时，哥哥站在他身后，突然大笑起来："这是什么东西？"

积极：在雷蒙失去信心时，妹妹的两句话"这是我最喜欢的一张""不过，它看起来很有花瓶味儿"给雷蒙增添了信心和重拾梦想的勇气。一个懂得欣赏他的妹妹，帮助他重新唤起对绘画的信心和热情。

自我评价：

第一次自我评价：当雷蒙受到哥哥的嘲笑时，雷蒙失去了信心和勇气。

第二次自我评价：很幸运的是，雷蒙有个赏识、赞美他的可爱的妹妹。当他看到自己曾经揉搓的每张画都被妹妹贴在墙上时，他心中有一种成就感，觉得自己是有能力的，觉得自己的画像在画廊里一般神圣、美妙。

主人公发挥主体能动力与周围世界相处时的意义：

故事中的雷蒙对画画感兴趣，这一点源自他自身有一种内驱力和一种信念，这种信念促使他坚持下去。

在学习中，一是雷蒙自身对学习活动感兴趣；二是当消极信息影响时，他受到打击，但经过调整，内心仍有信念；三是当积极信息影响时，他重新唤醒他的主体能动力。

故事带给我的思考：

两种对话的影响：哥哥、妹妹不同的话带给雷蒙的是两种完全不同的结局，一个是不幸的，一个是幸运的。如果没有妹妹的出现，雷蒙从此会

---

① ［加拿大］彼得·雷诺兹：《味儿》，海口，南海出版公司，2010。

如何做呢？

教师如何看待幼儿的影响：作为幼儿教师的我们看待幼儿时要像故事中的妹妹那样，做一个认真去倾听孩子、观察孩子、了解孩子、懂孩子的教师，不要用我们成人固有的思维去看孩子的世界。

一件事、一句话对人一生的影响（自身的影响）：我能深刻体会雷蒙被哥哥的一句话打击的心情，因为儿时的我也曾有过类似的经历。

北京市西城区三义里第一幼儿园的班鑫老师选择分析《田鼠阿佛》①。

识别兴趣和专长：

善于观察世界，并能感受周遭环境的变化。

喜欢独立思考，有想法。

共创学习（生活）：

在田鼠们为冬天积攒粮食的时候，阿佛做的事情不一样。其他田鼠没有责怪他，而是尊重他的想法，尊重他的兴趣，并且愿意在冬天和他一起分享食物。因为大家相互尊重彼此的想法，所以阿佛也愿意用自己的方式帮助他们度过冬天，因此形成了共创的生活。

自我评价：

阿佛很相信自己，对自己有明确的认知，相信自己的方法，不受外界的影响。阿佛很清楚自己是个诗人。当小田鼠们夸他是个诗人的时候，阿佛说"我知道"，尽管他很害羞。阿佛了解自己诗人的身份，明白作为一个诗人最应该做什么。所以在其他田鼠储备食物的时候，他没有去帮忙，而是在做一个诗人该做的事——收集诗所需要的元素，为创作做准备。其实阿佛也是在为冬天做准备，只不过他准备的是诗，是精神食粮。

田鼠阿佛的主动能动力是如何被激发的？

源于他对自己兴趣的了解。

源于同伴对他的包容和理解。

他有想法，有自己的思考。

大家互相帮助、共同分享。

约翰斯顿（Johnston，P.）认为主体能动力"闪现出来的火花简单说来就是一种知觉，即觉察到我们身处的环境是能对我们的行动做出回应的"②。从教

---

① ［美］李欧•李奥尼：《田鼠阿佛》，海口，南海出版公司，2010。

② Johnston，P.，*Choice Words：How Our Language Affects Children's Learning*，Portland，ME，Stenhouse Publishers，2004，p.9.

师对绘本的分析中不难看出，教师开始认识到个体的主体能动力不只关乎个体，更受到周围人的影响。温迪老师和她的同事进一步提出，儿童在特定情境中能否和如何发挥或建构主体能动力，与成人对他们的定位（如是否把儿童置于开创和共创者的位置），和成人在评价中所提供的发挥主体能动力的方式（如是否相互倾听、对话，是否鼓励一种能够民主分享各自想法的主体能动力）密切相关[1][2]。北京市丰台区南苑第一幼儿园李思楠老师撰写的《这样更省事》（学习故事 4.5）让我们看到，在日常生活的细微之处，教师是如何放手把儿童置于开创者位置，并在倾听、对话中让三岁半的小修成为学习的主人的。

### 学习故事 4.5 这样剪更省事

作者：李思楠

时间：2019 年 3 月 5 日

我看到你在沿线剪树叶的过程中转动纸和剪刀，能够熟练地使用剪刀。过了一会儿，你叹了一口气。我在想你是不是遇到了什么困难，于是上前询问："有没有什么需要我帮忙做？""没有。""那你怎么不剪了？""我只是觉得好累，在想有没有省事的办法。"于是，我看到你将纸对折，然后沿着画好的线条剪。你笑着对我说："树叶对折之后是对称的，这样剪更省事。"

图 4-8 这样剪更省事

当你遇到困难时，你没有选择放弃，而是能够仔细观察，寻找新的方法并不断进行调整，最终找到你心目中"省事"的方法。你知道吗？你发现的省事窍门——对称，用处可大了。生活中还有许多物体是对称的，我们可以一起找一找，可能会有更多收获！

---

① Lee，W.，Carr，M.，Soutar，B. & Mitchell，L.，*Understanding the Te Whāriki Approach：Early Years Education in Practice*，London and New York，Routledge，2013，pp.77-79.

② ［新西兰］玛格丽特·卡尔、温迪·李：《学习故事与早期教育：建构学习者的形象》，47～71 页，北京，教育科学出版社，2015。

李老师记录的这一时刻在幼儿园里太寻常了，但此时发生的学习却意义重大。就像丰子恺先生把一幅小男孩搭建积木的画命名为《建筑的起源》，小修剪树叶的过程，在我们看来，也是"行动研究"的起源，因为他一边剪树叶一边在评价自己剪的状态——"觉得好累"。他想要改变现状，于是为自己设定了新目标（想个省事的办法），并思考和设计省事的办法（对折剪），然后付诸行动，最后总结反思——"这样剪更省事"。而这一切因为老师的好奇而被觉察到。老师让孩子自己决定是否需要帮助，所以这个师幼共同关注的学习时刻没有发生老师"越俎代庖"的情况，但两人又保持共享思维。

4. 我们的思考

富兰等人在对深度学习中学生的角色进行阐述时说"学生的新角色超越了学生的声音和学生的主体能动力这两个概念，而是将个体内在与外部世界结合在一起。我们看到越来越多的学生成为联合设计师（co-designer）和联合学习者（co-learner）"，充满关爱的"学习伙伴关系"在培养主动投入的终身学习者的过程中至关重要。[①] 卡尔和富兰等人都在提醒我们，关注儿童的心智倾向也好，关注儿童的主体能动力也好，都不只是在关注孤立的个体，而是在关注处于情境和关系中、存在于当下又连接着过去和未来的个体。因此，当我们贯彻《指南》精神，尊重儿童的主体性时，我们需要觉察和审视儿童与周围世界的关系。

**（三）"在中间学习"和在互动互惠的关系中学习**

1. 对"关系"和"在中间学习"的思辨

关系指什么？如何看待关系？把关系视为发展目标还是学习的充要条件？什么叫"在中间学习"？研习《指南》"Te Whāriki"以及学习故事激发了我们对这些问题的思考。《指南》非常重视关系，特别是人际关系，指出："家庭、幼儿园和社会应共同努力，为幼儿创设温暖、关爱、平等的家庭和集体生活氛围，建立良好的亲子关系、师生关系和同伴关系，让幼儿在积极健康的人际关系中获得安全感和信任感，发展自信和自尊，在良好的社会环境及文化的熏陶中学会遵守规则，形成基本的认同感和归属感。"在《指南》中，建立积极健康的人际关系既是发展目标，也是儿童学习和发展的充要条件。英国《早期基础阶段课程框架》（Early Years Foundation Stage）用"独一无二的儿童＋积极的关系＋赋能的环境＝学习和发展"这样的公式来呈现作为儿童学习和发展的充要条件的关系。"Te Whāriki"也重视关系，但是与《指南》和英国《早期基础阶段课程框

---

① Fullan, M., Quinn, J. & McEachen, J., *Deep Learning：Engage the World Change the World*, Thousand Oaks, California, Corwin, 2018, pp. 62-63.

架》不同的是，"Te Whāriki"中的关系指的不只是"人际关系"，更是"儿童与人、地方、事物之间的关系"。"Te Whāriki"期待早期教育机构为儿童和他们的家庭提供一个"将尊重、鼓励、温暖和接纳作为常态准则的环境"，认为"正是在与人、地方、事物互动互惠的关系中，儿童才有机会尝试自己的想法，改进自己正在发展的理论。因此，合作的愿望、冒险和成就是被重视的"①。受到毛利文化的影响，"Te Whāriki"还非常重视儿童与过去、现在和未来以及自己所处文化之间的关系。

"Te Whāriki"对关系的理解建立在布朗芬布伦纳（Bronfenbrenner，U.）的生态系统理论和维果茨基的社会文化理论的基础上，认为儿童的学习和发展嵌套在他们所处的家庭、社区、城市、国家、世界等微观、中间、外层和宏观的环境系统和时间系统中。儿童的学习发生在他们与人、地方、事物的关系中，受所参与的那些被重视的社会文化活动的影响，并把玩耍/游戏视为对儿童来说非常重要的学习手段，因为在玩耍/游戏中，儿童与他人和环境进行互动时可以尝试和体验新的角色和身份。那么，儿童与人、地方、事物的关系如何影响学习呢？

受沃茨"在中间生活"这一观点的启发，卡尔和李提出"在中间学习"。卡尔的书仅对"在中间学习"这个概念进行了简单阐述，无法帮助我们理解"在中间学习"这五个字的内涵。于是，我们邀请了李薇博士帮助我们对此进行解读。

"在中间学习"的提出是针对学习是在学习者头脑中、在一个孤立的情境下完成的这一传统的观点而言的。

"在中间学习"指的是个体的学习是在社会文化共同体中发生的，这是第一层意思。这种学习的发生又有赖于那个社会文化共同体中人们常用的认知方式和思维工具，这是第二层意思。第三层意思是最核心的关于"中间"的定义，就是指"教育环境和个体学习者的交互关系"这个空间。

卡尔指出，在这个空间里，个体的学习受制于交互关系的社会文化属性、权力和权威。比如，如果这个共同体（班级）的文化是"老师说的就必须听"——权力，"老师说的就是对的"——权威，那么儿童一般不会认为自己想把金鱼从鱼缸中拿出来看看是可以试试的（因为"老师说了不能乱动鱼缸""老师说过不能把鱼拿出来"）。也就是说，儿童不太会有机会形成"我是个有主意的孩子""我的主意值得尝试"这样有利于学习的自我身份认知。

① New Zealand Ministry of Education，Te Whāriki：Early Childhood Curriculum，Wellington，Learning Media，2017，p.21.

"Te Whāriki"对"关系"以及李薇博士对"在中间学习"的解读，让我们开始关注作为学习场域的关系。我们开始把儿童与自己、他人、地域、事物之间的各种形式和样态的关系视为学习可能发生的场域，而儿童在学习场域中的位置、所拥有的权力直接影响儿童学习的发生发展。由此，我们开始理解为什么"Te Whāriki"和卡尔期待教与学发生在一个"权力赋予"和"权力共享"的场域中，为什么要视儿童为学习的开创和共创者，为什么认为儿童受到环境的影响同时也在影响和改变着环境，为什么重视互动互惠的关系——"能够给学习带来持续动能的社会性互动有一个特征，那就是互惠，是力量和温暖的平衡"①，以及为什么处于"中间地带"的评价有可能促进或限制儿童的学习和发展。

2. 反思行动中的"在中间学习"和互动互惠的关系

北京市朝阳区惠新里幼儿园张迎杰老师写的学习故事《雪地探险记》（学习故事 4.6 为删减版，阅读完整版请扫二维码），记录下孩子们在与下雪（事）之后的幼儿园（地方）、自己过去的经验和认识（自己的过去）、同伴（他人）、老师（他人）的交互关系中对雪地里的脚印（物）进行了天马行空般的猜想和推理。学习在"关系"中和"参与"中发生了。

### 学习故事 4.6　雪地探险记

作者：小一班张迎杰
时间：2020 年 1 月 8 日上午

1 月 8 日 10:00，户外活动时间，孩子们想去踩雪玩。我们来到操场上，看到大部分的雪已经融化，只有边边角角的地方还没被人踩过。潼潼拉着我的手，一边走一边说："老师，我们去那边吧，那边的雪是平的。"

刚走到小火车玩具的后面，潼潼就说："老师，你看，这个脚印是谁的？它怎么有点像树枝？"我们继续在雪地里探险……在操场的最西侧，大型玩具的后面，孩子们又发现了一串类似"树枝"的脚印。西西说："这是小兔子的脚印，小兔子肯定来过这里。"默默说："我觉得这是小狗的脚印，可能是谁家的小狗跑到操场上来了。"诗雨说："应该是小刺猬的脚印，在操场上我见过刺猬。"孩子们又发现了一个大大的脚印。潼潼大声

图 4-9　雪地里的脚印

①　［新西兰］玛格丽特·卡尔、温迪·李、卡罗琳·琼斯，等：《学习的心智倾向与早期教育环境创设：形成中的学习》，32 页，北京，教育科学出版社，2016。

叫道："快来呀，这里有一个大脚印，我想应该是大象的脚印，只有大象有这么大的脚！"诺诺说："大熊也有这么大的脚，我猜是大熊的脚印。"一旁的洋洋说："我觉得它们是晚上来的幼儿园，要是白天我们就能看到了。"

…………

孩子们一边寻找，一边猜想着，越猜越兴奋。当附近有雪的地方都被探索过后，潼潼指着操场最东边的菜园说："老师，我们去菜园看看吧，我们还没有去那里探险呢。"

…………

我被孩子们的探险精神打动，更被他们天马行空的猜想折服。可能只有他们才能创造出这么神奇而生动的雪地探险故事吧！

<u>什么样的学习正在发生？</u>

一群有好奇心和求知欲且具有冒险精神的"探险家"正在学习着。

• 潼潼等几个小朋友观察到脚印的形状、大小不同，并结合自己的原有经验进行了猜想。

• 潼潼能够通过比较，发现有的雪地没有被踩过，并主动提出要去探险。

• 帅帅小朋友发现"树枝"脚印跟他看过的一本书有关，推测出这个脚印是大公鸡的脚印。他还发现圆形的脚印与蚂蚁的形状不一样，与瓢虫的形状一样，所以他推测那是瓢虫的脚印。

• 洋洋小朋友通过与大家讨论，推测出小动物们是晚上来的幼儿园。

• 诗雨通过联系之前在操场上见过的小动物，推测那是小刺猬的脚印。

<u>进一步学习的机会与可能：</u>

将这些脚印的照片发给家长，请家长协助记录幼儿对所有脚印的猜测，并制作小一班的《雪地探险记》。

• 请幼儿回家和爸爸妈妈一起寻找答案。

• 鼓励幼儿分享自己的答案，然后找到共识。

• 通过相关的绘本等材料，拓展关于脚印的知识。

• 再次下雪后，探索脚印是怎么形成的。

• 请帅帅将他提到的绘本带到幼儿园分享给小朋友。

大自然的馈赠、教师的支持和投入，让孩子们可以在读懂环境后锁定学习机会，于是有了这次雪地探险，激发了孩子们的好奇心、兴趣，并使孩子们调用各自的知识技能和已有经验来建构自己关于"这是谁的脚印"的理论，让那片白茫茫的雪地似乎一下子变得忙碌、生动起来。这个学习事件对教师的价值可能是看到了这些孩子的各种天马行空的想法和正在发展的关于"这是谁的脚印"的理论，以及孩子们对大自然的馈赠（雪）和幼儿园的好奇心。这个学习事件也让我们感受到，在探险时，在孩子们眼里，他们的幼儿园好像变成了雪地动物园。那么，孩子与大自然的馈赠、幼儿园的关系及雪地动物园是不是可以成为继续拓展和延伸孩子学习的线索，而不只是教师在回应中所发现的"脚印是如何形成的"这一种可能呢？教师是不是也可以从如何强化和拓展孩子与人、地方、事物的连接入手思考如何促进他们的学习呢？

3. 存在于"中间地带"的学习故事

作为评价文本的学习故事，也存在于儿童与周围环境互动所产生的中间地带，并可以被视为边界介质，存在于多元的社会群体中，促进不同社会群体的沟通和合作。换句话说，作为边界介质的学习故事存在于儿童、教师和家长等不同社会群体中，能跨越不同群体的边界，在不同群体间建立连接，形成交互关系，并让学习在这样的交互关系中发生。由童心家园马老师、成勇园长和家树小朋友的妈妈分别撰写的三篇学习故事所共同组成的《幸福的故事》，为我们呈现了学习故事是如何作为边界介质让学习在孩子、教师、园长和家长之间发生发展的。

### 学习故事 4.7　幸福的故事

#### 好奇

作者：马晓旭

时间：2019 年 9 月 27 日

今天我们组织了关于"寻找爱"的小主题活动。突然一个声音在我耳边响起，你轻轻地说："我很好奇，园长妈妈为什么一直那么温柔呢？"我回答道："我觉得是因为园长妈妈很爱很爱小朋友们，但这是晓旭老师认为的，我们可以一起去问问园长妈妈……""好呀！那我要画下来！"你拿着笔，一边微笑，一边画着园长妈妈在你心里的样子。我想，这就是你最喜欢的园长妈妈的样子吧。

图 4-10　好奇

晚上放学后，你的妈妈和我交流了你为园长妈妈画画的事。妈妈很愿意倾听你分享的故事，也很期待自己能像园长妈妈一样温柔。

家树，谢谢你的好奇心和表达，为我和你的妈妈搭起了一座桥梁。这样和你的妈妈聊着你在幼儿园发生的小事，好幸福！

#### 温柔以待

作者：成勇

时间：2019 年 9 月 27 日

我在走廊里被晓旭老师和你的呼喊叫住："园长妈妈，有事问您！"你拿着一张小纸条说："你为什么那么温柔？"我认真想了想，试着回答道："你们喜欢温柔吗？"你说："喜欢啊！""你们喜欢温柔，园长妈妈喜欢你们，所以就温柔啊！"现在回忆起来，这句话很晦涩，但显然你们听懂了，很满足地和我待在一起。后来，晓旭老师给我发来两张照片，看着照片里你将手搭在我肩上，静静站在我身后认真和我交流的样子，我心里觉得暖暖的。我想说："家树，你的这张画画得好生动，你在我身边的样子也很温柔，我很喜欢，我们一起'温柔以待'。"

图 4-11　温柔以待

我还想说："我也很喜欢自己温柔的样子！谢谢你喜欢我喜欢的东西。"

### 幸福

作者：家树妈妈

时间：2019 年 9 月 30 日

图 4-12　幸福 1

图 4-13　幸福 2

下午，我给家树读了园长妈妈和晓旭妈妈写给家树的故事。当听到园长妈妈说"谢谢你喜欢我喜欢的东西"时，家树若有所思地说："我和园长妈妈都喜欢温柔，因为爱，所以温柔。"

当我读到晓旭老师，不，晓旭妈妈的故事中"寻找爱"的话题时，我问家树："你觉得老师爱你吗？""爱！"家树异常肯定地回答。看着家树回答得如此肯定，于是我又接着问道："你是怎么感受到老师对你的爱的呢？""我是晓旭妈妈的儿子，晓旭妈妈教我玩翻绳……我是悦悦妈妈的大树，是悦悦妈妈的小帮手……小芳老师夸我跳绳跳得好……月光老师、许老师、小玮老师、张大夫，每个老师都爱我，她们都叫我——大树……"看着家树幸福的笑脸，我特别感谢童心家园将爱的种子播撒在孩子的心中，并让它在孩子心中生根、发芽，逐步长成一棵大树！

和家树聊聊幼儿园的那些事真幸福！在童心家园和家树一起成长很幸福！学习做一个温柔的妈妈也是一件幸福的事！

还记得那一天，成勇园长兴奋地和我们分享这几个故事，说终于亲自体会到了学习故事跨越边界的力量，而且学习故事中的观点也在跨越边界。一个学习故事，引发儿童、教师和家长围绕儿童、儿童感兴趣的话题、儿童的学习等展开对话，带来更多的学习故事，也将儿童在幼儿园的生活与在其他地方的生活（还有自我）连接在一起，将幼儿园与家庭和更广阔的社区连接起来。

4. 我们的思考

对"在中间学习"和作为教育原则的互动互惠的关系进行研习，把我们对学习的关注聚焦在"学习场域"和"学习连接"上，让我们开始从孩子与周围世界相连接的角度解读学习是如何发生发展的，并审视孩子与周围环境互动时孩子的权威和位置，以及师幼互动中教师和孩子的权利关系。例如，当孩子们在幼儿园过中秋节、吃月饼时，我们会觉察和反思影响学习发生发展的究竟是什么？是中秋节和月饼本身还是孩子们与中秋节、月饼之间的关系？如果是前者，发生在每个孩子身上的学习旅程可能非常相似，但如果是后者，那关于中秋节和月饼的学习旅程就会有无限可能，因为每个孩子或每个班的孩子与中秋节、月饼相遇后，都有可能建立专属于他们的连接，因而，与中秋节、月饼相关的学习体验和旅程也将会各不相同（具体实例详见第五章中的《月饼，只是吃这么简单吗？》）。这是不是就是园本、班本、生本课程的基础呢？

**（四）看见学习中的进步和发展**

1. 进步和发展即参与状态的改变

对学习进行思辨，除了探究学习是如何发生发展的，还需要讨论"进步和发展"这个话题。也就是说，如果学习推动发展，那么如何看待学习中的进步和发展？虽说我们重视学习过程，但如果不对知识技能进行测评，我们怎么能够知道儿童正在参与的学习是有意义的、有效的并且他们在学习中进步和发展了呢？

卡尔在《另一种评价：学习故事》中明确表示，学习故事这样一种"另类"的评价模式，不依据技能的水平等级来衡量进步，而是通过学习者的参与状态来发现进步。从评价学习者技能的提升情况，到评价学习者参与状态的提升情况，折射了发展观层面的范式转变。卡尔认为，传统评价模式以皮亚杰的认知发展阶段理论为基础，认为"进步就是按一系列认知发展阶段发展"。卡尔对这种以"正式运算"阶段作为一般发展终点的单一、线性的发展路径提出疑问，并借助跨文化研究进行了论述：①具体形象思维不是尚未发展完善的思维，而是人们的选择；②小年龄的儿童也有自己的逻辑方式和叙事方式；③"任何有价值的(发展)终点都是一种文化的建构，并非发展的必然结果"；④情绪和认识是一体的，"关系也是知识的一个有价值的领域"。卡尔从生态系统理论和社会文化理论中获得了有关进步的灵感，认为可以把进步和发展描述为学习者在参与时从边缘到中心、从学徒到专家的转换，以及学习者能够参与越来越复杂的活动，在不同的学习场合灵活转换参与方式、承担责任、建立关系。①

正是基于这样的发展观，学习故事可以通过对儿童参与的频度、长度、深度、宽度和情绪的分析，呈现、改变和促进儿童的发展，即参与状态的变化。第三章中《淘淘的消防梦》系列学习故事就呈现了淘淘的参与状态：对消防员身份以及水管持续感兴趣，积极参与有关活动，在不同情境中遇到困难和挑战时能坚持，与不同班级的小朋友以及保安叔叔等沟通交流，在不同的活动中承担不同的责任，并学习面对自己的各种情绪等。这也让我们看到了淘淘准备好、很愿意、有能力在越来越多元和复杂的活动、情境和关系中参与学习。在卡尔看来，这是进步和发展的过程。

### 2. 学习故事呈现和促进参与状态的变化

儿童总是用自己的方式参与着学习。一个学习故事可以呈现儿童参与状态的变化，即当时当下和近期的进步。北京市六一幼儿院西三旗院区张媛媛老师在给小健写的学习故事《摄影师成长记》中说："小健，今天是你连续选择摄影师角色的第四天。我发现你在给小朋友们拍照的时候，能够稳稳地拿好相机，准确地按下快门键，拍完的时候还会翻看一下前面拍的照片。偶尔你还会对小模特说'小女孩穿鲜艳的衣服拍出来的照片好看''你可以换一个动作了''这个动作好''笑得真好看'之类的话。"然后，张老师识别了小健这几天的进步："小健，今天我看到了你使用相机方面的进步。星期一你还不会使用这台新的相机，没想到经过这几天的探索，你基本上已经可以比较熟练地操作相机了，而且拍出来的照片基本没有不清楚的。小模特们的表情和造型也都很不错。从你偶尔对小模特的指导来看，我感受到了你对摄影师这个角色的热爱，因为你的那种认真超过了小模特对自身的要求。"张老师还和我们分享道，当她把这篇故事读给小健听后，小健开心地说："张老师，我觉得自己挺棒的！我喜欢给小朋友们照相。他们夸我照得好的时候，我心里特别高兴。我觉得当摄影师很快乐，我明天还要去照相馆玩。"当张老师问他是否愿意教别的小朋友使用相机

① ［新西兰］玛格丽特·卡尔：《另一种评价：学习故事》，14～18页，北京，教育科学出版社，2016。

时，小健连忙说："愿意，愿意，我愿意！我以后就是摄影小老师了！"

张老师给小健写的这篇学习故事，除了分享她看见的作为学习者的小健的学习过程，也在邀请小健参与评价自己的学习，给教师和孩子之间的互动提供了新的可能。教师也在学习故事里记录和呈现了小健近几日参与摄影师工作的状态及其变化：频度——每天都去；长度——持续几天；深度——从向教师请教如何使用相机的摄影新手发展为可以教其他小朋友如何使用相机的摄影"专家"；宽度——从照相馆区域到教室各个角落，从照相馆游戏的参与者发展为游戏新玩法的主动开创者……

有时，教师也会通过持续观察和记录，发现孩子参与状态的变化，然后分析并呈现孩子的进步。例如，北京市西城区三义里第一幼儿园沈佳老师对党致予小朋友进行了连续两周的观察和记录，并邀请家长共同识别孩子的学习和发展。

### 学习故事 4.8　面朝大海，春暖花开（节选）

作者：沈佳

时间：2019 年 10 月的第三周和第四周

**2019 年 10 月的第三周**

今天你来到自然角尝试自然物拼摆。自然角里有各种各样的材料：颜色不一、大小不一的石头、松果和木片等。你会用这些材料干什么呢？我不得而知——不过还是充满期待！

只见，你拿来了小小的方块彩砖，放在像大海一样的绒布上拼摆，然后拼摆了一栋蓝色房顶的房子。你告诉我："这是我海边的房子。这是房子周围的路。我喜欢大海，喜欢大海的蓝色。"

"是吗？我也喜欢大海。面对大海的时候，我不但喜欢大海的蓝色，更喜欢它的安静。你呢？"

你点了点头，又指向了房子旁边的小鸭子。听到我说的话，你胖嘟嘟的脸上露出了久违的微笑。我们相视而笑，一起感受面前这片"大海"带给我们的美好感受。

图 4-14　海边的房子

**2019 年 10 月的第四周**

今天，你没有像往常一样拼摆材料，而是拿起小蜡笔要画什么。过了一会儿，你拿来一幅画对我说："这是我画的飘香藤。它有香味，你闻闻。它特别漂亮。"

看到这么美丽的作品，我下意识把它拿到了鼻子前，闻了闻这个"飘香藤"。好香啊！一股香香的味道在我鼻翼间飘散。幸福的微笑在你的脸庞驻足。

<u>什么样的学习正在发生？</u>

倾听、交流与自信表达：一段时间里，你按照自己的意愿来到这里。你对自己喜欢的事情始终充满兴趣。我们熟悉后，你向我清楚地讲述了每一个作品背后的故事。……

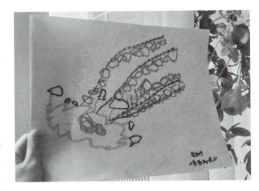

**图 4-15　飘香藤**

细心、用心地感知大自然：一段时间的了解、观察，让我对你有了重新的认识。一段时间的游戏，也让你逐渐喜欢上了中二班。你开始喜欢摆弄一些材料，喜欢尝试各种表达，尝试用自己的好奇心完成对一件又一件事物的探索和感知。……

爸爸妈妈的话：

看到老师写的故事，我们感到惊讶，同时也感到很温暖。升入中班两个月了，我们的直观感受是党致予比上学期适应更快，语言表达能力突飞猛进，也开始尝试用画画表达自己，虽然很多作品还需要他解读。但是我们很少这样静静观察、认真倾听孩子，也很少去体会孩子到底在想些什么。……

在这个学习故事里，我们能发现党致予小朋友在自然角里参与状态的变化：从拼摆自然材料，到用蜡笔画画——创作材料越来越多元；从在沈老师的询问下分享自己的想法，到自己主动和沈老师分享——沟通交流越来越主动。学习故事作为边界介质，也在邀请家长分享他们发现的孩子的进步和发展，并增强孩子与环境、教师、家长之间的连接。

3. 我们的思考

从老师们撰写的关于儿童的文本中，我们发现，基于认知发展阶段理论，线性认识儿童学习和发展的过程，主导着老师对进步和发展的理解。"小班孩子年龄小、能力差"这样的表述常常出现在老师对孩子的评价中。按孩子的年龄和发展阶段一步一个脚印地安排教学内容是幼儿园教学的常态。

很多家长似乎更愿意通过一些评量工具去了解自己孩子进步和发展的情况。但这样从普遍性和一般性视角呈现儿童的进步和发展的做法，与《纲要》和《指南》重视儿童的个体差异、丰富多元性以及学习过程的发展观并不契合。卡尔和学习故事从社会文化理论视角出发，通过聚焦儿童参与角色、位置和状态的变化来理解进步和发展，给我们提供了新的思路，让老师们能够如《指南》所期待的那样，眼里有孩子，在持续观察、了解和积累中，促进、记录与评价儿童的进步和发展。

## 二、转变教学实践，在注意、识别、回应中促进儿童的学习和发展

### （一）对教学实践的思辨

在《幼儿园教学三题》①一文中，虞永平老师对"幼儿园教学"这个概念，从理论、实践的角度并结合他观察到的教育现状进行了探讨，发现在国内，围绕"幼儿园教学"的讨论正在让位给"幼儿园课程"，甚至很多教材和著作中都不再出现"幼儿园教学"一词了。这一现象在我们的研习中得到了印证。我们很难找到专门论述幼儿园教学的文字。一旦出现教学，它大多与课程联系在一起。而且这些文字认为课程指向教什么，教学指向怎么教，教学是课程实施的手段，两者的目的都是促进学习和成长。可是，当我们与"Te Whāriki"这样一部非规制性的课程，即不告诉老师具体应该教什么却对怎么教进行论述的课程相遇后，我们开始困惑了。无独有偶，《指南》也像"Te Whāriki"那样，在理念、原则、目标和实践上给出了方向和建议，但没有告诉老师们应该教什么。更有甚者，给世界幼儿教育带来很大影响的意大利瑞吉欧幼儿教育，不提课程这一概念，而是把"持续性的方案设计式教学"②视为教育事业中的重要原则，认为"教育行为通过'持续性的方案设计式教学'而形成，它是指规划和设计教学活

---

① 虞永平：《学前课程与幸福童年》，157～159 页，北京，教育科学出版社，2012。

② 李薇博士主编的"瑞吉欧幼儿教育精选译丛"对"持续性的方案设计式教学（progettazion）"中的"progettazion"一词进行了解释，它是来自意大利文的词汇。"progettare"（动词），指在工程技术中进行设计、计划或预测。名词"progettazione"用在教育的情境中指具有弹性的教学计划，初始于对教学工作的假设，但在实际开展教学的过程中服从于方向的改变。在瑞吉欧教育中，该概念是特别相对于那种重视预设的教学（programmazione）而提出的。

动、环境、参与机会和教师专业发展的过程，而不是采用预先设定好的课程"①。同时，我们也发现，中文中的"教学"二字，在英文语境中有多种表述。例如，teaching，意为"教学"；teaching and learning，意为"教与学"；pedagogy，被翻译成"教育学""教学法"或"教学"；teaching practice，意为"教学实践"；pedagogical practice，意为"教育（教学）性的实践"。虽说这些词语都指向教学、教学行为、教学实践、教学方法和教学原则等，但都有各自的语境和内涵。可见，"教学"二字，并不只是简单的"教与学""你教我学"或"因学而教"等概念。那么，我们应该如何看待教学实践呢？

马克斯·范梅南（Max van Manen）把教学（pedagogy）定义成一种际遇，即成人和正在通向成人世界的孩子们的某种际遇。②于是，教学可以被视为某种关系或某种行事方式，也会让某种际遇、关系、情境或活动具有教育性。范梅南还指出，教学的内驱力应来自我们对孩子的热爱和关心，对孩子的关注，以及对"在这个孩子的生活中我意味着什么"和"在孩子的发展当中我该做些什么的"的思考。因而当我们对教学进行研习和思辨时，我们必须坚持"以当时当下的这个孩子为本"，即"以儿童为本"，超越对一日生活中保教活动的组织或对如何根据某套课程组织各类活动等话题的讨论，而是试着将教学实践与我们对儿童及儿童的学习的理解紧密联系在一起，从我们与孩子的关系，以及与孩子们共同生活和学习的方式切入，重新想象什么样的教学实践能够支持《指南》所期待的让儿童在游戏和日常生活中学习，在直接感知、实际操作和亲身体验中学习，在丰富的教育环境中学习，在合理的一日生活中学习。更为重要的是，我们如何将支持这种学习状态的教学实践建立在了解班里每一个儿童的基础上进行呢？这样的教学实践在幼儿园日常生活中可能是什么样的呢？

**（二）反思实践中的教学**

1. 她在教学吗？

童心家园的高雪飞老师用一个个学习故事，呈现了蜗牛到小一班后激发出的一段学习旅程（学习故事4.9为删减版，阅读完整版请扫二维码）。这似乎不是有目的、有计划地对"蜗牛"主题进行的探究，但孩子们似乎一直没有停止学习。那么，我们如何理解这段学习旅程中高老师的教学实践呢？高老师在教学吗？

---

① ［意］瑞吉欧·艾米利亚幼儿园和婴幼园学会：《瑞吉欧·艾米利亚市属幼儿园和婴幼园指南》，6页，南京，南京师范大学出版社，2014。

② ［加拿大］马克斯·范梅南：《教学机智：教育智慧的意蕴》，30页，北京，教育科学出版社，2014。

### 学习故事 4.9　和蜗牛有关的系列故事

作者：高雪飞

时间：2019年3月至5月

在自然角中饲养小动物是每个班级都有的内容。孩子在这里能够了解小动物，体验与小动物相处的乐趣。孩子们在这个过程中，会通过一系列的探究活动，丰富他们对小动物的认知，如探究小动物的外形特征及其生长变化和它们对环境的需求。

我看到很多班级饲养蜗牛，那么在小一班的自然角中养蜗牛，孩子们会对蜗牛感到好奇吗？会关注蜗牛吗？我们与蜗牛之间会发生怎样的故事呢？很多的疑问出现在我的脑海里。

#### 蜗牛入住小一班之前　2019年3月21日

为了引起大家的关注，在蜗牛正式入住小一班之前，我通过发朋友圈的方式，让自己在家中饲养的小蜗牛与我的朋友们见面了。

#### 小小辩论赛　2019年4月1日

今天我将蜗牛带到了幼儿园，让它在自然角里住了下来。小朋友们纷纷围了过来。

"这是什么？"

"这是海螺呀！"

"这不是海螺，这是蜗牛。"

"它跟我在大海边捡到的海螺是一样的。我在草地上也捡到过蜗牛，它的壳是扁的，不是尖尖的。"

没想到蜗牛的到来居然让孩子们展开了一场辩论赛。我看到孩子们的学习能力特别强。他们从自己的生活经验中调取信息，有的还从周围的环境中获取信息。真是棒极了！

…………

#### 蜗牛生蛋啦　2019年4月3日

##### 发现蜗牛蛋

故事主角：果果、芮芮、雯雯

周一蜗牛刚来到小一班时，我们还在一起讨论蜗牛喜欢吃什么。周二早上一来，我们发现蜗牛生蛋了，真是又惊又喜！

…………

##### 数蛋

果果："太多了，太多了，我们都不会数了，高老师来数吧！"

高老师："好啊，我们一起来数。1，2，3，…，110，111，112。"

"112个蜗牛宝宝，这个蜗牛妈妈真厉害！"

没想到孩子们通过蜗牛妈妈联想到了让自己很自豪的妈妈，更没有想到孩子们在不会数的时候没有放弃，而是找到了他们认为能够帮助他们的人一起完成自己的挑战。我为他们主动的行为、解决问题的方法和不放弃的态度感到高兴。

怎么才能孵出小蜗牛

为了照顾蜗牛蛋，孩子们开始翻看自然角的图书。看到他们如此执着，我联系了养殖专家，请他给出了更加专业的建议。

图 4-16　数蜗牛蛋

**自豪的饲养员　2019 年 4 月 3 日**

…………

**小蜗牛出壳了　2019 年 4 月 25 日**

在我们的精心照顾下，到现在为止有 30 只小蜗牛出壳了。

…………

**和蜗牛在一起的日常生活　2019 年 4 月 1 日至 2019 年 4 月 25 日**

…………

**小一班来了新朋友——玩偶蜗牛①　2019 年 5 月 22 日**

图 4-17　玩偶蜗牛来了

这是什么

喵喵："这是大米饭做的吗？这是它的脸蛋吗？"

---

①　玩偶蜗牛是本书作者周菁老师听说了小一班小朋友和小蜗牛的故事后，用钩针钩制而成送给小一班的。

**真假蜗牛　2019 年 5 月 23 日**

**它怎么没有嘴**

今天早上我把玩偶蜗牛放在了玩具分享区和牛牛生活区。早上来园时嘉嘉发现了玩偶蜗牛，说："嗯？这是蜗牛。"我说："你怎么知道它是蜗牛啊？"嘉嘉拿起蜗牛说："它有壳，但是它跟咱们班的蜗牛不一样，它没有嘴。"

我觉得孩子们是小小科学家，他们会从客观的角度去观察、比较、分析、判断。为我们班孩子的科学素养点赞！

**蜗牛到底有几只触角**

雯雯："蜗牛到底有几只触角呢？"诺诺："我们来数一数吧！1，2，3，4。它有 4 只触角。"雯雯："那这只蜗牛（指玩偶蜗牛）怎么只有两只触角呢？"湘湘说：

图 4-18　它怎么没有嘴

"我知道，因为它是假的，假的蜗牛的眼睛长在脸上，只有两只触角。真的蜗牛有 4 只触角，眼睛是长在触角上的。"

图 4-19　蜗牛到底有几只触角

蜗牛来到小一班已经有一个多月的时间了。今天在玩偶蜗牛到来之后，我发现孩子们是小小动物学家，有着动物学家的好奇心、探索心。他们观察、对比，不断进行分析和总结。为孩子们投入的状态感到开心！

············

**蜗牛该吃饭了　2019 年 5 月 23 日**①

雯雯："蜗牛该吃饭了，我喂一些生菜叶给它们。"

看见你用镊子小心翼翼地把菜叶递到蜗牛的嘴边，还自言自语："这片小

———————

① 以下故事中的蜗牛指玩偶蜗牛。

98

的是你的，这片大的是大蜗牛的。你吃这片，别吃它的呀！"

你如此用心照顾它们，像一个妈妈一样，因为我看到了你对它们的爱！

你不停地用两只小手做橡皮泥塑，你告诉我要给每只蜗牛都做一个水杯。

看到你认真和喜悦的样子，我就知道你是爱这些蜗牛的，而且你的小脑袋想的是开心的事。我想，跟蜗牛一起玩，一定是你喜欢和想做的事情。你能够找到自己喜欢又想做的事情，让我跟你一样感到快乐！

图 4-20　蜗牛该吃饭了

你们告诉我，这是蜗牛的两个餐厅，一个是蜗牛咖啡厅，一个是蜗牛饭店。

虽然你们都是在喂蜗牛吃饭，但是你们有着对比鲜明的表情，一个开心欣慰，一个更像是操心的妈妈。但我能够看出来，你们都在用心照顾它们，而且你们的心里都充满了爱！看到你们的样子，我想这应该就是小一班小朋友的样子——温暖、有爱、善良、有责任的样子。能跟你们在一起真好！

图 4-21　蜗牛咖啡厅和蜗牛饭店

**玩偶蜗牛的家　2019 年 5 月 27 日**

在玩偶蜗牛来到小一班的第四天，我和孩子们一起讨论，要给玩偶蜗牛找一个家，要不然我们想找到它们都不容易。大家讨论的结果是把它们放到玩具分享柜里，还要放在那个有爱心的小格子里。这样玩偶蜗牛就有了家。

图 4-22　玩偶蜗牛的家

**我陪小蜗牛睡觉**

小雨："老师，今天我想陪小蜗牛睡觉。你看这里有点黑，它会害怕的，要是打雷了它也会害怕。我陪着它，它就不害怕了，你看我多勇敢！"

我："嗯，好啊！相信你一定会保护好小蜗牛的，而且它会像你一样勇敢的！"

听到你这样暖心的话，我就想起你平时在班里善良又勇敢的样子。我想小蜗牛也会像我一样喜欢你的，小蜗牛一定会变得像你一样勇敢的。

你明天还会陪小蜗牛吗？

图 4-23　陪玩偶蜗牛睡觉

**我还陪它睡觉　2019 年 5 月 28 日**

小雨，今天午睡前我看到你拿拖鞋的时候，大大方方地把小蜗牛一起拿起来，走到床边把它放到床上，而且还仔细地给它盖好了被子。你迅速脱掉了衣服，躺到被窝里，小心翼翼地把自己和小蜗牛盖好后，跟我说："高老师，我昨天跟小蜗牛说好了，今天还陪它睡觉。"

今天你的动作更加放松，我想这是因为昨天你陪小蜗牛午睡时我没有反对，而是鼓励和肯定了你，所以你很放松。现在我们已经可以不用互相试探了，我们更有默契了，这也是我们之间更加信任和了解的表现。很高兴我们能有这样的默契，这种感觉棒极了！

图 4-24　我还陪它睡觉

这些学习故事的主角是孩子，有的是一个，有的是两个，有的是几个……这些学习故事聚焦的是孩子们的学习——孩子们如何用各自特有的方式与周围环境（真假蜗牛、老师、伙伴、电脑、书籍、自然角等）互动，并主动地探索周围的社会环境(不同的人)、自然环境(蜗牛生活的户外环境)和物质环境(与蜗牛和养蜗牛相关的物)。高老师同时也在识别这些学习时刻值得被记录下来的原因，即它们的价值。在故事中，我们看到了《指南》所期待的孩子们的学习状态：在游戏和日常生活中学习，在直接感知、实际操作和亲身体验中学习，在丰富的教育环境中学习。最重要的是，每个孩子很自然地建立着专属于自己的与小蜗牛的连接——情感、行为、认知层面的连接。这让我们看到的不是一套"蜗牛"主题课程，而是小一班里一个个积极主动的学习者——用自己的方式了解着蜗牛、爱着蜗牛、与蜗牛在一起的学习者。不过，孩子们是在学习，可高老师是在教学吗？高老师说，《和蜗牛有关的系列故事》基于她对区域游戏和日常生活的记录，并没有在班级的教学计划中出现。那么，如何看待蜗牛故事背后高老师的教学呢？这是一个什么样的持续了两个月的教学过程呢？

2. 重新想象作为思维和行为模式的教学

瑞吉欧幼儿教育认为，"'持续性的方案设计式教学'是思维和行为上的一种策略，它对儿童与成人的学习过程予以尊重和支持；它接受质疑、不确定甚至错误，将这些视为资源，随着情境的变化而变化。它通过循环往复的观察、档案记录和解释，通过工作组织和教育研究间紧密的协作来实现"[①]。"Te Whāriki"指出，与教学相关的方方面面都要基于四大教育原则——激发力量和赋权、整体发展、家庭和社区、互动互惠的关系，鼓励亲密合作和在富有安全感的环境中进行反思，以促进儿童发展有助于学习的心智倾向，帮助他们建构自己关于周围世界的理论。我们发现，瑞吉欧幼儿教育和新西兰"Te Whāriki"对教学的理解没有停留在探讨"怎么教"上，即没有停留在教学行为上，而是注重研究教学过程，即研究围绕教学行为发生发展的一套思维和行为模式。同时它们强调，与教学相关的方方面面的思维和行为要基于儿童观、教育愿景和教育原则，重视关系和环境的影响，强调儿童和老师在互动互惠的关系中共同参与、相互倾听、持续呼应，实现教与学。那么，从高老师写的《和蜗牛有关的系列故事》中，我们可以发现什么样的教学实践即高老师的思维和行为模式呢？

始于愿景——通过在自然角里饲养小动物，让小朋友有机会与小动物接触，体验与小动物相处的快乐，并在探究活动中丰富对小动物的认知，这似乎是每个班都会做的事情。但是高老师在系列学习故事的开头除跟我们分享了"普遍的教育愿景"之外，还分享了她的"特定愿景"，那就是期待孩子们对蜗牛有好奇心并关注蜗牛，但这只是她的想法。蜗牛和孩子们之间具体会发生

---

① ［意］瑞吉欧·艾米利亚幼儿园和婴幼园学会：《瑞吉欧·艾米利亚市属幼儿园和婴幼园指南》，6页，南京，南京师范大学出版社，2014。

什么，她并不确定。高老师对孩子们的好奇，也让我们了解了她关于这段学习旅程的另一个愿景，那就是让自己的教学建立在孩子们对蜗牛的好奇和关注上。

基于原则——高老师在系列学习故事里没有跟我们分享她心中的原则，但是当我们问她时，她说："当时我认为可以做的是——提供信息；提供寻找信息的方法；提供材料；提供绘本；提供工具；鼓励孩子。不可以也没有做的是——直接告诉孩子知识；制止孩子的一些做法；否定孩子的想法。"可见，高老师心中是有原则的，特别是《指南》所期待的尊重幼儿的主体性，尊重幼儿在生活和游戏中学习的特点，为幼儿创设温暖的、互动的、相互理解和激励的学习环境等原则。[①] 而且我们在学习故事中看到了这些原则指引下的教学实践是什么样的，以及它给孩子和老师的学习带来的积极影响。

倾听、对话、保持共享思维——在高老师的这些故事里，我们很容易看见发生在老师与儿童、儿童与儿童、儿童与蜗牛、儿童与自己、儿童与家长之间的对话和相互呼应。高老师说，她每天都会通过录音设备、录像设备等来记录孩子们的想法、对话和行动。在《指南》中，意在指引成人行为的"倾听"一词多次出现，强调成人要尊重和接纳幼儿的想法、情感和表达方式，耐心、认真地倾听幼儿的心声，并给予积极的回应。瑞吉欧幼儿教育曾提出"倾听教学法"[②]；薇薇安·嘉辛·佩利也认为"教学，就是每天寻找儿童的观点"[③]；"Te Whāriki"更是认为每一个儿童都值得被倾听，不管他们是否会说话。[④] 可见，高老师在互动互惠的基础上，在倾听、对话中与儿童保持共享思维，都是有意义和有价值的教学实践。

在共同商议中持续呼应——如何拓展和延伸儿童的学习也是教学实践的重要组成部分。高老师似乎没有组织教学活动，但是她让我们看到了儿童的学习在发生发展着。高老师在教学吗？我们也问了高老师这个问题，她说："我感觉自己在教学。比如，在朋友圈发有关蜗牛的消息是教学，因为这可以引发孩子对蜗牛的兴趣；在网上查阅关于蜗牛的资料，以及跟养殖专家沟通是教学，

① 李季湄：《〈3-6岁儿童学习与发展指南〉概述》，见李季湄、冯晓霞：《〈3-6岁儿童学习与发展指南〉解读》，35～37页，北京，人民教育出版社，2013。

② ［意］卡丽娜·里纳尔迪：《对话瑞吉欧·艾米利亚：倾听、研究与学习》，43～47页，南京，南京师范大学出版社，2014。

③ Paley, V. G., "On Listening to What the Children Say," *Harvard Educational Review*, 1986, 56(2).

④ New Zealand Ministry of Education, Te Whāriki: Early Childhood Curriculum, Wellington, Learning Media, 2017, p. 17.

因为这是支持学习的一种方式；鼓励孩子照顾蜗牛是教学，因为这样可以引发孩子对小动物的关爱；提供蜗牛玩偶是教学，因为这为孩子提供了更多想象的空间；分享关于蜗牛的故事、给孩子提供表达自己想法的支持是教学，因为这样有利于孩子大胆表达自己的想法。"在这里，我们所说的教学实践，更多指的是"能够促进儿童准备好、很愿意、有能力参与和持续参与学习的各种教学实践"，包括与儿童和家长的合作、环境创设、材料提供、活动预设、分享互动以及教师的反思等。

在评价、记录中强化和传递价值观，建构学习者的形象——高老师写的这一系列学习故事让我们了解到，她的教学实践还包括了发生在教学现场的非正式评价和被记录下来的正式评价。我们在她的评价和记录中看到她在不断发现每个孩子的力量，强化自己的儿童观和价值观，并在自己的语言和文字中让每一个独一无二的儿童的形象和价值观直观可见。事实上，在很多幼儿园和班级里，孩子们也会像高老师班里的孩子们那样，与蜗牛发生很多故事。我们也会看到很多有关蜗牛的课程故事、游戏故事或者主题探究活动。但像高老师这样，以孩子为主角，聚焦孩子真实的学习体验和历程，用学习故事的形式记录、解读和分享蜗牛激发的学习活动，并透过学习故事这扇窗户，让我们看到儿童的学习、老师的教学、幼儿园课程样态的价值和意义的，并不多见。这引发我们深思：老师的记录和文案为谁而写？如果说，"以儿童为本"是我们最核心的理念和价值观，那么如何让老师的记录和文案强化与传递这样的理念和价值观？"为儿童所写"和"写给儿童"，可能是探讨教学实践时一个值得审视和反思的话题。

汇聚"我的力量""他的力量"成"在一起的力量"——发生在孩子们与蜗牛之间的学习体验，虽然专属于每个孩子，但却是高老师发起的，基于高老师养蜗牛的兴趣。但是我们现在不是提倡"要追随儿童的兴趣和需要"吗？范梅南以及德布·柯蒂斯(Deb Curtis)和玛吉·卡特(Margie Carter)等人强调教师将自我融入教与学过程的重要性。[1][2] 帕克·帕尔默(Parker Palmer)也提出将教师的教学需要与教师自己的内心世界建立连接。[3] 教师在教学中的"我的力量"不能

① ［加拿大］马克斯·范梅南：《教学机智：教育智慧的意蕴》，70～79页，北京，教育科学出版社，2014。

② ［美］德布·柯蒂斯、玛吉·卡特：《和儿童一起学习：促进反思性教学的课程框架》，119～155页，北京，教育科学出版社，2011。

③ ［美］帕克·帕尔默：《教学勇气：漫步教师心灵》，1～27页，上海，华东师范大学出版社，2014。

被否认，需要被发挥，更需要被觉察。教师觉察"我的力量"可能会给自己和他人，特别是会给儿童的学习带来影响。瑞吉欧幼儿教育和新西兰"Te Whāriki"倡导互动互惠的关系和倾听的教学法①②，可能就是希望教师重视学习和教学过程中每个人的想法、兴趣和意图等，即"我的力量"和"他的力量"，然后将各种力量汇聚在一起，以应对复杂、不确定、可能会出错的学习旅程。在高老师的故事里，我们看到她把自己的兴趣和孩子与家长分享；作为养蜗牛新手，她和孩子们一起学习照顾蜗牛，一起为蜗牛产卵而感到惊喜；她在与孩子们共同学习和生活的过程中，对孩子们和自己的教学有了新的感知和理解。就是这样融入自己兴趣、愿景和情感的教学实践，让高老师和孩子们可以在倾听、对话、合作中彼此影响、相互成就。

借助高雪飞老师写的小一班孩子与蜗牛的系列故事，结合"Te Whāriki"以及与之相关的瑞吉欧幼儿教育的理念和实践，我们开始设想"以儿童为本"的教学实践，即能够促进儿童准备好、很愿意、有能力参与和持续参与学习的思维和行为模式，而这样的教学实践应该始于愿景，基于原则，在倾听、对话中保持共享思维，在评价和记录中强化与传递价值观，建构学习者形象，最后汇聚"我的力量""他的力量"成"在一起的力量"，促进每个人的学习和成长。

3. 我们的思考

我们对教学实践的设想，并没有围绕如何实施课程或进行某个主题活动展开，而是基于儿童观和愿景，把"人"和"关系"作为教学实践的核心，把儿童、老师和家长在与周围世界的交互中产生的学习场域作为教学实践的场域。在这个教学实践的场域里，老师存在于当下，通过一系列教学行为——对儿童学习的注意、识别、回应、记录、再读和回顾等，和孩子们连在一起，在与孩子们的沟通和分享中教学。瑞吉欧·艾米利亚的老师会把这样的教学称为"参与式的教学"。在这样的教学实践中，老师重视情绪和情感的力量，重视发挥学习者的主体能动力，重视拓展学习的宽度、连续性和多元性③，同时也在寻找"规则、限制（其中的一些很明显是不可缺少的）、真实的感情、学习的热情之

---

① ［意］卡丽娜·里纳尔迪：《对话瑞吉欧·艾米利亚：倾听、研究与学习》，96 页，南京，南京师范大学出版社，2014。

② Lee, W., Carr, M., Soutar, B. & Mitchell, L., *Understanding the Te Whāriki Approach*: *Early Years Education in Practice*, London and New York, Routledge, 2013, p. 39.

③ Carr, M. & Lee, W., *Learning Stories in Practice*, London, SAGE Publications, 2019, pp. 15-17.

间的平衡"①。

在幼儿园一日生活中，通过注意、识别、回应、记录、再读和回顾这样的教学实践促进儿童的学习和发展具体是什么样的呢？

### (三)行动中的注意、识别、回应

#### 1. 日常教学实践中无处不在的注意、识别、回应

不管是否用学习故事记录下来，在幼儿园里与孩子们共同生活和学习的每一天里，老师们对孩子的注意、识别、回应无处不在。在一段记录小一班孩子12月某个早晨来园情况的长4分钟的剪辑视频里，高雪飞老师的镜头拍到了在班级门口、书包柜旁边、盥洗室、自然角这四个区域里的20个孩子。除了向孩子们问好外，高老师和其中8个孩子有过对话——孩子们发起5次对话，他们同高老师分享他们带来的玩具、看到的当时班里的某个现象、家里的趣事；高老师发起3次对话，她好奇孩子们带来了什么玩具、当时在做什么并提醒孩子们注意常规。有的孩子没有和高老师进行语言互动，但高老师的镜头记录了孩子与她的眼神交流，以及她对孩子们正在做的事情的关注。

这段视频让我们看到，如同卡尔所说，注意、识别、回应是一个逐步过滤的选择过程。老师们每天会注意到很多孩子的学习时刻，如4分钟内注意到20个孩子早晨来园时的情况，然后选择一些情况进行识别并考虑是否需要和如何进行回应。除了对孩子们发起的互动进行识别和回应外，镜头停留时间最长的是书包柜、洗手池和水杯柜，虽然没有太多语言交流，但能看出高老师对这些区域所发生的事情的重视，如高老师主动提醒一个女孩放水杯(回应)，并主动和两个女孩分享自己的发现："这两天，我们班小朋友都能自己放水杯了。"(回应)老师们对识别和回应的内容的选择与聚焦，折射出老师们关切以及重视的东西，比如在这里，高老师对小班孩子的生活自理能力以及幼儿园生活常规很重视。

我们刚刚分析的高老师与孩子们晨间互动的视频，出自一段全长20分钟的视频。

该视频是为了庆祝小班孩子入园100天而拍摄剪辑的，记录了小一班孩子在幼儿园里的样子。从中我们看到孩子们情绪稳定，适应了新环境，参与着幼儿园的各项活动。"教学是一项复杂的任务，老师们只能对那些感兴趣的事情做出回应。"②在这里，我们看到高老师对孩子们感兴趣的事情感兴趣，也对刚

① ［意］卡丽娜·里纳尔迪：《对话瑞吉欧·艾米利亚：倾听、研究与学习》，125页，南京，南京师范大学出版社，2014。

② Lee, W., Carr, M., Soutar, B. & Mitchell, L., *Understanding the Te Whāriki Approach：Early Years Education in Practice*, London and New York, Routledge, 2013, p. xi.

上幼儿园三个月的孩子们的自理能力和适应情况感兴趣，并通过她的记录呈现了出来。

2. 注意、识别、回应儿童的好奇心、理论、意愿、兴趣、情感

在北京市六一幼儿院的小一班，朱金岭老师和她的同事们的记录让我们看到了孩子们对"毕业"等感兴趣，也看到了老师们对此的识别和回应。

### 学习故事 4.10　小一班孩子们"话毕业"

作者：朱金岭

时间：2019 年 6 月

户外散步时，孩子们发现操场上有了很多不一样的东西。

"这是什么？"

"是大班哥哥姐姐的照片。"

"还有老师呢！"

"他们为什么照相？"

"我知道，他们毕业了！因为我哥哥毕业上小学了。"

…………

操场上毕业的装饰引发了孩子们对毕业这件事的关注，更引发了老师们的好奇心：对于"毕业"这个话题，小班孩子们会有什么想法？他们能感受到什么？讨论毕业对于他们的成长又有什么样的价值？于是，带着好奇心我们展开了以下对话。

老师："什么是毕业？"

小小："毕业就是走了，再也不回来了。"

宁宁："毕业就是上学了。"

澄澄："毕业就是上大学了。"

惠惠："是上小学，不是上大学。"

辛迪："毕业就是长大了，到别的地方学习。"

大老鹰："毕业就是离开幼儿园，离开老师。（立刻上前搂着我）我不离开你，熊奶奶到哪儿我到哪儿。"

…………

从对话中，我们发现小班孩子们对于毕业有一定的了解。这些源于他们"虚拟书包"里的内容——家里的哥哥姐姐经历过这样的活动，也源于幼儿园老师近一段时间和大班哥哥姐姐之间的言语信息。这让我们看到了在"很愿意"的环境中，孩子们充分展现了"善于发现、愿意表达、真实对话、深度思考"的意愿和能力。

老师："我们毕业吗？"

乐乐："毕业吧，不在小班了。"

辰辰："不毕业，我们还回来呢。"

芯儿："不毕业，我们还上幼儿园。"

佑佑："我们毕业，该上中班了。"

安安："我们不毕业，还上中班，上完中班上大班。"

……………

老师："为什么要上中班？"

大老鹰："因为可以学很多本领，然后教给爸爸妈妈。"

佑佑："因为我们长大了。"

佐佐："小的时候上小班，长大了上中班。"

蜜桃："因为我们4岁了，不是小宝宝了。"

蕾蕾："长大了就不在小班了，毕业了，上大班了。"

宁宁："我们上的是中班，不是大班。"

蕾蕾："啊？我不知道，反正不在小班了。"

琬乔："我们长大了。"

惠惠："幼儿园就是小班、中班、大班，然后上小学。"

开心："我不知道为什么上中班。"

……………

第四章　聚焦学习

为什么孩子们长大了不上大班而上中班呢？这个我们从没有想过的问题却引发了孩子们的争论。于是，我们临时找来了三支笔，和孩子们一起发现"小、中、大的不同"。安安说："'中'就是不大也不小。"惠惠说："我们长大一点上中班，再长大一点上大班。"小小说："是在中间！"于是，一个"找找小、中、大"的游戏在蜜桃的提议下开展起来了。

接下来的几天里，我们小一班的"毕业活动"陆续上演：照小班毕业照，展示自己学到的本领，找找中班在哪里，计划向中班哥哥姐姐学习本领，倾听中班哥哥姐姐的寄语，欢送毕业的哥哥姐姐，领取自己人生中的第一张"小班毕业证书"……

谁说毕业只是毕业班的事，小班孩子们同样有着独特和丰富的想法。老师看见他们的兴趣，倾听他们的想法，接纳他们的观点，与他们一起学习。别开生面的课程由此展开。

每一个孩子都是有能力、有自信的学习者和沟通者。他们关注着周围发生的一切，并建构着自己对世界的认识，因为"儿童是最热忱的对意义的追寻者，他们会生成自己的诠释性的理论"。老师的一个重要任务，就是发现并支持儿童建构自己的关于世界的理论，"将发展'理论'视为一种日常权利"，并"视这个权利为'有能力的'儿童与生俱来的"。①

3. 在《指南》的指引下注意、识别、回应儿童的学习

卡尔和李说，在注意、识别和回应儿童的学习时，要把"Te Whāriki"装在心中，把它当作向导。我们可以用《指南》指引我们了解儿童，促进儿童的学习和发展。北京市顺义区宏城幼儿园的付秀娟老师发现孩子们想修幼儿园里坏了的自行车之后，在《指南》的引领下，不断注意、识别、回应着孩子们的学习（学习故事4.11为删减版，阅读完整版请扫二维码）。

### 学习故事4.11 拆呀、装呀的乐趣

作者：大三班付秀娟

时间：2016年3月16日至5月13日

3月16日上午户外活动时，孩子们发现有辆自行车坏了，于是和我商量着把自行车带到班里。我期待着他们如何修好这辆自行车。

**拆装区出现了 3月16日午饭前后**

自行车被放在班里的墙边。楠楠一直盯着它看，似乎马上就想一探究竟。于是我邀请楠楠跟大家说说为什么我们要把自行车搬到屋子里来。一一马上抢着说："因为这辆自行车骑不动，我们打算修修它。"楠楠笑着说："对，我骑了半天也骑不动，我猜是脚镫子那里有问题了，所以我们想看看。"

五六岁的幼儿，喜欢对自己感兴趣的问题刨根问底，能够动手动脑寻找问题的答案。所以我提议："咱们新设立一个区角吧，专门修理坏了的玩具或者你们喜欢的东西，就从自行车开始，怎么样？"孩子们马上欢呼起来，用力地拍着自己的小手。我接着说："放在科学区怎么样？区域活动时，你们随时来这里工作。"

《指南》指出，幼儿的科学学习是在探究具体事物和解决实际问题中，尝试发现事物间的异同和联系的过程。幼儿的思维特点以具体形象思维为主，所以应注重引导幼儿通过直接感知、亲身体验和实际操作进行科学学习。

午饭时，我发现几个男孩子时不时地会向自行车望去。吃完午饭，昊昊问我："付老师，这个区叫拆装区，怎么样？""当然可以啊。"我回答。后来我征求了大家的意见，大家也都赞同。就这样，科学区又多了个区角——拆装区。

**第一次拆小车 3月17日**

活动开始啦！楠楠，你搬出工具筐（筐里工具为玩具），从里面拿出一个螺丝

---

① ［意］卡丽娜·里纳尔迪：《对话瑞吉欧·艾米利亚：倾听、研究与学习》，97页，南京，南京师范大学出版社，2014。

刀，开始拧螺丝钉，刚刚拧了两下，就换了一个螺丝刀。我问："你怎么换了一个螺丝刀？""这个不能用，这是减号的，我要加号的。"你继续专心地拧螺丝钉。

…………

楠楠，你今天一直专心地在做这件事情，你专注的眼神让我知道你对这辆自行车充满好奇。在拧第一个螺丝钉的时候，你知道不同的螺丝钉要用不同的螺丝刀拧。在生活中你观察得非常仔细，对工具也非常熟悉。

### 拆小车进行中　3月22日

昊昊也来到了拆装区，做着拆自行车的工作。"这个轮子的螺丝钉特别大，但是扳子太小了，不能卸下这个螺丝钉。这个扳子的头不能活动，但是有一种扳子的头是可以活动的，可以变大，也可以变小。我家里好像有这样的扳子。老师，明天我把家里的扳子拿过来。"真是个好主意！你还告诉我，有一种工具箱，它的里面有好多工具，如改锥、钳子、活扳子。你很希望我能帮你能找到那种工具箱。

…………

### 新工具来啦　3月23日

在幼儿园领导的支持下，今天我们班收获了整整一大箱工具。孩子们看到新工具非常兴奋。

…………

有了新的工具，孩子们拆车的工作更加顺利了。大家似乎忘记了初衷——他们是来修理自行车的，因为它不能向前行进了，但他们现在对拆车更感兴趣。这个时候孩子们可以随心所欲，而不忘初心的应该是老师——《指南》指出，幼儿学习的核心是激发探究兴趣，体验探究过程，发展初步的探究能力。

…………

### 铃铛的秘密　3月24日和29日

昊昊说："我要把铃铛拆开。"于是，一个被大家拆下来的完整的铃铛被昊昊拾了起来。

首先，他将铃铛拆开，没用任何工具，完全用两只手完成。之后他又开始安装铃铛。他将把手安了进去，转了转，不行……

这时，他摆动把手，铃铛响了起来。"老师，你看。"说着，他把铃铛盖子打开，让我观察里面的构造。……

孩子们在拆自行车的过程中认识了自行车的构造，深刻感知了各部位之间的连接方式，以及各种工具的使用方法等。铃铛的出现，再一次调动了昊昊探究的热情。他发现了齿轮的用途，还发现弹簧可以伸缩。那么孩子们能否利用这些经验玩出新的游戏呢？我们拭目以待。

以上这五个与"拆车"有关的学习故事只是这段学习旅程的第一阶段，后续的故事还有很多，包括 4 月 13 日的《自行车的小轮子有新用处了》和 4 月 14 日的《齐心协力做越野车》。当自行车被拆卸后，有个孩子想要做一辆汽车，并得到了其他几个孩子的响应，于是他们就在与自己的想法、同伴、材料、老师等的互动中，决定制作一辆红色的汽车，并齐心协力设计汽车、准备材料。4 月 22 日《请专业人士帮忙解读汽车内部构造》，讲的是壮壮带着爷爷(汽车驾驶学校校长)来到幼儿园，给大家带来了一场全面、生动、有效的有关车的讲座。4 月 26 日到 5 月中旬，孩子们从制作底盘开始一起制作汽车。付老师最后写道："从自行车来到我们班后，经过将近两个月的时间，孩子们参与了拆、装等一系列活动。孩子们积极动手操作、动脑思考，从中了解了各种工具的用途，掌握了它们的用法。虽然你们改变了修理小车的初衷，但是整个活动都透露出孩子们的专注、勇敢、相互帮助等学习品质。通过努力，孩子们利用小车上的零部件制作了一辆属于他们自己的越野车。从开始的一人做多人看，到几人做几人看，最后到每个人都同时做事，孩子们在活动中体会到了合作的重要性，也学会了分工，感受到了自尊、自信。他们齐心协力完成了他们自己想做、喜欢做的事情。我为孩子们的改变感到兴奋和骄傲，孩子们太棒了！"在这段学习旅程中，付老师心里装着《指南》，这帮助她看见、听见、接纳和理解孩子的想法与意愿，并指引着她在材料、时空环境、互动等方面为孩子们的学习提供必要的、有用的帮助，让孩子们的学习得以在这种能够激发新的学习机会与可能的"启发网络"之间的交互关系中发生发展①。

4. 融入日常教学实践的注意、识别、回应和记录

在北京市西城区三义里第一幼儿园研习学习故事理念和实践的初期，刘晓颖园长曾经跟我们分享过她对记录的顾虑——她认为当下老师们工作量大，而文字记录工作耗费时间多，会给老师们带来更大压力。因此，老师们能在教学实践中紧扣理念，重塑儿童观，拥有成长型思维，能够注意、识别、回应儿童的学习，促进儿童的学习和发展就可以了，是否记录下来不重要。一年后，几件小事改变了她的看法。一件是当她进入一个小班后，一个小男孩立马拉着她的手走到存放孩子们成长档案的柜子旁，拿出其中一本告诉她："这是我的。"于是她和小男孩一起翻看这本装有学习故事的成长档案。另一件是一位刚参加工作的年轻老师把自己和孩子们一起玩的场景记录下来，并分享了她的识别过程。刘园长说，渐渐地，她开始明白老师们为什么写学习故事："很多人写学

---

① ［新西兰］玛格丽特·卡尔、温迪·李、卡罗琳·琼斯，等：《学习的心智倾向与早期教育环境创设：形成中的学习》，8 页，北京，教育科学出版社，2016。

习故事，认为最重要的是观察或者评价，或者说是课程，但是现在我觉得，学习故事的核心是孩子。老师们写的学习故事能让我了解她们，了解她们是如何注意、识别、回应孩子的，这可以让我找到支持和促进她们发展的路径。"

促进儿童的学习和发展，促进老师的专业发展，是作为正式评价的学习故事的最初目的，也是它最重要的意义和价值。那么，我们如何带着爱和喜悦把记录融入日常教学实践呢？

"倾听，是所有学习关系的前提。"[1]于是，老师们用笔、录音设备、录像设备把孩子们的话记录下来，并从中发现促进孩子们学习的线索和可能。北京市顺义区澜西园四区幼儿园中四班的丁源老师，把记录孩子们的语言融入日常教学实践，从《我发现了化石》到《恐龙的诞生》，引发和串起了专属于他们的学习旅程——《我想挖化石》《我想穿越到恐龙时代》《我要给园长妈妈讲故事》《约见园长妈妈》《我也要写信》《镰刀龙：带你去看电影》《镰刀龙 2：不一样的轩宇》《水龙的故事：消防演习之后》《原来还有濒危生物》。这段学习旅程得以发生发展，与丁老师的持续倾听和记录分不开。

北京市顺义区宏城幼儿园鼓励老师们写学习故事，并把学习故事中的识别和回应与日常教学实践及计划联系起来。老师们在识别幼儿的过程中发现幼儿的兴趣和需求，思考下一步的支持和回应措施，并将其作为下周计划或者下月计划的书写依据。当幼儿的兴趣与老师预设的活动不一致时，老师会及时调整计划，支持幼儿的学习。（表 4-3）

表 4-3　北京市顺义区宏城幼儿园中二班 12 月第 3 周工作安排表

| 生活活动 | 养成良好的进餐习惯，能主动做好饭后的收拾、擦嘴、漱口等工作。 |
| --- | --- |
| 上周热点分析 | 图书区：上周在电影录制中，全体小演员都能够积极、主动、热情地参加录制，能够自信大胆地表现自己，能够主动观看视频并思考其中的问题，最后总结经验反复练习。同伴能够通过语言动作互相提醒，相互配合，为了共同的目标而努力。<br>建筑区：上周 8 名幼儿积极解决"没有房顶"的问题，并大胆尝试，用多种方式(改变插建方向、同伴合作、寻求老师的帮忙)插建房顶，发现用支柱支撑就可以把房顶固定住，并打算继续寻找其他方式。<br>自然角：上周 15 名幼儿积极参与设计分组标记的活动，能够主动并完整地介绍自己的设计。未参与设计的幼儿听后也表示想给小植物们设计分组标记。 |

① ［意］卡丽娜·里纳尔迪：《对话瑞吉欧·艾米利亚：倾听、研究与学习》，44 页，南京，南京师范大学出版社，2014。

| 本周计划 | 环境 | 材料 | 资源利用 | 家园共育 | 户外活动 |
|---|---|---|---|---|---|
| | 1. 决定将音体室作为拍摄电影的地点并用电子屏做相应的故事背景。<br>2. 将幼儿自己的解决问题的方法展示在墙面上。 | 1. 提供音箱、电子屏、手机、背景音乐，供幼儿进行电影的拍摄。<br>2. 提供彩纸、画笔，供幼儿进行解决方法的展示。 | 1. 请所有幼儿都去拍摄场地观看和参与拍摄。<br>2. 请建筑区的幼儿将探索到的解决方法分享给其他幼儿。 | 1. 请家长帮忙收集适合电影情节的音乐和背景。<br>2. 一起商量如何装饰教室和家以迎接新年。 | 1. 和幼儿一起探讨冬天做运动时需要注意的事项。<br>2. 在活动前带着幼儿做充分的准备活动。<br>3. 让幼儿和家长一起坚持户外体育锻炼。 |
| 集体教育活动 | 周一 | 周二 | 周三 | 周四 | 周五 |
| | 社会"我长大一岁啦" | 语言"我想这样过新年" | 科学"制订我的新年计划" | 美术"制作拉花" | 音乐"恭喜恭喜" |
| 户外活动 | 知道简单的冬季运动安全常识，有自我保护的意识，学会保护自己不受伤害。 | | | | |

不过，孩子们最期待的，可能还是老师们充满爱和喜悦地把记录专属于他们的学习故事作为日常教学实践的一部分，因为这会让他们感受到老师们和他们在一起！很多老师会借助一些图文编辑软件为孩子们写学习故事，及时与孩子、家长和其他老师分享。

《你选择挑战》是幼儿园园长写的学习故事。我们鼓励教研员、幼儿园保教干部、园长和带班老师记录下他们注意到的孩子们迫切想投入的学习时刻。这些学习故事可以用来探讨和丰富我们对孩子的认知，也能建立老师和孩子，教研员和老师，园长和老师、孩子、家长之间的各种连接。注意、识别、回应孩子是老师的初心。看见孩子、为孩子写学习故事不仅仅是为了发现主题、制订计划和发展课程，更是为了

图 4-25　你选择挑战

让每一个孩子都被看见、被理解、被珍视。

把为儿童写学习故事融入日常教学实践，让大家都去看见儿童、发现儿童、讨论儿童、珍视儿童听上去很美好，但不得不承认，在现实中这样做并不容易。因为儿童需要的不是老师们为了写而写的学习故事，而是老师们带着爱从专业的视角所写的学习故事；因为老师们还有许多其他案头工作需要做；因为不少老师还不太了解或不太接纳学习故事这样的形成性评价路径；因为……

## 三、学习故事的学习观及教学实践可能 带来的思维和行为的改变与挑战

在这一章中，我们花了很大篇幅围绕学习和教学实践进行研习与探讨。如果说相信儿童、改变评价实践是我们践行《指南》"以儿童为本"理念的第一步的话，那么对学习这一概念进行研习，对学习发生发展的过程进行体验和反思，并在此基础上重新设想能够支持《指南》所期待的关于儿童学习状态的教学实践，则是我们专业发展的重要内容。在研习过程中，老师们开始发现自己的变化，也开始像成勇园长所描述的那样和孩子们在一起：尊重学习者的意图，懂得和激发学习动机，适时介绍、分享工具和资源，作为伙伴和孩子们一起体验学习、进行实践，并在需要时对知识技能加以传授。不过，老师们也常常会因为多元化的认知和实践而面临困惑或挑战，例如：

教还是不教？

老师主导还是儿童主导？

预设还是生成？

问题、不足导向还是兴趣、优长导向？

基于年龄特点还是基于无限可能？

知识技能还重要吗？

具体学什么？怎么学？

进步和发展究竟如何体现？

这些困惑和挑战也是我们在本章中探讨的主要内容，并且没有绝对的答案。不过，因为不断和孩子们一起体验学习，和老师们一起讨论学习，我们慢慢建构起自己的学习观，并在面对这些困惑和挑战时开始有勇气和力量做出自己的教学决策，根据自己和孩子们所处的当时当下的情境找到自己的立场和答案。就好像刘晓颖园长在《"可怕"的学习故事》①一文中分享的她们的经历和思

---

① 本文原载于《学前教育》杂志 2016 年第 1 期，收入本书时有改动。

考："学习故事来自新西兰。我们试图照搬成功的经验，却发现这些经验被应用到实践中带来的结果就是一团糟。比如，我们看到新西兰幼儿园的孩子们没有集体做操这样的户外活动，而是一上午都可以自由选择与室内游戏相同的游戏。于是，我们在本来就狭小的户外场地上为孩子们开辟了玩水、玩沙、角色表演、美工、建构等区域。孩子们开始户外活动了。几个孩子一起开心地搭建大型积木，导致操场场地的三分之一被占用了。……一个学期下来，体能测试结果出来了，我们幼儿园孩子的运动能力测评成绩下滑严重。经过反思，我们总结出我们的国情与新西兰不同，场地的整合利用需要科学规划。于是，在进行了一个学期的尝试后，我们又改回了原有的户外活动组织形式。不过，我们又想了很多办法，比如通过错时活动来保证集体锻炼。当初为孩子们创设的玩水、玩沙、角色表演、美工、建筑等区域也得到了很好利用。这说明任何学习和借鉴都不是伸手'拿来'那么简单，只有和自己的实际相结合，取其精华、适时调整才能吸纳其真正的价值。"

刘晓颖园长的"有感而发"让我们感受到，学习旅程对于任何人或机构来说，都是复杂、不确定、能给人带来千般滋味又充满无限可能的。在这样的学习旅程中，"我们要与凌驾于其他感觉之上的平衡感保持距离，与那些已经被决定或者被认为是确定的事情保持距离。它意味着要与交织在一起的个体和思想、行动和反思、理论和实践、感情和知识保持亲密关系"①。因此，当我们在面对教学中的困惑和挑战时，我们需要有勇气去自省、去学习、去尝试。只有这样，困惑和挑战才可能成为有助于我们专业发展的重要时机。

---

① ［意］卡丽娜·里纳尔迪：《对话瑞吉欧·艾米利亚：倾听、研究与学习》，125 页，南京，南京师范大学出版社，2014。

在早期教育中，课程不是重点，儿童才是。

教师很容易迷恋上课程，因为它比孩子更容易管理。

但是，课程是在教育环境中发生的事情，

不是理性计划中即将要发生的事情，

而是实际发生了的事情。

——伊丽莎白·琼斯 & 约翰·尼莫

教师的工作不能没有意义，教师必须是主角。

她不能只是一个实施者，

即使她们是很聪明的，

实施由他人针对"其他"儿童和泛泛的情境

而制定和创造出来的一些项目和课程。

——卡丽娜·里纳尔迪

# 第五章　编织课程

### 建构基于儿童、重视关系和环境先行的
### 生成呼应式课程

"在早期教育中，课程不是重点，儿童才是。"①这句话出自 1994 年出版的《生成呼应式课程》②（*Emergent Curriculum*）一书，现在读来依然醍醐灌顶。它再次提醒我们，围绕课程的讨论，需要溯本追源，"以儿童为本"。我们对学习故事的研习，从新西兰国家早期教育课程"Te Whāriki"开始，但随着对儿童是谁、学习是什么的深入研习，我们越来越体会到"课程不是重点，儿童才是"的深意。我们常常陷入深思，当我们说课程一词时，我们指的是什么？瑞吉欧·艾米利亚为什么没有课程？"Te Whāriki"为什么和常见的课程不太一样？它究竟是什么样的课程？《指南》可能期待什么样的课程？如何让与课程相关的决策和行动都能"以儿童为本""以人为本"，对儿童和老师都有意义、有价值呢？

## 一、在思辨和行动中建构课程观

### （一）探寻课程立场和愿景

1. 多元课程论并存

课程是什么？因为基于的哲学立场、价值取向、社会定位、文化环境不同，学术界对课程的阐释也非常多元。③ 课程一词的拉丁文字面原意为"在跑道上奔跑"（to run a course）。这就意味着课程需要有跑道——可能是 50 米的跑道，也可能是马拉松跑道；跑道可能在体育馆中、在公路上或在丛林里等；

---

① Jones，E. & Nimmo，J.，*Emergent Curriculum*，Washington，DC，National Association for the Education of Young Children，1994，p.12.

② "emergent curriculum"，在国内主要被译为"生成课程"或"呼应课程"。在本书中，我们选择将两种翻译合二为一成"生成呼应式课程"，意在强调此课程的生成性，以及此课程的发展离不开人、地方、事物之间的彼此呼应。

③ MacNautghton，G.，*Shaping Early Childhood*：*Learners，Curriculum and Contexts*，UK，Open University Press，2003，p.113.

跑道上可能有标志、休息站、终点线、工作人员等，也可能什么也没有。除了跑道，课程还需要有在跑道上奔跑的人。他们会选择在何时何地为了什么和谁一起奔跑。他们跑前会做准备，跑时会有各种体验，跑完还可能会有不同的反应。有时候，奔跑的人也会在自己设计和开辟的跑道上奔跑。奔跑过程中发生的一切，有的可以事先安排和确定，有的却没法预测，因而即便是在同样的跑道上奔跑，奔跑者也会有各自不同的体验。探讨课程的字面意思，让我们思考与跑道和奔跑者关系相似的"课程设计或课程计划"和"作为学习者的儿童"之间的交互关系。

我们在文献中读到，目前我国比较常见的课程学说主要有以下三种①。

学科说：课程即学科，是改革开放初期课程模式的主流，认为课程是系统的学科知识。

活动说：课程即活动，强调幼儿在活动中获得经验，认为"幼儿园课程是实现幼儿园教育目的的手段，是帮助幼儿获得有益的学习经验、促进其身心全面和谐发展的各种活动的总和"。

经验/体验/经历说：课程即经验/体验/经历，强调儿童在与周围世界的交互中获得的经验/体验/经历，也是我们在第二章中提到的"Te Whāriki"对课程的理解——课程为儿童在与周围物质和社会环境的互动中引发的复杂又丰富的体验过程②。

在这三种课程学说中，"课程即学科"更重视知识取向的科目设计，容易忽略学习者；"课程即活动"重视活动设计和活动过程，注重学习者所做的；"课程即经验/体验/经历"强调学习者获得学习经验这一结果，注重学习所得。虽说这三种课程学说并存于当下我国幼儿园的课程实践中，但"课程即活动"主导着目前幼儿园课程的建构和发展，幼儿园出版的园本课程研发成果也多以各类课程活动案例的形式出现。"课程即学科"的认知在现今的幼儿园教育语境中虽然基本被抛弃和否定，但类似学科的课程实践还普遍存在，如凸显语言学科特点的绘本课程和突出音乐学科特点的"××音乐课程"等。让我们深思的是，重视儿童、经验和课程融合的"经验/体验/经历说"近年来越来越被学术界和幼儿园关注。在第二章中，我们解释过为什么我们会用"经验/体验/经历"这样的表述而不只是"经验"，因为"experience"一词既可以作为名词当"经验"用，也可以作为动词当"体验"讲，还有"经历"的意思在其中。借助"经验/体验/经历"这

① 唐淑：《中国学前教育史》，390 页，北京，人民教育出版社，2015。

② Soler, J. & Miller, L., "The Struggle for Early Childhood Curricula: A Comparison of the English Foundation Stage Curriculum, Te Whāriki and Reggio Emilia," *International Journal of Early Years Education*，2003，11(1).

样的表达，我们想强调，在教育和课程语境中，我们既要重视作为学习成果的"经验"，又要重视学习者对学习的"体验"，还需要关注具有过程性的学习"经历"。这样的表达受到了杜威经验理论的启发。

以上三种课程学说，只是多元课程理论的冰山一角。古德莱德（Goodlad，J.）曾指出，当我们在说课程的时候，因为语境和情境的不同，我们指向的可能是有不同意义的课程。① 例如，①各类专家学者等研究出来的理想中的课程；②教育部门规定的正式课程；③一线教师基于自己对正式课程的理解领悟到的课程；④在幼儿园、班级里实际发生的正在实施和运作的课程；⑤每一个儿童真实体验到的课程。课程也可以被分为两类，一类是规制/规定性的课程，提出学习过程中应该发生什么；另一类是叙述/描写性的课程，超越了对"应该如何"的思考，关注真实教室里的具体情形，即关注经验/体验/经历。在第二章中，我们提到过，"Te Whāriki"不是一部规制性的课程，而是从课程可能带给儿童什么样的经验/体验/经历这一视角来叙述/描写的课程，并不规定幼儿园里具体应该发生什么。还有的课程理论用显性课程和隐性课程这样的分类来提醒我们从意识层面对课程进行觉察。最理想的状态是，各种有不同意义的课程在实践中是相互匹配、对应一致的。

2."Te Whāriki"课程发展历程的启示

研习多元化的课程理论，让我们认识到，每一套理论都有它产生的时代、文化和学术背景，而我们要做的，是基于我们的愿景和文化探寻与明确我们自己的课程立场和愿景。新西兰幼教同行在"Te Whāriki"课程发展过程中也同样面对多元化的课程理念和路径。她们围绕课程进行的讨论和努力，有可能会给我们带来一些启示。20 世纪 80 年代，除了新西兰政府在国家教育管理和师资培养方面落实的一系列整合举措，来自新西兰幼教业界的各类从业人员代表参与的"教育部洛普戴尔系列论坛"也影响着新西兰的幼教政策。② 其中，最重要的就是《1988 年洛普戴尔课程声明》。它把课程定义为"儿童直接和间接学习经验/体验/经历的总和"，并提出 15 条课程基本原则和目标，认为课程要能让儿童体验到这样一种环境，在这个环境中——

• 他们学习了解他们是谁；

• 他们是安全的；

• 他们是健康的；

---

① 蒋雅俊：《课程哲学：儿童、经验与课程》，14 页，北京，人民教育出版社，2015。

② Lee，W.，Carr，M.，Soutar，B.& Mitchell，L.，*Understanding the Te Whāriki Approach：Early Years Education in Practice*，London and New York，Routledge，2013，pp. 8-9.

- 他们和别人建立积极的关系；
- 他们自得其乐；
- 他们用适宜的方式学习；
- 他们尊重自然环境；
- 他们可以为自己设定目标；
- 学习不受性别的限制；
- 学习不受民族和肤色的限制；
- 决策过程是一个共享的过程；
- 冲突能得到和平解决；
- 家庭的重要性得到认可；
- 成人是学习者；
- 所有人都能各司其职、各担其责。

"Te Whāriki"的编写者很重视来自幼教实践一线的声音，因而这样以儿童的经验/体验/经历为起点和目的，重视儿童与周围环境关系的课程观和课程原则在后来的"Te Whāriki"中得到了延续和发展。"Te Whāriki"的编写者还认为，"任何课程方法，只有当教师把里面的想法变成自己的时，才是有用的"[①]，因此提出"注意、识别、回应、记录、再读和回顾"这一课程建构和评价过程，让老师可以在自己所处的情境中对与儿童、学习和课程有关的想法进行改编、适应，并融入自己的语境。"Te Whāriki"的编写者在课程发展过程中以"合作"为原则，融合来自业界的各种声音，因而很多老师在阅读"Te Whāriki"时常常发出"这就是我们，这就是我们所做的，这属于我们"的感慨。[②]

"Te Whāriki"自下而上的发展历程，让我们看到对话与倾听、保持共享思维、拥有共享愿景在课程发展过程中的重要性。它也提醒我们，在课程编织中，我们要像重视儿童的主体能动力那样重视老师的主体能动力，鼓励和支持老师在注意、识别、回应、记录、再读和回顾的过程中编织课程，并将课程的编织和发展建立在自己对儿童的理解、对关系的重视和对具有激发性又赋能赋权的环境的创设上。

3. 课程是实践，是计划，是教师的责任

琼斯（Jones，E.）和尼莫（Nimmo，J.）说，儿童是教育的重点，课程是教

① Lee，W.，Carr，M.，Soutar，B. & Mitchell，L.，*Understanding the Te Whāriki Approach：Early Years Education in Practice*，London and New York，Routledge，2013，p. xi.

② Carr，M. & May，H.，"Weaving Patterns：Developing National Early Childhood Curriculum Guideline in Aotearoa-New Zealand,"*Australian Journal of Early Childhood*，1994，19(1).

师的责任。① 他们在论述生成呼应式课程时提出，要让课程和计划从儿童的生活和教师的教学中浮现出来，重视儿童的兴趣，将学习的自发性和教师的计划融合在一起。同时，他们也指出，儿童的想法只是可能反映儿童复杂生命状态的课程来源之一。好教师制订计划，但不被计划所束缚，因而生成呼应式课程是理智的，但不可预测。格拉托（Glatthorn, A.）等人也围绕课程和计划进行了探讨。他们把课程定义为"为指引学校里发生的学习所做的计划，通常以可追溯的文档形式出现，这些计划既呈现了不同层次上的普遍性，又呈现了计划在教室里的实施情况，即学习者体验到的和观察者记录下来的东西；这些体验发生在一定的学习环境中，这种学习环境也影响着学生所学的东西"②。格拉托等人想要强调的是以下几点。

课程的呈现方式可以是可回溯的为促进学习发生发展而制订的各种计划；

这些计划具有普遍意义，如可以面向一组孩子、一个班的孩子、一所幼儿园的孩子或者更为普遍意义上的儿童群体；

课程不局限于此，还包括学习者对这些计划的真实体验，以及包括教师在内的观察者观察到和记录下来的学习经历；

课程包括学习环境对学习者、学习体验可能产生的隐性影响。

琼斯和尼莫以及格拉托等人对课程的论述，提醒我们在编织课程时要平衡"课程设计、课程计划与学习者的经验/体验/经历""课程的普遍性和共性与独一无二的学习者的个性""教学和学习中的确定性与不确定性""学习者和学习环境"等因素。当我们借助这些学者对课程的论述来分析北京市大兴区第二幼儿园佟爽老师撰写的学习故事《细心的田田春分立蛋》时，我们发现，学习故事这种形成性评价过程和评价文本，是一种以儿童为重点，从儿童的生活和教师的教学中生成计划，并平衡了多种课程因素的课程文档。

### 学习故事 5.1 细心的田田春分立蛋

作者：佟爽

时间：2018 年 3 月 21 日

今天是春分，你们知道了春分立蛋的习俗，都跃跃欲试。你们小心翼翼地将从家里带来的生鸡蛋拿在手里，说："千万不能掉在地上，不然就碎了！"田田的立蛋过程让我们都惊呆了！只见你小心地拿着鸡蛋，拇指在前，其他手指

---

① Jones，E. & Nimmo，J.，*Emergent Curriculum*，Washington，DC，National Association for the Education of Young Children，1994，p. 5.

② Glatthorn，A.，Boschee，F.，Whitehead，B. & Boschee，B.，*Curriculum Leadership：Strategies for Development and Implementation*，London，SAGE Publications，2018，p. 4.

在后，把鸡蛋牢牢地圈在手里。当你慢慢低下头，坚定地看向鸡蛋时，小手一点点尝试离开鸡蛋，十个手指不停地交换着尝试，偶尔还会移动一下鸡蛋的位置。一次次尝试后，鸡蛋似乎并没有立住的样子，但你的眼神始终没有改变过。

旁边的小朋友走来走去，声音时大时小，而你却一直没有改变姿势，毫不放松地盯着鸡蛋。在经过了10分钟左右的尝试后，你终于让鸡蛋立住了。当小手离开鸡蛋的瞬间，你一扫严肃的表情，立刻笑着告诉大家："看，我立住了！"

图 5-1　田田春分立蛋

什么样的学习正在发生？

你是全班第一个立蛋成功的，你还告诉我们垫一张卫生纸的方法。成功的小朋友多了几位。你带来的经验是至关重要的，小伙伴甚至老师都借鉴了你的好方法。你在立蛋过程中所表现出来的专注和坚持不懈让我们感动。当为你拍下照片的时候，我急切地盼望着你的成功，我自己也在你的影响下尝试了立蛋。有了那种不能放松的体验，我更加崇拜你了！

进一步学习的机会与可能？

你会和爸爸妈妈在家里一起尝试立蛋吗？

你对立蛋的游戏有什么自己的看法？

对《细心的田田春分立蛋》中课程因素的分析显示，在现实中，课程和教学是复杂的，因为就如我们在第三章中所讨论的，学习本身就是复杂的。能够促进学习的课程、计划和实践，就需要呼应学习本身的这种复杂性，而不是为了追求教师的可操作性或进行所谓质量控制，就将课程简化成菜单式活动列表，或预先包装好一整套标准化的课程体系[1]，让教师实施由他人针对"其他"儿童及泛泛的情境制定和创造出来的一些项目和课程[2]。同时，我们也清楚地认识到，课程不只是那些写在纸上的计划或者幼儿园有关课程的研究成果，而且是我们的实践，是我们对儿童的持续注意、识别、回应，是儿童的体验，是我们关于儿童的各种思考、计划和行动。（表 5-1）

① ［美］迈克尔·W. 阿普尔：《教育与权力》，131 页，上海，华东师范大学出版社，2008。

② ［意］卡丽娜·里纳尔迪：《对话瑞吉欧·艾米利亚：倾听、研究与学习》，34 页，南京，南京师范大学出版社，2014。

表 5-1　分析学习故事《细心的田田春分立蛋》中的课程因素

| 课程因素 | 观察者的记录 | 分析 | 课程样态 |
|---|---|---|---|
| 教育设计/计划 | "今天是春分，你们知道了春分立蛋的习俗，都跃跃欲试……" | 教师预设：结合节气，预设春分立蛋活动。 | 意图明确的、正在运作中的课程。<br>——普遍性 |
| 教育设计/计划 | "你会和爸爸妈妈在家里一起尝试立蛋吗？你对立蛋的游戏有什么自己的看法？" | 在田田立蛋后，教师生成新设计：提出与家庭相连接，以及与儿童的内心感受相连接的新计划，这可能带来新的学习体验。 | 计划中但还没有运作的课程。<br>——面向个体 |
| 学习者的体验 | "只见你小心地拿着鸡蛋……立刻笑着告诉大家：'看，我立住了！'" | 学习者的体验过程：儿童当时当下准备好、很愿意、有能力参与立蛋的行动。 | 儿童真实体验到的课程。<br>——不确定 |
| 教师评价 | "你是全班第一个立蛋成功的……""你在立蛋过程中所表现出来的专注和坚持不懈让我们感动……" | 教师赋予学习体验以价值。 | 教师领悟到的课程意义和价值。<br>——学习成果 |
| 学习环境 | 今天是春分；小朋友和老师都借鉴田田的好方法；在家里尝试立蛋。 | 传统文化环境——节气的影响；班级学习环境与田田之间的交互影响；家里的学习环境可能带来的影响。 | 可能带来其他潜在学习体验和影响的隐性课程。<br>——不确定 |

4. 我们的立场和愿景：基于儿童、重视关系和环境先行的生成呼应式课程

至此，我们关于课程的立场和愿景渐渐清晰：在幼儿园教育实践中，坚持《指南》"以儿童为本"的核心理念和教育原则，将课程与儿童的学、教师的教、幼儿园的一日生活和我们身处的社会文化环境编织在一起。基于儿童、重视关系和环境先行的生成呼应式课程，能比较贴切地表达我们的课程愿景，即教师的责任就是在明确的儿童观——相信儿童是有能力、有自信的学习者和沟通者的引领下，让课程在儿童和教师的生活与体验中生发，并在教师专业的注意、识别、回应、记录、再读和回顾中拓展及延伸。教师通过一个开放、灵活、发散、合作的过程为儿童的学习制订计划、创设环境，并在教学实践中重视儿童的经验/体验/经历，重视自身对儿童、学习和课程的领悟与解读，重视教室里真实发生的事情，重视当时当下参与课程编织的每一个人的力量以及他们与环

境的交互关系。

这样的课程立场和愿景让我们不再纠结课程是什么，因为课程不是重点，儿童才是。也正因为如此，课程无处不在，并充满无限可能：可以是语言学习，可以是种植活动，可以是在娃娃家热火朝天地"炒饭"，可以是围观别人玩耍，可以是探究一个感兴趣的主题，也可以是习得某些知识技能……只要是教师、儿童、家长等在倾听、对话、持续呼应中共同创造和建构的专属于他们自己的学习旅程，就是我们心目中"以儿童为本"、有生命力和创造力、有意义的课程建构和发展。

**(二)行动中的基于儿童、重视关系和环境先行的生成呼应式课程**

1. 课程基于什么？我们强调什么？

在我们看来，基于儿童、重视关系和环境先行是任何课程的基础，"生成呼应"是我们期待的课程发生发展的路径和状态。将基于儿童、重视关系和环境先行的生成呼应式课程付诸实践的前提是我们对"儿童是谁"(见第三章)和"学习是什么"(见第四章)的认知和解读，以及与之相关的评价实践、教学实践和反思。因而，在这里，我们所说的儿童，指的是我们眼前的、现实中的、具体的儿童个体和群体，而不是抽象的、泛指的儿童；关系，指的是人与人、人与事、人与物、人与地方、人与世界的交互关系；环境，指我们身处的小到幼儿园、家庭、社区，大到城市、国家、世界的社会文化环境，包括物质的、社会的和感官的环境。

当我们把儿童、关系和环境视为课程的基础，就意味着我们的计划和教学实践也需要围绕这三者展开，即将观察和解读儿童、建立连接、创设赋能的环境作为课程实践的切入点，在倾听、对话、持续呼应中让学习得以发生发展。这也意味着不确定性和未知一定会伴随着学习和课程发生发展的过程。因此，我们为儿童商讨教育设计和制订计划时，需要想着我们眼前具体的、生动的儿童，拥抱不确定性，并能够让幼儿园每日生活、学习的组织方式激发儿童发起他们感兴趣、有目的、解决问题的活动，并让他们可以使用各种材料、设备来设计和解决问题，进而建构意义，让自己满意。在这样的课程实践中，我们也可以不断更新和强化对儿童、评价、学习、教学、课程及我们自己的认识。

基于儿童、重视关系和环境先行的生成呼应式课程在幼儿园实践中可能是什么样的呢？

2. 在倾听、对话、持续呼应中编织课程

2019年3月初，北京市顺义区澜西园四区幼儿园大二班的老师听到了浩浩小朋友的自我评价："篮球的难度太小了，我早就会运球了。"这引发了一些孩子和老师的讨论：①篮球的难度到底大不大？②为什么有人觉得难，有人觉得不难？③怎样让大家都爱运动？一个新想法和新计划——"不如我们试试踢足球吧"就这样浮现出来。虽然大二班的几位女老师十分忐忑，因为她们不懂球，也不那么热爱足球，但是她们义无反顾地支持孩子们，并和孩子们一起展开了一段《野踢足球》的学习旅程，而他们对足球的热爱也激发中二班的孩子们跟他们一起踏上了野踢足球之旅。（学习故事 5.2 为删减版，阅读完整版请扫二维码）。

### 学习故事 5.2  野踢足球

作者：大二班和中二班的老师们

时间：2019 年 3 月至 6 月

**花样玩球——我们踢球吧**

作者：大二班龚佳

时间：2019 年 3 月 4 日

户外活动结束后，程嘉浩说："龚老师，篮球的难度太小了，我早就会运球了。""大家都认为玩篮球没有难度吗？"我问。这时，常智翔愁眉苦脸地看着我，说了一声："唉，我觉得拍篮球对我来说太难了。"程嘉浩说："我爸爸每天都带我一起踢足球，所以我才能挑战难度大的。"

"我们有什么好办法帮帮不爱运动的小朋友？"程嘉浩说："不如我们试试踢足球吧，我爸和我经常踢足球。可是，踢球得用足球，篮球不行。"大家都兴奋地跳起表示同意，决定下午户外活动时开始我们的第一次足球之旅。

图 5-2  一起踢足球

什么样的学习正在发生？

- 孩子们在游戏中发起新游戏。
- 孩子们主动积极地参与踢足球游戏，对足球游戏产生了浓厚兴趣。

进一步学习的机会与可能：

- 让跑步运动变得有趣。

- 支持孩子积极参与。
- 激发大部分孩子对运动的兴趣。
- 你们踢球吧，只要你们想踢，我就支持你们。

**面对踢球，什么都不是事儿**

作者：大二班龚佳

时间：2019 年 3 月 8 日

这几天，你们还是很热衷于踢球，好像只要能踢球，什么都不是事儿。没有球门，不怕，操场上大船的船洞、门洞都可以当球门。踢球的人太多，不怕，那就分成两队比赛。分不清队友，不怕，撸起袖子就是我们队的标记。

开球后，每次踢到球你们都会欢呼雀跃。你们的欢呼声吸引了更多小朋友加入，但队伍壮大也给你们带来了困扰。"人太多了，都挤到一起了。""他跟我一队，却还跟我抢球。""我们一二报数分队吧。""我们在衣服上贴小亮片做标记吧。"

**图 5-3　把船洞当球门**

什么样的学习正在发生？

- 感受足球规则的意义和重要性，并与同伴协商制定规则。
- 认识球门，将规则的已有经验和足球游戏进行对接，发现问题，解决问题。
- 发现材料的特性，创新使用材料。

进一步学习的机会与可能：

- 在踢球游戏中产生了对规则的需要。

**摔倒要继续，规则要知道**

作者：大二班龚佳

时间：2019 年 3 月 11—19 日

⋯⋯⋯⋯⋯

**我们和足球的"亲密接触"**

作者：中三班屈迪

时间：2019 年 3 月 4 日

看到大二班的哥哥姐姐在操场上神气地追着球跑，你们对我说："屈老师，我们也想踢球。"于是我们找了半天，终于在球车的最下面发现了一个破旧的足球。看到你们发光的眼睛，我知道，我们与足球的第一次"亲密接触"要发生了。

第一次接触似乎不太顺利，你们每个人都争抢着足球。有的小朋友摔倒了，有的小朋友哭了，有的小朋友直接把球抱在怀里跑。这时，杨祎睿跑过来告诉我："老师，我们应该制定规则，否则这样太乱了。"于是我们回班后做的第一件事就是商讨"足球应该怎样玩"。梦洋说："应该分队玩，分成两队，不能抱球跑，只能用脚踢，还要保护自己，不要让自己摔倒。"在大家举手表决后，他的意见被采纳了。我还留了个小作业：回家想一想足球怎样玩。

什么样的学习正在发生？

幼儿对踢球有热情，不怕困难，能大胆地说出自己发现的问题，并尝试解决——制定出了自己踢足球的规则。

进一步学习的机会与可能：

接下来，老师希望和你们一起继续探索足球的玩法。

**球门什么样**

作者：中三班屈迪

时间：2019年3月5日

今天早晨，梦洋第一个到班，他告诉我一个小秘密："屈老师，我知道怎样踢足球了，我昨天在电视上看到有人踢足球，而且我爸爸也喜欢踢足球。他告诉我要有守门员，要有裁判。"我对他竖起了大拇指。其他的小朋友听到我和梦洋的聊天也纷纷走了过来，并讨论起来："屈老师，还需要守门员和球门呢，可是我们没有球门。""咱们可以设计一个球门，但是球门长什么样子呢？""好像是长方形的，我看到电视上的球门是这样子的。"

带着问题，我们展开了激烈的讨论。女孩在讨论中负责画图纸，装饰球门。最后我们决定用园长妈妈给的废旧纸箱制作球门。……

图5-4　用废旧纸箱制作球门

图5-5　给球门织网

什么样的学习正在发生？

• 借鉴用纸箱制作滑梯的经验，尝试制作球门。

• 勇敢地走出班级，主动、清楚地表达寻找球网的需求，并能接纳别人新的建议——织网。

• 制作过程中能提前准备工具，反复尝试让纸箱立住不倒的办法，相互合作。

进一步学习的机会与可能：

• 期待幼儿自制的球门。

• 你们愿意跟我一起吗？

### 看看自己踢球的样子

作者：中三班屈迪

时间：2019 年 3 月 12 日

今天我充当了移动摄像机，追随着你们的身影，将你们在踢球比赛中的精彩瞬间都记录下来了。比赛结束后，我将视频投放在电视上。你们瞬间欢呼起来，努力找寻着自己的身影。"球进了！球进了!""羽西，你这样踢球犯规了，球都过界了。"你们边看边讨论，为球队进球而感到自豪，也发现了自己及同伴在踢球过程中的问题。你们对足球的热情有增无减，这里有紧张、快乐、满足、自由、挑战、合作的氛围，深深吸引着孩子们和我。

什么样的学习正在发生？

• 幼儿在实战中发现和理解踢球的规则，在回顾踢球的过程中对踢球的兴趣和自信不断增强。

进一步学习的机会与可能：

• 了解更多踢球的规则，更加主动地踢球。

• 使动作的灵活性、稳定性、准确性和自控能力逐渐增强。

### 球场的欢快淋漓吸引着你、我、他

作者：大二班龚佳

时间：2019 年 3 月 18 日

满心期待的户外活动时间终于到了。当看到球场上有中三班的小朋友踢球的身影时你们有些失落，因为场地没有了。你们就这样放弃踢球的机会了吗？当然不会！你们向他们发起了挑战，于是一场足球友谊赛就这样开始了。

阳光洒在你们自信的脸上，你们在球场上自由、欢快踢球的状态感染了中三班的小伙伴，使他们愿意大胆尝试踢球这项运动。

什么样的学习正在发生？

• 想办法为自己的游戏创造可能。

进一步学习的机会与可能：

• 影响和带动不同班级、不同年龄的幼儿关注足球，激发他们的参与兴趣。

- 参与足球游戏的伙伴越来越多，伙伴间的互动激发了更多兴趣。

**接受大班哥哥们的挑战**

作者：中三班屈迪

时间：2019 年 3 月 21 日

前几天，在寻求大班哥哥姐姐们的帮助的时候，他们知道了我们也在练习足球，于是向我们发起了挑战。你们勇敢接受了挑战。赛场上的你们，丝毫不畏惧，还创造了自己的加油打气方式，将每一双有力的小手都摞在一起，随着加油的口号给彼此力量。……

**比赛，我们来了**

作者：大二班刘迎

时间：2019 年 4 月 20 日

得知有机会参加全区的幼儿足球比赛的消息后，老师第一时间与你们分享。听到消息的你们，激动地高高地举起手，仿佛举得最高的小朋友才可以上场比赛一样。然后，你们开始讨论组建球队需要怎样的球员——踢得远，踢得准，跑得快，并且自告奋勇参加比赛！……

什么样的学习正在发生？

- 敢于积极主动地接受挑战，并敢于表达自己的心声。
- 为自己参与活动寻找机会。

进一步学习的机会与可能：

- 为挑战强度更大的比赛做体能准备，弥补自身弱项，增强控球、运球能力，了解足球战术——伙伴间相互配合。

**裁判大翔的裁判服**

作者：大二班刘迎

时间：2019 年 5 月 6 日

孩子们约好了要进行一场班级对抗赛。美工区里，大家都在为自己的队服"奋战"着。大翔为了能胜任裁判一职，特意将妈妈的衬衫拿来装饰自己的裁判服。大翔说："我看台球比赛里的裁判都穿马甲，特别帅，我也想帅帅的。我做的也是马甲，就是没有领子，所以我要用我妈的衬衫做个假领子。"缝完领子的大翔看到别的小朋友用扣子连接，于是也要缝扣子，但扣子缝起来需要上下穿针，于是机灵的大翔想到了省时省力的好方法。他找来了双面胶，用双面胶将扣子和衣服贴在一起。但是扣子还

图 5-6　做裁判服

128

没扣上就掉了。

什么样的学习正在发生？

• 知道球员的服装与裁判服要有区别，并能搜集材料，运用多种经验动手制作自己的裁判服。

• 尝试用双面胶粘贴领子和扣子，却发现这样做并不牢固，引发了对缝扣子方法的思考。

进一步学习的机会与可能：

• 进一步了解裁判的职责并准备所需的道具材料。

• 通过对比缝制和粘贴两种连接方法，了解了不同材料的特性。

**果果的啦啦队队服**

时间：2019 年 5 月 15 日

作者：大二班刘迎

············

**参加顺义区首届"蓓蕾杯"幼儿足球赛大事记**

作者：李雪梅、杜晓敬

时间：2019 年 5 月 14 日至 5 月 25 日

5 月 14 日初赛。第一次外出比赛的你们太兴奋了，一路上欢声笑语，窗外的一切事物都是你们讨论的话题。你们兴奋的状态一直延续到比赛中。第一场比赛中，一队的你们没有了平时嘻嘻哈哈的斗嘴，取而代之的是一脸严肃。进了第一个球后，你们士气倍增，不给对手留半点翻盘的机会，得知自己获胜后才露出喜悦的笑容。

············

初赛一周后，一队以 3：0 的成绩战胜了顺和花园幼儿园足球队。赛后他们不服气，向我们发起挑战，而你们很淡然地接受了挑战，我想你们是很自信的！

5 月 23 日，准备决赛期间，幼儿园装修、场地受限，都没有阻挡你们练球的脚步。

5 月 25 日去进行决赛的路上，你们一副没睡醒的样子。老师问了家长才知道你们昨晚很晚才睡着。钰涵妈妈说钰涵平时叫都叫不醒，今天却早早起床准备了。大澍妈妈说大澍总在家里说他虽然不是队长，但是主力。恩泽妈妈说恩泽前些天回来说太累了不想训练了，但第二天又会准时去上学……

比赛后，你们说：

"第一名的奖牌和咱们的不一样。"

"我们的奖牌有汗水的味道。"

图 5-7　站上领奖台

"奖牌是我们用汗水得来的。"

"我要和嘉浩上一所小学。"

"上小学我们也要一起踢球。"

…………

爸爸妈妈们也看到了你们的变化和成长：

摔倒后不哭不闹。

努力在团队中贡献自己的力量。

喜欢观看足球比赛，了解关于足球的知识。

每天都和伙伴踢球，谈论足球，分析如何配合。

关注与比赛相关的信息，做好相应的准备。

生活习惯有很大变化，饭量增大，能关注健康饮食，作息规律。

身体素质增强，稳定性增强。

愿意主动结交新朋友。

…………

孩子们踢了 3 个月足球，同时老师们也一直在倾听、对话和持续呼应中陪伴、支持着孩子们的学习之旅。老师们从很多原始的文字、照片、视频等记录中，选择其中有重要意义的学习事件撰写学习故事，以记录学习过程、学习者的体验、老师的评价和在此基础上可能随时浮出水面的新计划。《野踢足球》的12 个学习故事无法涵盖这 3 个月里发生的所有事件，却组成了一条重要的学习事件链，让孩子们从老师的叙述中看到自己的学习，并了解在老师眼里他们所做事情的意义。这些记录好像在告诉孩子们，在老师眼里，他们的所思所想、所作所为是有价值、有意义的。因此，他们会意识到他们是真实存在的。他们摆脱了被忽视的状态，看到他们说的和做的都是重要的。他们的声音被听到，他们是被人欣赏的：这就是一种价值。[①]

这样的记录不仅让孩子们看到了自己和自己的价值，也记录了教学—学习的过程，以及老师们所构建的教学—学习关系和情境。换一句话说，老师们看到了孩子与足球相遇之后的学习旅程，即课程。那么，学习故事里呈现了哪些与课程有关的信息呢？

学习契机的来源：来自孩子们的感受、自我评价、生活经验和愿望——如篮球运球太容易了，想踢足球；来自伙伴间的彼此影响——中班孩子看到大班孩子踢球后也想踢球，大一班孩子向中班孩子发起友谊挑战赛；来自幼儿园外的活动——区里的幼儿足球比赛；来自老师们对孩子们兴趣的呼应——提供有关规则的书籍……

目标：孩子们为自己设定的目标——踢球！组队踢球，有规则地踢球，在友谊赛中踢球，外出踢球……老师预期的学习成果——增强体能，团结，协商，投入，不放弃……

计划：计划在孩子和老师的倾听、对话和持续呼应中浮现；有时在踢球前做计划，有时在踢球时调整计划，有时在踢球后反思计划和制订新计划；计划有时是口头的，有时写在学习故事里；有的计划关乎某件事或活动，有的计划关乎对某个孩子学习的呼应，有的计划关乎环境创设。老师们和孩子们在回顾中探索新的学习机会和可能。

学习者：作为学习者的孩子们(包括大二班和其他班级的孩子们)在用自己的方式与"踢球"建立连接：有的学习体验来自亲身参与踢球，有的来自围观加油，有的来自和踢球的孩子们在同一个场域里游戏。作为学习者的老师们，在注意、识别、回应孩子与足球的连接中，体会和了解着足球、孩子和足球与孩子在一起所产生的反应。家长们感受着孩子们的热情、变化和陪伴支持型的亲子关系。

教学：建立在老师对孩子想法的倾听、接纳、认可和支持中；建立在和孩子、家长互动互惠的关系上；建立在为孩子创设的能让他们开创和识别学习机会并有助于形成联结性认知的各种环境中。

学习成果：我们看到老师们关注的有助于学习的心智倾向——热情、主动、勇敢、投入、不放弃、自信等的发展，也看到孩子们各自在健康、语言、社会、科学、艺术等领域的收获。

--------

① ［意］卡丽娜·里纳尔迪：《对话瑞吉欧·艾米利亚：倾听、研究与学习》，51 页，南京，南京师范大学出版社，2014。

学习评价：孩子、老师和家长都有机会对这段学习旅程的价值进行评论和解读。学习故事作为正式评价文本，有的对某个孩子或几个孩子的学习进行了评价，有的赋予了当时当下某个学习事件以价值，有的则对持续了一段时间的学习进行了总结性评价。

老师们将以儿童为主角写的学习故事作为课程记录的文档，是因为"儿童是重点"。如同我们在分析学习故事《细心的田田春分立蛋》时所阐述的，学习故事既是评价文档，又是课程文档和老师的教育工具，帮助他们记录和解读学习事件，发现进一步学习的机会与可能，为孩子们的学习制订计划。这样的课程记录和计划常常在生成、变化，并伴有不确定性。只有在学习真实发生后，通过回溯，老师们才有可能用 12 个学习故事串起《野踢足球》这个"兴趣故事"(a story of interest)①，并在学期末梳理"《野踢足球》——儿童学习时间链"(图 5-8)，以呈现孩子们"水面上"的学习事件、各个学习事件的主要价值、野踢足球过程中的几个阶段，以及"水面下"支持着孩子们热情地投入踢球运动的有助于学习的心智倾向。儿童学习时间链和老师所记录的学习故事，让儿童的学习途径和过程以及意义和价值清晰可见。

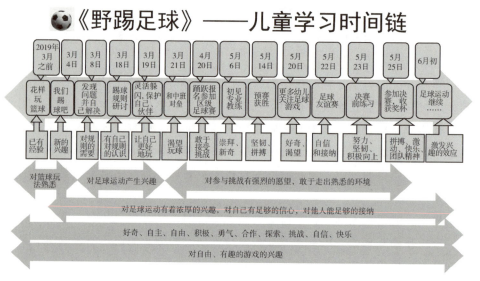

**图 5-8　《野踢足球》——儿童学习时间链**

---

①　Lee，W.，Carr，M.，Soutar，B. & Mitchell，L.，*Understanding the Te Whāriki Approach：Early Years Education in Practice*，London and New York，Routledge，2013，p. 115.

《野踢足球》这样的"兴趣故事"也可以被视称为"计划故事"（a planning story）[①]，因为它们也让老师们的教学意图清晰可见。在老师们梳理的促进儿童学习时间链（图 5-9）中，我们也看到了老师们是如何随时呼应孩子们的学习的，以及老师们的想法、行动与目的。

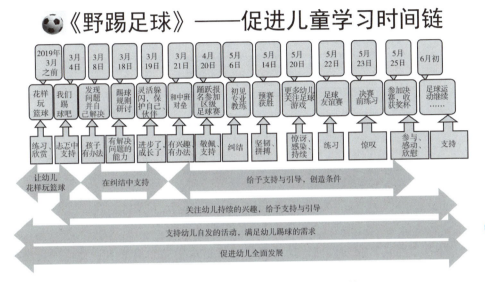

图 5-9 《野踢足球》——促进儿童学习时间链

老师们说："在和幼儿、足球相伴的日子里，我们多是随着幼儿的兴趣、需求给予幼儿持续的关注与支持的，经历了忐忑，同时看到了幼儿在参与中的坚持与拼搏、细心与大胆，也感受着快乐与欣慰。幼儿的游戏越来越顺畅，玩出了水平。我们在没有专业教练的前提下取得了第三名的好成绩，归功于幼儿对足球游戏的热情，归功于自主学习的乐趣，归功于老师们能够追随幼儿的脚步，并给予精神、物质等多方面的支持。我们收获了幼儿热情爆发下的强大力量，收获了和谐的师幼关系，收获了和幼儿在一起成长的美好，收获了学前教育工作者的幸福！"

大二班和中二班《野踢足球》的故事能得以发生发展，离不开幼儿园管理团队对孩子和老师的注意、识别、回应，而孩子和老师的这段学习经历，也在强化和充实着园所文化（图 5-10）。园长说："在幼儿参与足球游戏的整个过程中，园所始终相信孩子、相信老师，给予师幼精神方面的持续关注与认可及物质方

① Lee, W., Carr, M., Soutar, B. & Mitchell, L., *Understanding the Te Whāriki Approach: Early Years Education in Practice*, London and New York, Routledge, 2013, p. 115.

面的支持。园所收获了足球精神，收获了《指南》精神的深入落实，收获了独具特色的园所文化——'以人为本'，看见彼此，发现可能，搭建平台，共同发展。"

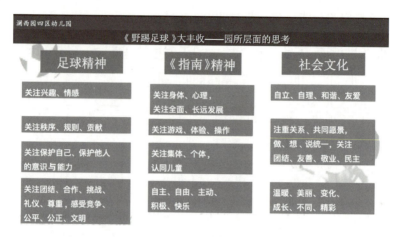

图 5-10　园所层面对《野踢足球》的反思

北京市顺义区澜西园四区幼儿园并不是足球实验园或基地，没有正式聘请教练，但这不妨碍孩子们对足球的热爱，以及老师们因为爱孩子而愿意和孩子们一起去学习、探索和体验的行动。现在，大二班的孩子们虽然已经毕业，但他们对足球的热情还在影响着中班、小班的孩子们。野踢足球成了幼儿园课程的一部分、孩子们幼儿园生活的一部分。我们可能很难定义，孩子们这段独一无二的学习旅程是什么课程——主题探究课程？整合课程？足球课程？游戏课程？……事实上，对于孩子们和老师们来说，《野踢足球》是什么课程并不重要。重要的是，他们用自己的方式，在与周围世界互动互惠的关系中学习、生活、进步、成长。课程，是学习！是体验！是生活！

3．课程中的必然和偶然

《野踢足球》的学习之旅，源自老师听到并重视了孩子的一种看似突然闪现的评价，有一定的偶然性。不过，在我们看来，这是必然的，因为老师和孩子在一起的重要目标之一是倾听孩子的心声，寻找孩子的观点。如果老师怀着这样的目标和孩子在一起，那么即便是在必然出现的规定动作中，也可能出现偶然的和不可预测的学习体验与经历。

凤凰岭下的童心家园的《月饼，只是吃这么简单吗？》（学习故事 5.3 为删减版，阅读完整版请扫二维码），让我们看到了幼儿园必然组织的一年一度的"中秋节系列活动"中的那些偶然。

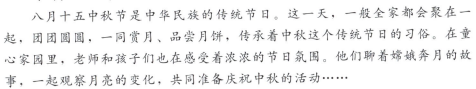

## 学习故事 5.3　月饼，只是吃这么简单吗?①

作者：大班三个班级的老师们和许萌老师

时间：2018 年 9 月 27 日

八月十五中秋节是中华民族的传统节日。这一天，一般全家都会聚在一起，团团圆圆，一同赏月、品尝月饼，传承着中秋这个传统节日的习俗。在童心家园里，老师和孩子们也在感受着浓浓的节日氛围。他们聊着嫦娥奔月的故事，一起观察月亮的变化，共同准备庆祝中秋的活动……

**大二班的学习故事：制作美味冰皮月饼**

在孩子们讨论完"什么是冰皮月饼"，猜想了"冰皮月饼要怎么做"之后，老师拿出了一张冰皮月饼制作说明书。老师和孩子们一起分享了说明书上的步骤，但是孩子们提出了疑问：

"说明书上的文字太难了，我记不住怎么办?""老师，我不认识那么多的文字，有的步骤我看不懂，您说完没一会儿我就忘了。"

说明书能让大家按照正确的步骤完成操作，可这是给成人看的说明书，并不适合孩子们。什么样的说明书可以真正帮助到孩子们呢? 于是老师又把这个问题抛给了孩子们，由孩子们自己想办法来解决。

"可以看着说明书上的文字，把步骤画下来。""可以根据说明书上的步骤，自己画一张我们能看懂的说明书。"经过讨论，孩子们选择了用画图的方式制作一张自己看得懂的说明书。

于是孩子们自由分组、相互协商，最后每个小组都制作了一张他们自己的冰皮月饼制作说明书。每个小组还选出代表和大家分享了自己的说明书。

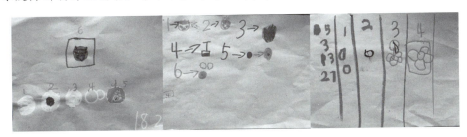

**图 5-11　孩子们的冰皮月饼制作说明书**

孩子们用自己能理解的方式画出的说明书各不相同，但他们能清晰表达意思，且几乎与文字说明书的意思没有误差。制作当天，孩子们纷纷表示，自己

---

① 此故事以及故事后与之相关的评论，刊登于《上海托幼》2018 年 11 月刊上，收入本书时有改动。

的说明书讲得特别明白。不一会儿，一个个精美的冰皮月饼就完成啦！

............

月饼制作活动很寻常。故事中，老师一开始组织孩子们认识月饼的种类、讨论制作方法、看说明书和动手制作等，都是必然的流程。可是，在我们习以为常的必然中，偶然出现了，那就是孩子们提出了"说明书上的文字太难了，我记不住怎么办"这个老师意料之外的问题。如何应对"偶然"和"意外"？在这里，老师拥抱了这个偶然，愿意认真思考孩子们为什么会这么问，然后在对话中进一步了解他们的想法，并相信他们自己有解惑的能力，给孩子们创造了主导自己学习的机会。

**大一班的学习故事：庆中秋，我做主**

海报的诞生源于孩子们的一个想法：他们希望让更多的人知道并参加大一班的中秋活动，所以想要做宣传，但是要怎么宣传呢？孩子们讨论开了。

亚宁："我们可以用嘴巴告诉大家。"

晨熙："我们可以站在门口大声喊。"

家航："我们可以拿一张报纸贴在咱们班门口，这样路过的人就都能看到了。"

"三种宣传方法都很好，能不能把它们结合在一起呢？"老师提出这个问题。大家觉得可以将这三种方法综合起来，可以贴一张报纸，然后站在门口用嘴大声地告诉大家。

随后，孩子们又讨论开了："报纸要做成什么样的呢？"

"需要画上月亮和月饼，这样大家才能知道这是中秋节的活动。"

............

孩子们还分享了在电影院、超市等很多地方看到过的"报纸"。老师告诉他们："你们说的'报纸'有一个名字，叫宣传海报。""中秋海报"就在孩子们的交流和讨论中诞生了。

............

利用海报进行宣传之后，孩子们突然想到了一个问题：如果有很多人都想来我们班参加活动，但是我们班没有那么大的地方怎么办？

"入场券！凭券入场就能解决问题了。"

制作入场券的过程中，他们专门观察了真正的入场券，还专门设计了副券："这样我们就能像在真的活动中一样检票啦。"

**图 5-12 海报宣传**

图 5-13　入场券

　　活动当天，检票便成了孩子们最喜欢的一项工作。他们特别满足把副券撕下来的一瞬间。但是在撕的时候，孩子们却发现了问题。

　　"副券撕得太慢了，在外面的人都进不去。"

　　"一不小心就会把副券撕歪、撕坏。"

　　"这个副券有点硬，撕不动。"

　　活动之后，大家一起讨论："怎样才能又快又容易地把副券撕下来呢？"

　　"先折一下副券，再撕会好撕。"

　　"把副券折一下，然后用剪刀剪下来。"

　　"把副券用力在桌子边上摁一下再撕。"

　　"可以用尺子比好，用力一撕就可以啦。"

　　"我见过电影票和公园票，撕开的地方是锯齿形状的，然后售票阿姨轻轻一撕就撕下来了。我们也可以用这种方法。"

　　"用针先扎很多小洞洞，然后再撕，就像售票阿姨一样。"

　　孩子们不光说，还把他们想到的办法都尝试了一遍，认为这些方法都可以解决之前的问题，让撕副券的过程变得轻松容易……

图 5-14　不同的副券制作样式

"庆中秋"活动因孩子们的一个愿望"宣传中秋活动"，带来了第一个偶然。这一开始并不是老师对中秋活动的关注点，但是老师倾听孩子们，与孩子们对话，及时呼应孩子们的想法和需要，和孩子们共同商量"宣传的方法"，和孩子们一起制作"中秋海报"进行宣传，满足着孩子们的心愿。"庆中秋"活动当天，"入场券难撕"又是一个偶然的小意外。老师注意、识别到了孩子们的喜悦，以及孩子们可能存在的"认知结"，发现了新的学习机会。老师没有让这个小意外随"庆中秋"活动的结束而溜走，而是在回顾"庆中秋"活动时发起讨论，激发孩子们进一步探究和解决问题的兴趣。这一次，老师还是看、听和呼应着孩子们。只不过，老师听到的是孩子们心中的疑问，并在对话和呼应中支持孩子们为解决问题共同寻找方法。

月饼作为中秋节的美食，它的外形与纹样蕴含着浓郁的中国传统文化。作为预设的教育内容，大二班、大三班的老师和孩子们一起对月饼的外形展开了观察与讨论。在观察和比较中，孩子们对月饼上的花纹和文字表现出了兴趣，于是就有了大三班的学习故事《月饼与装饰图案》和大二班的学习故事《月饼与生活中的汉字》。

同样是在老师发起的观察月饼外形的活动中，大三班的孩子对月饼上的花纹感兴趣，而大二班的孩子被月饼上的文字吸引。孩子们对花纹和文字的兴趣是老师珍视的学习线索，于是让一个活动带来两种不同的学习旅程成为可能。在这里，老师不是在实施或完成教学计划，而是在和孩子们相互倾听、对话和持续呼应的过程中共同创造着属于他们自己的学习旅程。

读完童心家园大班老师围绕"庆中秋"活动进行的记录，我们不禁在心中勾画起孩子们的学习旅程发生发展的路径(图5-15)。

图 5-15　生成呼应式的教与学

在这样的学习路径中，我们看到，老师在观察、倾听和收集孩子们的观点，追随孩子们的兴趣和需要，重视孩子们所重视的，并且愿意成全和成就孩子们。于是，在老师和孩子们的相互倾听、对话和持续呼应中，孩子们的学习在不断生成、拓展和延伸。这样的学习似乎总是存在着多种机会和可能，也充满活力。正如童心家园老师们所说："'庆中秋　品月饼'是童心家园'中秋节系列活动'中的一项内容。这里当然有老师预设的教育目标，但其中也有老师不断思考的内容，例如，老师可以怎样与孩子相连接，怎样追随孩子的兴趣与发现，然后展开更加适宜的教育。当我们不再主观地为孩子们做选择时，孩子们的力量便有机会展现出来。我们看到了孩子们用自己的方式学习，通过生活中的发现丰富认知，在不断发现与解决问题中获得成长。因此，我们更加坚定地认为，与形式和内容比起来，其背后的故事更重要。因此，月饼，不只是吃这么简单！"

这些故事的发生发展也在提醒着我们，组织一次成功的活动可能不是最重要的，活动中、游戏中每一个独一无二的孩子才是最需要重视和研究的。在《月饼，只是吃这么简单吗？》这一系列故事里，老师对儿童的珍视、重视和好奇，是故事带给我们最大的感动！如果缺了这些，故事中孩子们的一个个灵动心思，极有可能被淹没在如火如荼开展着的各项活动中。而孩子们可能也不会像现在这样，有机会和老师一起共同编织着专属于他们自己的学习旅程。

**（三）我们的思考**

我们试着从研习多元课程论入手，借鉴"Te Whāriki"的经验，寻找我们自己的课程立场与愿景，在实践中探索基于儿童、重视关系和环境先行的生成呼应式课程，并用以儿童为主角、首先为儿童而写的学习故事记录儿童的学习、老师的教学以及课程的发生发展。

本书之所以选用这些学习故事，不是因为它们是范例，而是因为它们真实，因为它们以儿童为主角、首先写给儿童和为儿童而写，也因为这些故事有助于我们对相关话题的分析和探讨。我们把阅读和分析这些学习故事当作和老师、孩子们的一次对话，同他们分享我们的视角，而非指导和评判。当然，我们也会通过老师们撰写的这些学习故事，加深对他们的了解，发现促进老师、幼儿园进一步学习和发展的机会。例如，在围绕《野踢足球》进行的分析和探讨中，老师们和我们共同发现了以下可以进一步思考的话题。

"野踢"足球，什么可以"野"？什么不可以"野"？

要不要专业足球教练？如果要，为什么？怎样建立他们与孩子的连接？如果不要，为什么？

是否要拓展孩子和老师与足球运动的连接？为什么？如何为孩子创设能拓展他们对足球运动的了解的环境？

孩子踢足球，仅仅是游戏吗？我们如何不断拓展和延伸我们对孩子踢足球的理解与认识？

围绕这些话题进行讨论，有可能帮助老师们用"ABCDE"[①]五个维度来促

① Carr, M. & Lee, W., *Learning Stories in Practice*, London, SAGE Publications, 2019, pp. 15-17.

进儿童的学习。

主体能动力（Agency）：发现孩子的兴趣及其与足球的连接，提供能让他们开创和共创学习机会的环境……

宽度（Breadth）：在不同的学习情境之间建立连接，如在家、幼儿园、社区之间……

连续性（Continuity）：共同建构有意义的学习路径，从踢球到懂球……

分配或迁移性（Distribution）：用越来越复杂的方式学会知识技能和心智倾向……

情绪情感（Emotion）：热情、幸福、卓越的人生……

我们建议老师们进一步研习"ABCDE"这五个维度，期望它们能拓展老师们在回应孩子们时的思路，把给孩子们提供的新信息——书籍、活动、材料、图片、经验等，以及计划中的学习机会和可能与这五个维度编织一起，以支持孩子们螺旋上升式的学习。

同时，我们也发现，围绕我们眼前具体、真实的儿童来制订计划和记录教学，并不是当下幼儿园中常态化的教育行为。《细心的田田春分立蛋》是佟老师2018年用学习故事的理念和形式写的观察记录。写《野踢足球》时，是老师们接触学习故事的第一年。他们开始尝试用学习故事的视角和理念来记录活动，但还没有与幼儿园日常的课程计划和班级管理联系在一起。《月饼，只是吃这么简单吗?》也是如此。老师们在日常和孩子们的互动中，开始有意识地注意、识别、回应孩子们的学习，重视孩子们的兴趣和想法，在合作中持续探索和学习，并一起编织课程。但是，这样的教学行为和实践并没有被整合进幼儿园各类正式的课程文档中。观察记录、教育笔记、学习故事、课程故事、游戏故事、月计划、周计划……一系列老师们需要撰写的课程文档大多数时候是没有联系的。

如何让老师们的课程文档能彼此关联，有助于老师们形成一套"以儿童为本"的日常工作思维和行为模式呢？

## 二、建立课程文档，重新想象呈现思维和<br>行为模式的计划与记录

### (一)从"看不见儿童想法"的周计划说起

让我们回到2015年上半年的某一天。北京市西城区三义里一幼一个教室门口的墙上，贴着一份本周班级保教工作计划表。（表5-2）

**表 5-2　三义里一幼 2014—2015 学年周计划样表**

<u>大一班</u>2014—2015 学年第<u>一</u>学期第<u>14</u>周保教工作计划安排

时间：12 月 8 日—12 月 9 日

| | |
|---|---|
| 本周工作重点 | 生活活动：<br>1. 提示幼儿洗手后能将手擦干，避免手背皲裂。<br>2. 结合季节特征，提示幼儿关爱自己的身体，多喝水，多吃蔬菜水果。<br>3. 在盥洗区域添加认真漱口的提示图，提示幼儿在餐后认真漱口，保护口腔清洁卫生，预防龋齿。<br>4. 提示幼儿在起床后穿衣服时注意顺序（先穿袜子将秋裤塞在袜筒中再穿外裤）。<br>户外活动：<br>小小神投手<br>目标：单手肩上投掷时，能注意出手角度，投距 4 米左右。<br>　　　锻炼手臂动作的连贯性及挥臂力度。<br>青蛙跳<br>目标：基本掌握立定跳远的方法。<br>　　　增强上下肢动作的协调性、连贯性。<br>捉尾巴<br>目标：能在一定的范围内四散追逐跑。<br>　　　发展灵活闪躲的能力，促进身体动作敏捷性的发展。<br>过障碍<br>目标：能快速走过平衡木及双脚连续向前跳。<br>　　　发展身体动作的灵活性。 |
| 本周工作重点 | 小星星<br>目标：能在一定的范围内四散追逐跑。<br>发展灵活闪躲的能力，促进身体动作敏捷性的发展。<br>绳的游戏<br>目标：能够较灵活掌握跳绳的方法，喜欢参与跳绳活动。<br>环境创设：<br>改变室内区域结构，将书柜移至活动室，方便幼儿阅读、收纳。<br>调整表演区的设置，扩充表演小屋，增添衣架服装，增加道具，激发参与热情。<br>增加"12 月天气我知道"的月天气统计表。幼儿参与描绘晴天、阴天、下雨、雾霾、刮风，观察每天天气，完成统计。发展幼儿对周围事物的关注度，在生活中渗透数学教育。<br>家园共育：<br>1. 鼓励幼儿主动向家长讲述自己在园内的情况，比如做了什么、玩了什么，发展幼儿的口语表达能力、复述能力。<br>2. 结合班级开展的"我是小天使"活动，鼓励幼儿大胆地在集体面前进行自我介绍，展示自己的特长，培养表达与讲述的能力。 |

第五章　编织课程

| | 上午：分组学习 | 下午：游戏学习 |
|---|---|---|
| 周一 | 活动名称：我们来参加<br>活动目标：<br>1. 通过讨论明确汽车争霸赛的分工。<br>2. 知道活动成功需要每个成员的努力，缺一不可。<br>活动名称：我们的规则（绘画）<br>活动目标：<br>1. 能积极参与角色游戏活动，对角色游戏形成浓厚的兴趣，能正确反映角色的社会职责和角色相互之间的社会关系。<br>2. 能自主选择角色，学会用协商的方法分配角色，分工合作，与同伴友好交往，分享游戏的乐趣，初步学会解决在游戏中出现的问题。<br>3. 通过游戏培养热爱生活、礼貌待人、遵守规则等良好的品德行为。 | 小小音响师：<br>提供各种废旧的材料、播放器、镜子，引导幼儿利用材料创造声音作为伴奏，在这个过程中感受创造声音与音乐之间的关系。<br>创意坊：<br>提供树叶、大小不同的废旧纸盒，鼓励幼儿制作怪兽，发展创造力及动手能力。<br>提供毛线双面贴，引导幼儿利用毛线将奶酪盒串成帘子，美化班级环境。发展手部的精细动作、思维的灵活性，培养细致认真的品质。 |
| 周二 | 活动名称：赛场上的设施标记<br>活动目标：<br>1. 喜欢动手动脑设计标记。<br>2. 愿意收集有关的信息以增长经验。<br>活动名称：漂亮的装饰旗<br>活动目标：<br>1. 学习用搓、剪、贴的方式来表现自己眼中的柳条和迎春花、桃花等。<br>2. 体验与同伴合作的乐趣。 | |
| 周三 | 活动名称：光荣的勋章<br>活动目标：<br>1. 自主在圆形纸上进行装饰，发展创造力、想象力。<br>2. 愿意积极主动地参加集体活动，有成就感。<br>活动名称：参赛车辆认证（试车）<br>活动目标：<br>1. 探究不同车遥控器的干扰关系。<br>2. 体验发现的乐趣，乐于交流，分享探索过程。 | |

| | 上午：分组学习 | 下午：游戏学习 |
|---|---|---|
| 周四 | 活动名称：我的参赛号牌<br>活动目标：<br>1. 愿意个性化地装饰自己的参赛号牌，有成就感。<br>2. 有参赛的积极性。<br>活动名称：礼物袋<br>活动目标：<br>1. 能根据材料的特征，运用剪、切、拼、贴、画、固定、连接等方法制作礼物。<br>2. 发展想象力和动手操作能力。<br>3. 进一步萌发对夜间工作者的感恩之情。 | 酷酷坊：<br>进一步引导幼儿按照自己的想法和意愿装饰房子，体验创造的乐趣。<br>奥妙坊：<br>鼓励幼儿参加挑战性活动，喜欢动手动脑，发展读图能力、理解观察能力、动手能力。<br>提供黑白棋子，鼓励幼儿大胆地利用材料创造黑白拼贴造型，发展创造力、想象力。<br>开心坊：<br>进一步完善"水吧"游戏，发展幼儿做事的顺序性。"服务员"能按照工作提示图做事，能主动与"顾客"交往，感受为同伴做事的乐趣。<br>添加"水吧服务记录表"，增加游戏结束后的统计环节。 |
| 周五 | 活动名称：超级赛车<br>活动目标：<br>愿意积极地动手动脑完成自己制订的计划。<br>活动名称：前期准备工作回顾<br>活动目标：<br>1. 梳理、总结自己做的事情，制订下周新的计划。<br>2. 做事有计划、有目的。 | |

大多数老师可能对这种样式的周计划并不陌生，其中有生活活动、运动、集体教学活动计划，还有环境创设、家园共育计划……老师的目标明确，计划细致周全，让我们一看就能明白老师在想什么和计划做什么。可是，那时三义里一幼的老师们通过一年多对学习故事理念和实践的研习，教学实践已经发生了很大的改变，开始在注意、识别、回应儿童学习的过程中与儿童共创课程。于是，我们看到教室门口的这张周计划表时，不禁想问："周计划里儿童的想法，以及老师的注意、识别、回应在哪里呢？"

和在第三章中我们分析的 L 老师在 2013 年写的一份主题活动计划很相似的一点是，这份周计划缺乏班里一个个真实、具体、活生生的孩子的想法，更多是依据普遍的、一般的、抽象的大班儿童的形象和特点而制定的，这份周计划可以被复制到其他大班的教室门口。可事实上，我们知道，周计划里的一些内容应是老师对班里孩子进行注意、识别后的回应，应是有针对性的。这份已经沿用多年的周计划模板，没有提醒和鼓励老师在做计划时要基于对儿童的观察和了解，没有给老师留出将自己的观察与下一步计划进行连接的空间，也没有体现老师和儿童互动互惠、共同建构课程的日常教学状态。于是，我们对周计划中"儿童的想法在哪里"和"如何体现老师对儿童学习的注意、识别、回应"的好奇，引发了三义里一幼老师们的思考，也让我们开始重新审视：①实践中课程文档的意义和价值；②如何让课程文档呈现、支持老师在班级管理及教学实践中的思维和行为模式。

1. 反思幼儿园课程文档的现状

在一份对幼儿教师工作时间分配的个案研究①中，研究者发现，参与研究的那位老师在一学期里所完成的文案超过 12 万字，而且有些文案需要反复修改然后归类上交，因此实际的文案工作量远不止 12 万字。文案的种类如下。

各类计划：安全工作计划、家长会计划、园区主题活动方案、教案、半日开放活动计划、班务计划。

各类记录：每月安全活动记录、自制教具记录、户外活动记录、主题墙记录、园区主题活动过程记录、社区活动记录。

各类总结和报道：各类家长活动总结、主题活动报道、安全教育总结、社区亲子活动报道、家长会报道。

各类教学反思。

还有的研究统计了当地幼儿园老师被要求撰写的各类文案的数量、频次和占用时长②：教案一周写三次，需要 1.5 小时；案例两周写一次，需要 1 小时；教养笔记两周写一次，需要 20 分钟；日计划每天写一次，需要 10 分钟；周计划一周写一次，需要 20 分钟；活动反思每天写两次，需要 30 分钟；教研笔记两周写一次，需要 30 分钟；观察记录一周写一次，需要 30 分钟；家园联系册一月写一次，需要 1.5 小时……可见，老师需要做的文案工作种类多，但现实是，在 8 小时以内的工作时间里，老师可能每天平均只有 15 分钟时间可以用在文案工作上③，大多数文案工作需要加班完成。

不过，我们反思的关注点不是文案的种类、数量，而是它们为谁而写，写给谁，存在的意义、价值，以及各类文案之间的关联等。我们发现，2015 年，三义里一幼的老师们已经开始为孩子们写学习故事了。但除了学习故事之外，大部分文案与其他幼儿园相似，如同前面我们看到的周计划那样，并没有呈现老师们已经在改变的儿童观、课程观、教学实践和幼儿园文化，也看不到孩子们的想法。这些文案不是为孩子而写的，更不要说跟孩子分享了。老师们做的

---

① 叶莉莉：《幼儿教师工作时间分配的个案研究》，硕士学位论文，浙江师范大学，2015。

② 唐芳丽、叶小霞：《幼儿园案头工作的现状与有效管理》，载《贵州教育》，2016(16)。

③ 叶莉莉：《幼儿教师工作时间分配的个案研究》，硕士学位论文，浙江师范大学，2015。

文案工作中，除了学习故事和贴在教室门口的周计划、家园通讯是可以跟家长分享的，大多数文档需要上交保教干部，然后在幼儿园归类保存。各类文案要上交给不同的领导，存入电脑中的各种文件夹或者实体文件夹，作为幼儿园各种教育教学实践的资料和各单位督导评估幼儿园保教工作质量的依据之一。大部分文案都是老师独立完成的，除了保教干部对老师所写的文案进行批阅或点评，很多文案完成的过程并不需要老师间的沟通和交流。

如何让老师们的文案工作能"以儿童为本"并让老师们成为课程文档的主人呢？既然老师们要花时间写那么多文案，那么如何让老师们所写的文案融为一体，系统呈现各班的课程和教学样态，成为既呈现教学—学习过程又有助于老师形成"以儿童为本"的思维和行为模式呢？如何借助分享和讨论课程文档，促进班内、园内和外部督导部门的沟通与交流呢？

2. 研习新西兰和瑞吉欧关于教育文档的经验

《纲要》提出："教育活动的组织与实施过程是教师创造性地开展工作的过程。教师要根据本《纲要》，从本地、本园的条件出发，结合本班幼儿的实际情况，制定切实可行的工作计划并灵活地执行。"《幼儿园教师专业标准（试行）》也把"制定阶段性的教育活动计划和具体活动方案"作为教育活动实施中的重要内容。幼儿园老师在现实中承担着各种文案工作，但鲜有系统阐述如何让教育文档贯彻落实《纲要》《指南》"以儿童为本"核心理念的文章或实践。大部分时间里，老师们是在各种模板的框架下写成各类计划、反思和记录的，但是这些模板呈现了什么样的儿童观、价值观，鼓励了什么样的学习和教学，却少有人讨论与分享。

意大利瑞吉欧幼儿教育认为教育文档是教育理论和教学实践不可或缺的组成部分，因为它尊重儿童和成人的学习过程，无论这个过程是以个体方式还是以群体方式进行的。教育文档使这一学习过程的本质变得清晰、明了、可评估，从而经过观察能够被识别，并成为人们共同的财富。当更新中的档案被重新访问、重新建构、重新定义和评价，幼儿园获得的教育经验实现了它们的最大价值。① 在这样的论述中，我们清晰感受到教育文档作为重要教育工具的价值。它是瑞吉欧幼儿教育中持续性的方案设计式教学的一部分，也是瑞吉欧老师的研究过程，强调教育文档要支持学习并调整学习和教学之间的关系，视教育文档为"能被看见的倾听"，"能将各种关系更好地呈现出来"。② 瑞吉欧幼儿

① ［意］瑞吉欧·艾米利亚幼儿园和婴幼园学会：《瑞吉欧·艾米利亚市属幼儿园和婴幼园指南》，6页，南京，南京师范大学出版社，2014。

② ［意］卡丽娜·里纳尔迪：《对话瑞吉欧·艾米利亚：倾听、研究与学习》，43～47页，南京，南京师范大学出版社，2014。

教育提醒我们，记录不仅可以与教学法相联系，如瑞吉欧的倾听教学法和参与教学法紧密联系，还可以揭示老师对文档意义进行探究的过程，发现文档背后隐藏着的老师的疑问和反思，并有机会从多元视角审视文档对老师自己和他人的影响。

如前文所述，学习故事与瑞吉欧的教育文档相似，即老师在叙事中将教学与学习编织在一起。不同的是，学习故事将叙事与评价相连接，让它既能证明儿童的学习与发展，也能呈现课程发生发展的轨迹，还是一种可以被重新访问、重新建构、重新定义和评价的教育档案。在撰写本书期间，《野踢足球》系列学习故事的作者们，就再一次回顾了他们撰写的学习故事，并有了新的感悟和认识。园长跟我们分享道："今天我们再次阅读这些故事时，仍然能强烈感受到老师们讲述的小故事都很感人，都能让我们看到一个个生动的小精灵，看到每个孩子真的都是独一无二的主动学习者。老师们通过回忆和反思，也开始觉察到以前有些支持策略现在看来似乎不太适宜，老师主导的痕迹还是很重。这样的再读、回顾、反思和讨论，让我们更加确定要常常觉察和暂时'悬置'我们自己的想法，要为孩子们创设激发他们探索的条件和环境，然后在倾听、对话过程中和孩子们一起思考，共同学习，共同成长。"从老师们的感悟中，我们再一次感受到了教学过程中的具体记录和将一系列记录整合成可被重新访问和探讨的课程文档对老师们的意义和价值，那就是帮助老师们看见儿童、看见自己、看见学习、看见教学，并在回顾和讨论中强化或更新认知和感受，实现变化和成长。

新西兰和瑞吉欧有关记录和学习故事的经验给了我们很多启发，如它们的形成都是基于教育愿景、教育原则以及儿童观和价值观的。虽说记录和学习故事是学习评价和质量评估的一部分，但它们并不是比对着一套既定标准或等级量表进行质量评估的工具，也不是预测和控制儿童的策略。瑞吉欧老师进行记录和新西兰老师撰写学习故事的目的是：①让教学—学习直观可见，并体现教学—学习参与者的主体价值；②用开放的态度，通过对话、倾听、阐释、辩论等沟通和交流方式，揭示教学—学习的复杂性，并探寻其意义；③在记录和学习故事中看见一种始于主动倾听的生活态度和师幼共同建构的学习旅程。这些都是值得我们借鉴的经验，也是我们期待的愿景。那么，如何让这些我们期待的有关教育文档的愿景在北京的幼儿园里实现呢？

3. 三义里一幼的课程文档探索之旅

从2013年9月开始，三义里一幼的老师们在通过借鉴学习故事的理念和实践转变教学实践的过程中，不断注意、识别、回应孩子们的学习，呼应和支持孩子们的各种学习兴趣，形成了一个个微课程，即从儿童当下的兴趣、需要出发，由小及大、由一点到多元的连续、灵活的呼应式课程，以促进儿童整体发展，培养儿童的学习品质，激发师、幼、家长共同学习和成长的力量。[①]于是，我们开始探讨如何把这样日复一日的注意、识别、回应与班里正在生成的一个个微课程连接起来，以帮助老师们用课程设计的思维来整合自己对儿童的了解。在探讨中，微课程日志这样的计划和记录文档形式自2015年3月开始慢慢清晰，即"记录班级中生成性活动的过程—互学共研形成思维导图—支持以儿童为中心的学习与发展—理解、落实《指南》"。我们期待微课程日志能对发挥儿童的主体作用、调动老师们的主动性、保障儿童的学习与发展起到积极的促进作用。幼儿园管理团队给老师们准备了《班级微课程日志解读》《班级微课程日志制度》《班级微课程在儿童学习环境中呈现的指导策略》《微课程日志与〈指南〉目标》《"学习故事"儿童学习记录分析单》等文档，阐释对微课程日志的理解和愿景，以及与学习故事、学习环境创设的关系。特别是《班级微课程日志制度》详细描绘了微课程日志与教学、团队合作、《指南》和课程管理之间的关系。

以班为单位建立日志；教师共同商议，共同研究，共同建构。

日志内容源于儿童的兴趣、需要，关注"哇时刻"，寻找有价值的生发点，记录此生发点出现的时间，促进一人向多人、多人向集体的共同学习。

教师针对生发点进行讨论并确定激发性问题及激发性材料。教师需要考虑问题的开放性、探究性及其是否符合儿童最近发展区。教师提供材料时需要考虑到多层次、多角度的适宜支持。

教师在提出激发性问题或展开讨论时，要将儿童的想法记录在日志上。班级教师共同分析、辨识儿童的关注点、兴趣点，共同确定激发性材料的提供，观察并引导儿童进入下一级支持性活动。

教师应在支持性活动中丰富儿童经验，支持并推进儿童在学习与探索中获得成功体验。

教师应关注活动中儿童新的兴趣点。

教师一定要帮助儿童实现最初的目标、愿望，让儿童获得成功，体验创造的愉悦感。

记录一段时间，请参考《指南》中的目标，将其与日志所涉及的内容进行对接，如有缺失可预设活动，保证儿童整体发展。

日志的记录质量体现班级教师的共同学习与成长。教师可利用中午时间共同商议，记录当前思考的问题，并标记记录时间，为反思和研究提供条件。

① 刘晓颖：《发现儿童的力量：学习故事在中国幼儿园的实践》，254页，北京，北京少年儿童出版社，2015。

教学管理干部、指导教师应定期参与日志的记录和讨论活动，提出意见，提供支持。

从小班开始建立微课程日志，列出年龄班、时间。一学年结束时此日志随班升入中班，由中班教师继续管理，如此再随班升入大班。大班毕业时，此日志形成三年内容，成册存档。

有老师可能会说，微课程日志中的计划看上去好像与主题计划相似，都是围绕一个主题进行的计划，但微课程日志的计划既是计划也是记录，包含老师对孩子们的观察、倾听和呼应，接纳和鼓励学习与计划的不确定性。

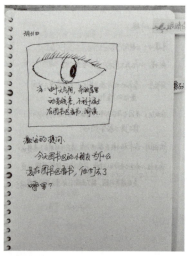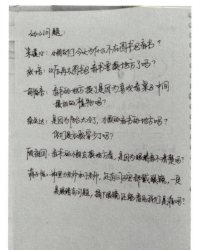
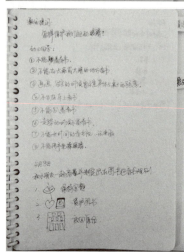

图 5-16　行动中的三义里一幼的微课程日志实例

当时老师们对微课程的认识和实践已经开始慢慢形成，但老师们的周计划模式仍沿用前文中的周计划表，无法呼应和呈现老师们的教学实践(周计划模式变革过程详见本丛书的《相信每个人的力量：构建基于儿童、重视关系的幼儿园课程与文化》一书)。于是，自 2015 年 10 月开始，三义里一幼的老师们接受我们的建议，开始将他们对儿童的注意、识别、回应融入周计划，尝试在周计划中融入"精彩'哇时刻'"和"上周分析"，记录老师们在上一周撰写的学习故事和在日常观察中发现的学习线索，为各周各项教学计划和设计提供来自孩子的线索和方向。(表 5-3)

表 5-3　三义里一幼 2015—2016 学年中班周计划样表

| 精彩"哇时刻"： | 上周分析： |
|---|---|
| 1. 在户外活动时，轩轩放弃自己玩的时间，保护班里每一个小朋友的安全。<br>2. 建筑区的孩子们竟然发现了积木能等量代换的秘密。<br>3. 在参加拓展活动时，每一个小朋友都是那么勇敢，圆满地完成了每一个任务。<br>4. 嘉淳早晨给老师们带来了豆浆，说老师们每天太辛苦了，一定要多喝水。<br>5. 秋天来了，孩子们利用户外活动时间收集叶子，并每天都安排小朋友来保护它们。他们说要好好保护叶子，不能让它们被风吹走了。<br>6. 班里来了新老师，孩子们特别热情地问候新老师，还邀请新老师参与他们的游戏，和他们一起玩。<br>7. 在走攀爬网的时候，骞骞主动到下面保护班老师的安全。 | 1. 建筑区的孩子们对搭建飞机场有很浓厚的兴趣，已经建立了飞机跑道的概念。<br>2. 秋天来了，孩子们收集了大量的树叶。他们能用叶子拓画，并对玩叶子产生了兴趣。<br>3. 最近正在学操、练队列，老师的要求很严格，有些幼儿心理上不太适应这样的转变。 |
| | 本周重点：<br>1. 指导幼儿如何当好值日生。<br>2. 在和同伴发生矛盾时，能独立解决问题。<br>3. 帮助幼儿摆脱恐惧的心理，适应中班高密度的生活。 |
| | 游戏活动：<br>1. 自发游戏：叶子画、飞机场。<br>2. 指导游戏：蜡烛的秘密。<br>3. 小组游戏：1～9 的数字。 |
| | 户外活动：<br>运动习惯培养：在感觉累、流汗的时候能自己主动休息。<br>体能专项锻炼：10 米往返跑。<br>本周集体游戏：鸭子过河、小鱼和渔夫、接力赛。<br>自选活动：根据运动会项目，自己练习平衡木、跳远、跑步…… |
| | 集体活动： |

| 周一<br>早期阅读：<br>《礼物》。 | 周二<br>微课程主题活动：候机楼。 | 周三<br>微课程主题活动：好玩的叶子。 | 周四<br>A 数学：三项高矮比较。<br>B 妙事多：农场的动物。 | 周五<br>A 数学：三项高矮比较。<br>B 妙事多：农场的动物。 |
|---|---|---|---|---|

环境与材料支持：

把孩子们前期搭的飞机场的图片贴出来，为他们提供生活中完整的飞机场的图片（候机楼、餐厅、超市）。

创设值日生活动，让孩子们了解值日的步骤。

在美工区提供大量的叶子，和孩子们一起玩叶子。

家长工作：

1. 养成习惯类：能每天坚持送孩子来园，参与早锻炼。

2. 配合教育类：陪孩子一起游戏，了解孩子在园情况。

把老师们对儿童的注意、识别、回应融入周计划，并通过"精彩'哇时刻'"强化老师们从取长视角观察儿童，让老师们越来越有意识地把对儿童的了解作为写教育计划的前提，也让保教干部有机会从老师们写的书面计划中了解各班孩子主要的学习兴趣和关注点，从而及时给予老师和孩子们支持。但是，如同刘晓颖园长所说，学习故事、微课程只是幼儿园、班级课程与教学的一部分，儿童的想法和兴趣也只是课程和学习线索的一种来源。什么样的课程文档可以指引和呈现基于愿景、原则、教学—学习复杂性的师生共同建构班级和幼儿园课程的过程呢？

图 5-17　班级课程文档

最初，关于班级课程文档，只有周菁老师提供的一些设想。至于其具体内容是什么，大多数老师并不清楚。不过，拥有成长型思维的老师们愿意探索。他们开始有意识地根据课程文档目录及他们的理解，把他们认为的与班级教学—学习有关的原本散乱在各个文件夹中的相关文档，放入一个名为"班级课程"的文档中。

一年后，2018 年 9 月，汪苑老师回顾和分析了几个班一年来的班级课程文档，发现虽然幼儿园提供了课程文档目录，但除了周计划和月计划等幼儿园规定的计划外，其他内容差异很大，且比较混乱。这一时期的班级课程文档还是很难体现儿童，基本都是老师们制订的教学计划和收集的教学资源。于是，幼儿园管理团队进行了反思，认为班级课程文档比较混乱的原因是整个团队思路模糊。为什么要建立班级课程文档？想让班级课程文档帮助老师们借鉴可循的思路？想从中看到老师们都做了什么？希望老师们可以在摸索中形成自己的思路，从而出现百花齐放的课程存档的方式方法？管理团队倾听了老师们的心声后，发现一线老师感到目前的班级课程文档是一种额外的负担。尽管管理团队有美好的初衷，但是有时候会好心办坏事，把简单的东西复杂化……为什么要把每一个项目都清清楚楚地限定好呢？是否可以和老师们共同探讨什么样的内容应该被纳入班级课程文档？如何纳入呢？

反思过后，管理团队决定在 2018 年 9 月至 12 月，由各班老师在总结自己前期制作班级课程文档的感受和经验的基础上，自行摸索和发展对自己有意义的班级课程文档。2019 年 1 月，各班老师分享了他们自己制作的班级课程文档，让我们看到了各班老师在观察、分享、沟通和反思中，探索如何用适合自己的方式呈现班级老师们和孩子们共同建构课程的过程。最让我们感动的是年轻老师们在分享感受时的自信与兴奋。崔雨晴老师说："这本班级课程文档里满满都是回忆：我们的每一次活动，每一天的努力，孩子们点点滴滴的成长，和我们自己的成长。我很喜欢里面记录的这些内容，包括孩子们的话、照片，特别有意思，也很珍贵。它就像是我们这一个学期的成果书，让我们很有成就感。"

老师们的分享和反馈，让我们看到了相信老师、发挥老师主体能动力、老师在教学实践中自主管理，以及在共同愿景下园方的"规定动作"和老师的"自选动作"相结合有多么重要！也让我们看到了能将老师与儿童的世界、与自己的内心世界连接在一起的班级课程文档有多重要！班级课程文档记录和呈现的是老师的教学实践，承载的是他们的思考和行动，是属于老师自己的记录，也是能给其他老师带来启发和能被回顾、讨论和研究的记录。不过，在分享和讨论中，我们也发现，不同班级的老师对于班级课程文档是什么、为什么、有什么、为了谁等有不同的理解和认知。于是，我们就这些问题与老师们一起进行了深入研讨。

进行头脑风暴时，我们关注的不是"怎么做"班级课程文档，而是"怎么做"背后的"是什么""为什么""有什么""为了谁"，因为老师们对这些问题的认知，直接影响着老师们的具体做法。同时，我们也相信，老师们会依照有关班级课程文档的共同愿景，探索有助于班级管理和课程建构的班级课程文档发展路径。

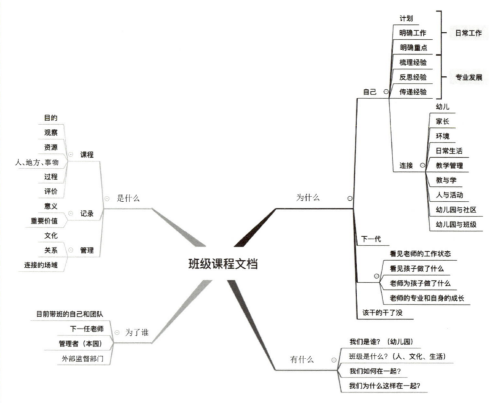

**图 5-18　梳理后的班级课程文档之是什么、为什么、有什么、为了谁**

### （二）实践中的班级课程文档

我们提出教学实践即思维和行为模式，并建议老师们让自己的教学实践始于愿景、基于原则，在倾听和对话中保持共享思维，在合作中持续呼应，在评价、记录中强化和传递价值观，建构学习者的形象，并汇聚"我的力量""他的力量"成"在一起的"力量，共同建构课程，促进学习和发展。那么，能够呈现并促进这种思维和行为模式的教学—学习计划与记录即班级课程文档，可能会是什么样的呢？

让我们借助三义里第一幼儿园沈佳老师（班长／主班老师）、韩梦楠老师（班员）、胡红燕老师（保育老师）和张雪老师（助教）所在的中二班 2019—2020 学年第一学期的班级课程文档，共同想象一下班级课程文档可能的样子。

图 5-19　班级课程文档之封面

1. 班级课程文档始于愿景

"Te Whāriki"为新西兰老师们提供的是一个有关课程的愿景，这个愿景基于它对儿童形象的描述。"Te Whāriki"还在此基础上描述了早期教育机构和课程对儿童的意义与价值，明确了早期教育机构需要给儿童提供什么样的童年体验，以及儿童身边的成人需要为实现此愿景付出什么样的努力。在我国，《纲要》《指南》阐述了为实现"让幼儿度过快乐而有意义的童年"这个愿景，中国幼教工作者需要付出的努力。因此，在建立班级课程文档时，老师们需要在了解国家关于幼儿教育的愿景的基础上，探讨并形成自己幼儿园和班级的愿景，即幼儿园对儿童、课程、老师等的期待，以及老师对班级一学年的生活和学习的期待。例如，我们在中二班的班级课程文档里看到了以下内容。

对幼儿园文化和愿景的描述（幼儿园园长组织所有老师讨论后成文，然后分发到每个班级）：园所文化简介，包括"我们是这样一所幼儿园……""我们幼儿园标志的寓意""我们的儿童理想宣言""我们应该这样做儿童的伙伴……""我们在课程中重视……""我们希望能办这样一所幼儿园……"

幼儿园给予老师的专业指引文件（幼儿园业务干部准备，然后分发到每个班级）：《班级课程文档说明》《课程模块简介》《课程计划与实施说明》《形成性发展评价说明》等。

对中二班班级文化和愿景的描述：《我的中二班》《家长公约》《儿童公约》等。《我的中二班》描述了班级老师们关于本学期和孩子们共同生活的愿景。《家长公约》则是开学初老师们在对家长进行访谈后梳理出来，并通过在家长会上和家长逐一探讨形成的。

## 我的中二班

我们是有情感的人，会感受爱、表达爱、贡献爱，这种爱的力量就像体温一直伴随着我们。不管热情高温，还是细腻恒温，还是挫折中的暂时低温，它们都是我们情绪情感的正常表现。

中二班营造一种倾听、理解、接纳、等待的环境。让这种环境与关系凝聚、连接在一起。让我们有生命、有温度地成长，有力量、有色彩地在一起。

**图 5-20　班级课程文档之班级文化页**

结合《指南》五大领域以及园所学期计划制订班级学期计划，预设学期学习成果。

用"关键词"思维呈现老师关于本学期本班教学—学习的愿景，并在月计划和周计划中呈现出来，如 9 月的愿景是"沟通、熟悉、分享、适应"，而 9 月第一周的计划则是"参与、了解"。

从个人、班级、幼儿园、国家这几个层面的愿景出发设计教学—学习，让老师们有机会将自己的教育教学建立在自己的信念、幼儿园文化以及国家幼教方针三者的交互关系上。在实践中，最终影响老师教学的，是根植于他们内心的那些显性或隐性的信念、意图和情感，如帕克·帕尔默所说："我们是什么样的人，就是什么样的老师，而且在为师的过程中折射出来。"[①]因此，我们认为班级课程文档的建立，既需要给老师们明确的指引，也需要给老师们空间和机会，鼓励他们将自己对教学和课程的思考，放置于个人、班级、幼儿园、国家愿景的交互关系中。

---

① Parker Palmer，*The Courage to Teach*：*Exploring the Inner Landscape of a Teacher's life*，San Francisco，Jossey-Bass，1998，p. 2.

2. 班级课程文档基于原则

《指南》提出要重视整体性、个体差异、学习品质等。"Te Whāriki"提醒老师们要激发力量和赋权，要重视关系以及家庭和社区的力量。在教学实践中，建立班级课程文档就需要基于这些原则，并通过教学实践和记录让这些原则清晰可见。

在一日生活安排中体现教育原则：例如，不把时间切割成小块，给玩耍和游戏留出大段时间，保证足够的户外活动时间等。

中二班冬季作息时间（12月）

| 时间 | 活动内容 |
| --- | --- |
| 7:30～7:50 | 来园 |
| 8:00～8:30 | 吃早餐 |
| 8:30～9:40 | 自主游戏，小组教学 |
| 9:40～10:00 | 喝奶，喝水 |
| 10:00～11:00 | 户外活动 |
| 11:00～11:20 | 整理、围圈时间 |
| 11:20～11:50 | 吃午餐 |
| 11:50～12:00 | 散步 |
| 12:00～14:00 | 午睡 |
| 14:00～14:40 | 起床，喝水，吃午点 |
| 14:40～15:10 | 集体教学活动 |
| 15:10～16:10 | 户外活动 |
| 16:10～16:30 | 整理，离园 |

图 5-21　班级课程文档之作息时间表

在计划中体现教育原则：与表5-3中的周计划相似，中二班的周计划包括体现整体性、个体差异、儿童与老师互动互惠关系以及家庭和社区力量的内容。例如"上周分析"，即老师对孩子的一般观察和了解。"上周发现的学习线索"，即老师对不同孩子的学习兴趣或可能需要的支持的捕捉。"本周关键词"，即老师关于本周教学—学习的愿景。"本周重点"，其中一条是对孩子的期待，如"积极参与班级活动"；另一条是对老师的期待，如"了解、关注孩子的游戏兴趣"。此外还有生活活动、游戏活动、户外活动、集体学习以及家园共育的内容。在这些周计划中，我们能看到面向个别孩子的计划，也能看到集体学习计划，还有慢慢生成的微课程线索及老师的呼应。

在环境创设中体现教育原则：例如，班级课程文档收录不同时期的班级环境照片，以及孩子们在此环境中的游戏状态的照片，让老师们创设的丰富、温馨、具有支持性和呼应性的学习环境直观可见。

北京市西城区三义里第一幼儿园周计划

| 班级：中二班 | 2019年9月9日至9月12日 |
|---|---|

**上周发现的学习线索**

上周分析：

1、幼儿现状：开学一周，幼儿巩固常规较好，一些擦手方法、取餐选餐的方法需要一周左右的时间巩固和加强，介入中班的幼儿，可以通过开学活动，取餐选餐的方法需要一周左右的时间。

2、游戏方面：游戏也开始尝试计划，由于环境变化，幼儿对玩具探究和游戏的熟悉不强，下周将多激发幼儿参与游戏的兴趣。

3、教师观察：对幼儿巩固常规进行了责任分工，常规细则利用班会时间进行沟通。

4、班级常规：开展了"各种不一样"的开学活动，主要以个体感受为主线，下周将带领幼儿寻找身边的不同。

**本周关键词：参与与了解**

本周重点：

1、积极参与游戏活动：整体规范基本巩固与练习。日常活动逐渐常态化。常规培养重点偏重于擦手。一日生活中积极鼓励幼儿参与班级每一个环节，逐步适应每日集体生活模式。

2、了解、关注儿童游戏兴趣：关注儿童游戏的整体状态，捕捉儿童游戏内容及游戏兴趣。结合上周关注到的美工区儿童游戏现场，在美工区投放垃圾盒，便于幼儿游戏建立良好的游戏常规。

| 生活活动 | 自理能力：进餐后按照"摆摆捡捡推送"顺序送餐具。<br>生活习惯：讲礼貌，对长辈要有称呼并会使用礼貌用语。<br>行为培养：进一步养成不缺勺、不剩饭菜的好习惯。<br>习惯培养：熟悉拿到上课使用。 |
|---|---|
| 游戏活动 | 材料：北京地图<br>指导：尝试自选志区。 |
| 户外活动 | 游戏名称："今天我是小老师"体验老师的一日生活（环节）<br>游戏玩法：跳圈<br>1.双脚跳圈。先在场地上放若干个呼啦圈，参赛的幼儿分成两组。让幼儿从起点出发，双脚并拢，做着前面的动作，依次跳进圈内，将全部的呼啦圈跳完。<br>2.跨跳跳。将呼啦圈充起来，跳过去时听到信号，按先后顺序跳，绕着每一个呼啦圈做"S"形画。以最快的速度完成者为胜。 |

| 集体学习 | | 周一 | 周二 | 周三 | 周四 |
|---|---|---|---|---|---|
| | 上午 | 探索活动 | 大地数学 | 探索活动 | 体育活动 |
| | | 不一样的我 | 形的认识 | 不一样的幼儿园 | 国学武术操 |
| | 下午 | 全本阅读 | | 劳育活动 | 创作活动 |
| | | 《来来回回》 | 不一样的中二班 | 我是劳动小能手 | 我上学啦 |

| 家园共育 | 1、本周一穿白色园服。<br>2、将小背心边放到幼儿柜子明显位置。<br>3、对幼儿成长档案进行开学后整理，协调需要后期调整的幼儿进行修改。<br>4、关注早晨下周五7:40之前务必到园，不迟到。<br>5、制定中班幼儿发展五大领域目标并打印送至班中。 |
|---|---|

北京市西城区三义里第一幼儿园周计划

| 班级：中二班 | 2019年9月16日至9月20日 |
|---|---|

**上周发现的学习线索**

上周分析：

1、常规培养：基本养成洗手手、分餐有序做事等行为习惯。

2、自主游戏：在建筑区初步形成对中国高铁、火车、路网的搭建关系，下周会持续关注。

3、户外运动：基本掌握和式拍球。基本动作顺序已经掌握，动作细节节日会要细要要在日常练习中巩固和加强。

4、需要提升：幼儿基本养成的倾听能力较好，个别幼儿随意插话情况严重，下周将进行重点培养。

**本周关键词：有序生活、主动游戏**

本周重点：

1、整体一日生活渐入正轨。日常生活、游戏都为常态化。开始培养幼儿为他人服务的意识，初步的责任分工。

2、结合季节特点，培养幼儿主动饮水习惯。

3、建筑区、车库区、美工区初见幼儿自主兴趣所引发的事情，持续观察、记录、支持幼儿游戏，记录幼儿语言，初步形成基于儿童兴趣的微课程。

4、继续开展儿童分享活动，挖掘有关爱北京、爱祖国的点点滴滴。

| 生活活动 | 自理能力：进餐后按照"摆摆捡捡推送"顺序送餐具。<br>生活习惯：讲礼貌，对长辈要有称呼并会使用礼貌用语。<br>行为培养：进一步养成不缺勺、不剩饭菜的好习惯。<br>习惯培养：熟悉拿到上课使用。 |
|---|---|
| 游戏活动 | 材料：中国地图<br>环境：在建筑区投放高世博的"火车"小书，激发幼儿对中国高铁的搭建兴趣<br>指导：七巧板<br>拓展：戴着中国高铁纪录片视频，推动幼儿提高铁兴趣<br>粘贴有关中国高铁的图书。 |
| | 游戏名称：小动物串门（变换队形）<br>游戏玩法：幼儿听到指令后，踮步走到小羊和小青蛙组、踮步要求：双臂自然前后摆臂，双腿交替抬高踮步。踮步串门 2*8 拍。踮步回家是 2*8 拍，回到自己家的小白色点上。 |

| 集体学习 | | 周一 | 周二 | 周三 | 周四 | 周五 |
|---|---|---|---|---|---|---|
| | 上午 | 自主游戏 | 体育课<br>爱运动 | 自主游戏 | 自主游戏 | 劳动活动<br>我的幼儿园 |
| | 下午 | 大地数学<br>形的认识 | 语言活动<br>圆圆和画圆 | 微课程1<br>我与火车 | 微课程2<br>我与火车 | 数学活动<br>空间与图形 |

| 家园共育 | 1、本周一穿红色园服。<br>2、请家长为幼儿提供有关"中国高铁"的图书、图片，激发幼儿游戏和学习兴趣。<br>3、整理一学期幼儿档案、借用书，制定借书登记卡。<br>4、亲子共同准备一个与火车相关的作品。<br>5、继续开展班级分享活动，鼓励幼儿了解北京、祖国，激发幼儿的爱国情怀。<br>6、将第一周学习故事整体打印分享导入班。<br>7、关注下周五7:40之前。 |
|---|---|

**图 5-22　班级课程文档之周计划**

**图 5-23　班级课程文档之环境创设**

在一日观察记录和学习故事统计表中体现老师们对每个孩子的关注。

在学习故事中体现教育原则：老师们对儿童学习过程的注意、识别、回应，对学习品质的关注，以及儿童的学习与班级生活、课程发展之间的关系，都通过老师们选择的与本周计划或微课程相关的学习故事呈现出来。

抽象的教育原则与具体的教学实践、生动的学习体验和幼儿园生活就这样在班级课程文档中融合在了一起。这样建立班级课程文档是老师们遵循教育原则的体现。在行动的过程中，建立班级课程文档又强化和更新了老师们对教育原则的理解、认知。同时，我们也可以在老师们创建的这些班级课程文档中，发现他们自己有关教育的原则和正在发展的理论。

北京市西城区三义里第一幼儿园
日观察记录

| 时间 | 教师注意到的……重点关注孩子专注的、感兴趣的、热切专注投入的学习过程 | 可能的学习线索 | 明日或近期回应的机会和可能环境、材料、图书、小组或集体活动、家园互动 |
|---|---|---|---|

班级：中二班　教师：戴璐稿　日期：9月23日—9月27日

中二班2019年9月-12月学习故事统计　　9月

| | 是否有故事日期 | 故事名字 | 是否登记或发送 | 日期 | 故事名字 | 是否登记或发送 |
|---|---|---|---|---|---|---|

### 图 5-24　班级课程文档之关注每个孩子

3. 班级课程文档中的对话、倾听和持续共享思维

在班级课程文档中，中二班的老师们不仅收录了他们的计划，还收录了他们的讨论记录。在这里，对话、倾听和持续呼应以及合作，并不只发生在老师和儿童之间，还发生在同班老师之间、同行之间、老师和家长之间……

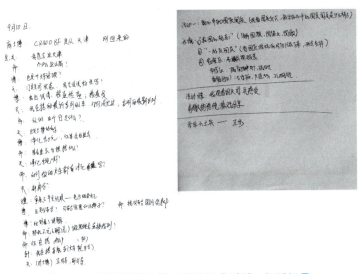

### 图 5-25　班级课程文档之师幼日常对话、倾听记录

老师和儿童之间的日常对话和倾听，包括老师的日观察、老师日常与儿童的对话，以及儿童自己的讲述等内容。

持续呼应和合作中的几条微课程线索。

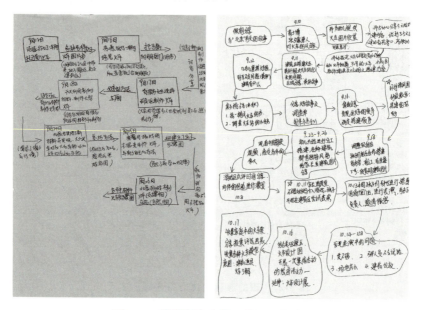

**图 5-26　班级课程文档之微课程线索**

同班老师之间的对话、倾听和合作，表现为共同分析和解读儿童的学习，回顾和反思本月工作，制订新计划并分工合作。

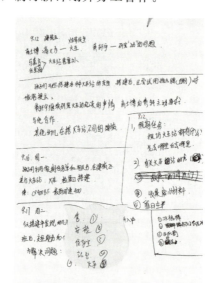

**图 5-27　班级课程文档之同班老师的讨论记录**

老师通过开家长会、周反馈、家长进班陪伴游戏、写学习故事等保持与家长之间的对话、倾听、持续呼应。

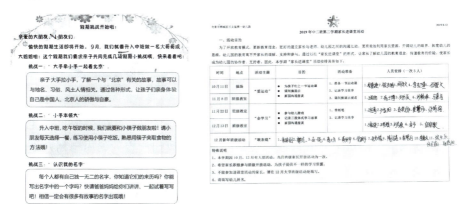

图 5-28　班级课程文档之家园沟通与合作

各类活动计划、总结也都是老师、儿童、家长持续呼应与合作的成果。

图 5-29　班级课程文档之活动计划、总结

### 4.班级课程文档强化和传递价值观，体现"在一起"的力量

学习无处不在，课程也是。想要让儿童拥有丰富、适宜、有意义的学习体验，需要汇聚各方的力量和学习线索。班级课程文档呈现的教学—学习过程，绝不仅仅包括"儿童发起的学习"这一条线索，还有来自社会文化生活、幼儿园重视的学习内容，以及家长和老师的学习线索。在现实中，任何一所幼儿园和任何一个班级的老师们所建构的课程，都是多条线索编织而成的。

学习线索来自社会文化生活以及幼儿园重视的内容，包括幼儿园期待中班可以适当引入的挑战活动、亲子活动、健康教育、安全教育等，还有与节气、节日、重大新闻有关的学习机会和可能。

北京市西城区三义里第一幼儿园 2019.9

**2019—2020学年中班第一学期班级重点活动计划表**

班级：中二班　　　时间：9月

| 项目 | 活动名称 | 活动准备 | 负责人 | 资料留存与设计意图 |
|---|---|---|---|---|
| 挑战活动 | 1、找一找自己的名字<br>2、分享有意思的本领<br>3、拍摄升班第一天照片 | 1、设计分享时间<br>2、策划展示<br>3、录制视频<br>4、整理相关活动资料入档 | 沈佳<br>韩梦楠 | 1、通过共享阅读，帮助幼儿适应开学入学状态。降低分离焦虑。尽快适应集体生活<br>2、体验同伴间游戏、生活学习带来的快乐、初步感受挑战的氛围<br>3、教师课程意识：筛选、记录幼儿最感兴趣的经历和共同话题（表格） |
| 亲子活动 | 假期分享"北京"小故事 | 1、PPT<br>2、制作分享 | 韩梦楠<br>沈佳 | 1、分享照片<br>2、时间安排表 |
| 节日、节气活动 | 开展教师节相关活动 | 1、活动前期策划方案<br>2、拍照<br>3、记录本（幼儿记录观察用）<br>4、APP | 沈佳<br>沈佳<br>张雪拍照 | 连接节日、开展活动，懂得尊重老师<br>初步定于9月10日 |
| 健康教育 | 开展常规培养的活动<br>值日生活动 | 1、绘本《噼里啪啦肠胃菌来了》<br>2、搜集教案 | 韩梦楠 | 入园常规培养，巩固正确洗手的方法，知道洗手的重要性，养成饭前、便后洗手的好习惯。 |
| 安全教育 | 开学安全教育 | 1、安全标志图片<br>2、画一画身边的安全标志 | 韩梦楠 | 1、了解基本的安全知识，知道突发事件的处理方法。<br>2、认识生活中常见的安全标志，知道其代表的含义。 |

班级：中二班　　　时间：10月

| 项目 | 活动名称 | 活动准备 | 负责人 | 资料留存与设计意图 |
|---|---|---|---|---|
| 挑战活动 | 我会变魔方<br>我爱劳动 | 魔方<br>魔方小环境 | 沈佳 | 1、通过挑战活动，激发幼儿探究的欲望<br>2、提升幼儿小手对精细动作的控制能力<br>3、创设魔方一刻小环境 |

**图 5-30　班级课程文档之班级重点活动计划中的"在一起"**

学习线索来自孩子们的兴趣和想法，如前面我们所提到的周计划中老师们对孩子们兴趣的注意、识别和回应，以及对班里可能存在的几条并行的微课程线索的拓展和延伸。

学习线索还来自老师们对某些领域（如阅读、音乐、数学、体能等）内容的有意识的介绍和体验。

从中二班的班级课程文档中，我们可以看到，学习线索可能来自孩子自身，如他们的好奇心、兴趣、想法、意愿、已有经验、情感、认知结构；可能来自生活本身，如社会新闻和事件、家庭生活、文化生活、节日、生日等；可能来自老师们创造的学习条件和环境，如可能激发孩子学习的人、物、活动、

地方等。不同的人和群体发起的与我们的生活、自然和文化相连接的多条学习线索可能同时存在，共同为孩子们提供多元的选择和参与多元学习活动的机会。但是，老师们需要时时提醒自己的是，不管学习线索是什么，都不能忘记儿童是重点，要相信儿童，保持倾听、对话和持续呼应，成为儿童学习的伙伴，在生成呼应中创造专属于本班儿童、老师和家长的有意义的学习旅程。这些有关儿童、教学和课程的价值观，是班级课程文档的基石，也在老师们不断发展班级课程文档的过程中得到了强化和传递。

从班级课程文档开始建立的那刻起，老师、孩子、家长就"在一起"了。就如中二班课程文档封面上那张全家福显示的那样，一个班的孩子和老师在学期初聚在了一起，希望通过共同生活和共同学习，能够让彼此的心走到一起。让我们特别感动的是沈佳老师对建立班级课程文档让同班几位老师因为儿童而连接在一起的体会。她说："没有班级课程文档的时候，与同班老师沟通经常是想起一件事就沟通一件事。大家更加关注的可能是眼前最迫切的事。例如，班级近期将要组织教研，各班老师要一起进入各班现场看环境，这个时候班级同行之间就会坐在一起沟通如何改善班级环境。但是这样的沟通完全基于'教研'这件事，并不是基于孩子的。环境即使创设起来、丰富起来也不是孩子需要的。同班老师之间的沟通是基于某一件事的，连接孩子的不是很多。这样的班级管理与协调更多体现的是就事论事，眼前的事、近一周的事。这样做虽然可以解决眼前的问题，但是孩子在班级中没有凸显出来，大家也没有提前沟通下一件事、下一个活动。所以班级课程文档提供了同班老师之间互相了解的机会，让大家沟通对待某一个孩子、某一件事、某一个活动的想法和意图。"

班级课程文档，关乎的是班级工作、教学实践、课程发展，但它的重点是儿童。是儿童把我们连接在一起，让我们能够汇聚"在一起"的力量，从而共同学习和成长。

### (三)班级课程文档首先为谁而存在？老师！

在对班级课程文档的思辨和实践中，我们越来越感受到班级课程文档是一种记录，是班级老师们通过共同商议、共同研究、共同建构而形成的呈现自己班教学—学习过程和样态的记录。如果说学习故事首先为儿童而写，为了儿童而存在，那班级课程文档首先为谁而存在呢？

我们的观点如下。

班级课程文档，首先是为本班老师而存在的，用于计划、记录和反思班级的教学—学习生活，以及班级文化建设和管理。它也为未来要接这个班的老师而存在，用于升班交接，让孩子们未来的老师知道孩子们的兴趣，发现可以继续探究的学习线索。它还可以为未来接同年龄段班级的老师而存在，特别是为新老师而存在，以帮助他们了解如何与这个年龄班的孩子们一起学习、生活。

班级课程文档，还可以为课程和教学管理与研究而存在，供老师团队重新建构、定义和评价教学，发现隐藏在教学实践背后的正在发展的理论，探寻幼儿园对儿童、老师和家长的意义，为幼儿园的进一步提升和发展提供线索与方向。

班级课程文档，还可以作为教育质量评估资料的一部分。在教学评估实践中，教育督导部门可以通过幼儿园各班的课程文档了解幼儿园的愿景、理念，并可以结合儿童学习成长档案中老师们为孩子们写的学习故事，了解幼儿园教育教学及课程对孩子们学习和发展的影响，并以此为基础进行沟通、讨论和反思，与园长共同谋划和商议进一步提升幼儿园办园质量的策略。

虽然我们期待幼儿园里的班级课程文档能够促进多元沟通，有多元化的用途，但老师才是班级课程文档的重点。班级课程文档的意义在于激发老师主动思考，激发人与人之间形成互动互惠的关系，发挥老师的主体能动力，让班级课程文档成为管理班级的依据，使班级工作和整个学期的规划活动有愿景、有方向。

感谢三义里一幼沈佳老师班里的老师们为我们提供了班级课程文档探索经验和实例，激发大家针对班级课程文档展开自己的想象。沈佳老师班里的老师们在园方提供的班级课程文档目录的基础上进行了调整，形成了适用于自己班的课程文档目录。三义里一幼 2019—2020 学年中二班课程文档目录如下。

园所情况简介：园所文化介绍、课程模块介绍、课程计划与事实说明、课程文档说明、课程与《指南》目标的对接、班级课程日志、课程在环境中的指导策略、环境评价标准、全员分工、全园计划和保教工作计划。

班级情况简介：班级文化，班级信息(班级名称、老师简介、儿童花名册)，学年五大领域目标，班级学期工作计划，班级重点"五个一"活动，学期关键词。

课程(不同的微课程线索用不同的颜色标记)：上月工作回顾，月历(标注重点工作)，本月形成性评价记录单＋学习故事统计单＋各种关注统计表，微课程网络图，周计划，日观察，时间线索课程记录(微课程内容、教学活动、相关学习故事)，本月班级特色活动，本月工作回顾和反馈。

生活活动中的学习：常规培养细则，劳育和德育，诗、儿歌、游戏、歌曲、律动等(按月和周学习)。

五大领域活动中的学习：阅读、数学、小组游戏等的时间安排、记录和活动方案。

班务管理：各岗位工作制度、班级固定资产及其他资产清单、班务会计划和记录、师带徒计划和记录、大型活动筹备及通知、特殊儿童护理。

学期和学年工作回顾：学期工作总结、家长工作总结、幼儿发展评估和总结、班级期末环境整体记录。

我们期望这些目录不会限制对课程文档感兴趣的园长和老师们的主动思考。三义里一幼管理团队给各班提供了有关班级课程文档的指导意见，但各班老师们在主动思考后形成的班级课程文档各不相同。我们想强调的是，课程文档目录的具体内容是什么和怎么做不是最重要的，最重要的是大家对课程文档的思考和讨论，以及大家从愿景和原则出发，发挥各自的力量，探索专属于自己幼儿园、自己班级的课程文档的这段旅程，并让包括课程文档在内的记录成为瑞吉欧·艾米利亚老师们所说的一套可以把教育行为融入老师与儿童进行的对话的程序，让成人和儿童的行为及时地交织在一起，并让他们的行为可见，进而提高沟通和互动的质量，让学习成为一个互惠式的过程。因此，老师可以通过记录拥有持续支持儿童学习的能力，同时在儿童建构知识的过程中学习（学习如何学习）。[①]

## 三、重视体验的课程观及课程实践可能带来的思维和行为的改变与挑战

本章的主要内容为对课程观的探索，以及对课程实践的重新想象。我们关于课程的讨论，是建立在第三章对儿童形象和第四章对学习观的探索的基础上的。作为形成性评价的一种，学习故事和它所基于的"Te Whāriki"，激发着我们转变评价儿童的视角、方式和过程，也激发着我们重新对课程实践进行想象，并将我们的关注点从儿童身上慢慢移到教师身上。我们理解，在编织无法预测、充满不确定性的基于儿童的生成呼应式课程中，老师和幼儿园管理者会面临很多问题和挑战，特别是在课程管理方面，如：

如何面对不确定性：鼓励还是规避？

如何面对老师：相信老师还是相信制度？

如何面对课程编织的过程：鼓励个性和多元还是鼓励共性和统一？重点是课程还是儿童？

如何面对幼儿园的教育愿景和外部大环境？

---

① ［意］卡丽娜·里纳尔迪：《对话瑞吉欧·艾米利亚：倾听、研究与学习》，34 页，南京，南京师范大学出版社，2014。

如何让家长参与幼儿园教育和课程编织？

⋯⋯⋯⋯⋯

这些都是教育事业中的宏观问题，没有标准答案，会随着时代和文化背景的变化而变化，但围绕这些问题进行的思考和选择，可能影响着微观层面幼儿园里、班级里的每一天。这些问题不仅仅是幼儿园管理者需要思考的，也是包括一线带班老师在内的教育者需要面对和思考的。老师如何面对身边的包括搭班老师在内的同事？如何面对课程线索？如何面对家长和社会的期待？如何面对"和孩子在一起时就意味着三分之一的工作是确定的，三分之二则为不确定的和新的"①的现实？和在第三章、第四章结尾处我们面对挑战一样，我们选择用喜悦的心情接纳不确定性，用审辨的思维解读不确定性，用勇敢的行动探索不确定性，即通过一条哲学性路径，在理论和实践中探寻儿童、童年、教育、幼儿园的意义，以及我们作为教育者的意义。

童心家园许萌老师在 2015 年和 2020 年撰写的关于表演区创设的文章，以及她对这两篇文章的反思，让我们看到了随着时间的推移她自己对表演区的认识的变化，也让我们看到了她融入日常生活的哲思、她为明确自己的价值观所付出的努力，以及她看见自己的发展和变化的欣喜。许老师在反思中说："随着对学习故事的熟悉，在对表演区的创设中，我们突然意识到，我们缺少的并不是方法与策略，而是对儿童的关注。我们追问：到底什么是表演区？这样的自问开始让我们思考表演区的核心价值是什么。在对这些问题的探讨中，老师们逐渐达成共识，认为表演区不仅仅要发展音乐能力，更要和儿童建立连接。表演区和儿童的关系是什么？儿童在表演区是什么样的存在？什么是表演区中的儿童视角？⋯⋯在对一系列和儿童及表演区有关的'为什么'的思考与探讨中，聚焦儿童逐渐成为老师们的常态思维，儿童是表演区的主体的认识也更加明确。在追本溯源的思考中，我们开始逐渐明白表演区的核心是儿童，也逐渐寻找到了我们在表演区和儿童在一起的方式。经历了这一过程，我们发现，当我们真的能基于儿童视角、从内发生改变时，外部表现出来的方法与策略就好像变得自然而然了。"

从许萌老师关于表演区的文章以及她最近的反思中我们可以看到她的变化：从关注表演区本身，到关注儿童与表演区的关系；从给出解决方案，到与老师们一起探索；从直接引用理论，到把理论与价值观融入自己的思维和行为，在不断追问中形成和发展自己关于表演区的理论。在幼儿园日常教育实践

---

① ［美］卡洛琳·爱德华兹、莱拉·甘第尼、乔治·福尔曼：《儿童的一百种语言：转型时期的瑞吉欧·艾米利亚经验》，66 页，南京，南京师范大学出版社，2014。

中，老师们遇到问题是常态。当老师们面对挑战和不确定性时，他们除了需要对理论知识和实践有敏感性，还需要一个能让他们有安全感和归属感的环境，从而让他们敢于在尝试和犯错中前进，鼓励他们用审辨的方式思考，并能让他们在与周围环境的互动中感受到自己"是一个老师、一个人，是真正属于这个过程并参与其中的人"①。

琼斯和尼莫说，生成呼应式课程要求老师相信玩耍/游戏的力量，认为一门好的课程不仅能鼓励儿童成为有能力的参与者，也有助于老师的成长，让他们有能力在诸多可能中进行选择，从而建构他们自己对教学—学习过程的实践性认知。② 因此，像相信儿童那样相信老师，像注意、识别、回应儿童的学习那样注意、识别、回应老师的教学和专业学习，像建构儿童的形象那样建构老师的形象，是我们想在本书中强调的另一个重要话题。在和老师们一起研习学习故事的旅程中，我们坚定地抛弃"老师理论基础差""老师专业能力弱""老师缺少……意识"等有关老师的描述，不评判老师，而是凝聚"在一起"的力量，重视与老师之间的倾听、对话和持续呼应，给予老师时间和空间，让他们用自己的方式在自己身处的幼儿园环境里寻找适合自己的方式，以促进老师的自我觉察并让他们建构新理论。我们在与老师对话和共同思考的过程中，激发他们觉察自己的语言、表达方式以及自己的关注点和价值观，引导他们发现转变语言及思维和行为模式的可能。

老师的教学也像孩子的学习那样，发生在他们与自己所处的幼儿园环境和更广的环境的交互关系中。因此，老师们也像孩子们一样，需要一个能激发老师们的力量——激发他们主动思考和行动及赋能赋权的环境，并能让他们在自己的工作中既看见儿童，又"看见自己，而不是把自己淹没在所处的系统中，被别人对他应该是什么的看法所定义"③。

①　[意]卡丽娜·里纳尔迪：《对话瑞吉欧·艾米利亚：倾听、研究与学习》，52 页，南京，南京师范大学出版社，2014。

②　Jones，E. & Nimmo，J.，*Emergent Curriculum*，Washington，DC，National Association for the Education of Young Children，1994，p. 1.

③　Greene，M.，*Teacher as Stranger*：*Educational Philosophy for the Modern Age*，Belmont，Calif.，Wadsworth，1973，p. 270.

文化，充满关乎自我是什么

或可以是什么的叙述。

——杰罗姆·布鲁纳

文化奠定基调，反映你是谁，

表达你要怎样生活

以及如何与儿童一起学习。

——德布·柯蒂斯 & 玛吉·卡特

# 第六章　学习故事和幼儿园文化

## 构建相信并激发每个人力量的
## 园所文化、学习—评价文化和童年文化

联合国教科文组织 2016 年的报告《反思教育：向"全球共同利益"的理念转变？》指出，"学习是由环境决定的多方面的现实存在"，"知识本身与创造及复制知识的文化、社会、环境和体制背景密不可分"，并引用了西班牙大提琴家和指挥家帕布罗·卡萨尔斯(Pablo Casals)的话："我们应将全人类视为一棵树，而我们自己就是一片树叶。离开这棵树，离开他人，我们无法生存。"这些表述提醒我们，教育脱离不了社会文化背景的影响。如何看待、理解教育对象及其行为，受教育者的家庭及社会文化背景的影响。人们儿童观、教育观的形成最终受社会文化背景的影响，并深深烙上了社会文化背景的印记。社会文化背景对学习的影响，也是《指南》"Te Whāriki"和学习故事理念与实践所重视的。

在本书第二章中，我们介绍了"Te Whāriki"的双文化特性。在"Te Whāriki"中，"文化"(culture)一词主要指多元化的儿童家庭文化(包括聋哑人群体文化)以及新西兰的双文化，只有两处指早期教育机构文化，即"一种重视和推广儿童健康与福祉的文化"和"一种探究的文化"。不过，受社会文化理论的影响，"Te Whāriki"中的"文化性的"(cultural)一词被用在更为广泛的语境中。例如，"Te Whāriki"认为知识是文化性的。在课程编织的图示(图 2-1)中，不同的颜色凸显不同层面的文化性的内涵：文化性的信念、视角、价值观，教学的文化适宜性，以及文化性的礼仪、风俗习惯和文化能力(culturally competent)等。"Te Whāriki"里与文化、文化性有关的语境提醒我们文化这一概念具有多元维度。它可以指国家、族群、地域层面的文化，教育机构中反映组织结构、工作氛围和个体主体能动力之间关系的机构文化，或社会文化理论视角关注的个体在与文化环境的交互中产生的学习过程文化。因而，研习学习故事理论和实践时既需要考量文化在国家或地域、幼儿园这些层面对儿童、老师的影响，同时也需要思考学习故事理念与实践可能带来的文化层面，如幼儿园园所文化、学习—评价文化和童年文化层面的影响，因为"我们从一开始就是我们所置身的文化的表达。文化，充满关乎自我是什么或可以是什么的叙述"[①]

---

① Bruner，J.，*Making Stories：Law，Literature，Life*，Cambridge，MA，Harvard University Press，2002，p.86.

# 一、学习故事和园所文化

## （一）文化即一群人共享的生活和思维方式

文化指广泛的知识与根植于内心的修养，是人类所创造的物质财富与精神财富的总和，是人类社会所有物质表象与精神内在的统一体。文化是一群人共享的生活和思维方式，是人类社会所特有的社会现象。其蕴含在人类的活动中、自然环境中，可以被传承、创造、发展。文化涵盖人类（智慧族群）过去的历史，是人类基于自然的所有活动内容。具体说来，文化是特定人群的生活方式，包括价值观、准则、符号、工具和传统，是通过语言、思想和行动来表达的。

文化是集体成员共同确定并共享的思维方式，是某一人群独特的思想、情感和行为。[1] 因而，文化扎根于人们共同和共享的体验与思考，体现在特定人群的日常生活和互动中。[2]不同人群不同的生活和思维方式，可能基于或形成不同的文化。

孩子们和老师们在日常生活中体验着幼儿园文化，幼儿园文化也体现为孩子们和老师们是如何相处的。我们需要反思，我们所秉持的价值观是如何在我们所做的事、所说的话、所创设的环境以及我们所过的每一天中呈现出来的。如果说我们认为"儿童在生活和游戏中学习"和"了解儿童"很重要，那么如何回答以下问题？

教室里的空间主要用来做什么？留着摆放椅子还是让孩子们尽情游戏？

一日生活中留出多长时间让孩子们尽情游戏？一日生活的各环节中孩子们有多少主动参与的机会？

老师们和孩子们在一起时，有多少时间和孩子们玩在一起，做孩子们的玩伴、学伴？

面对老师，特别是新老师，究竟是先关注集体教学活动组织能力，还是先鼓励老师爱玩、会玩、能支持玩中学？

制定集体生活的各项规则和教学计划，是为了方便老师组织和管理儿童，还是为了最大限度地支持儿童用自己的方式与周围环境建立连接？

老师的文案和幼儿园的文档，有多少首先是写给儿童、为了儿童而写的？

对老师和幼儿园的评价，在多大程度上关注了老师的教育愿景、老师对孩

---

① Stenhouse, L., *Culture and Education*, London, Nelson, 1967, p. 13.

② Apple, M. W., *Education and Power*, New York, Routledge, 1995, p. 14.

子的期待和老师为之付出的努力？

············

围绕这些话题的思考和行动，关乎幼儿园日常生活，也关乎幼儿园里人们的思维和行为模式，而幼儿园文化也在这样的生活中得以生成、传承和发展。我们通过研习学习故事理念和实践贯彻落实《指南》精神的过程也与这些话题相关，那么，这样的研习过程会如何促进幼儿园文化的形成呢？

### (二)研习学习故事激发持续共享思维：“意外收获”三义里一幼园所文化

#### 1. 与幼儿园文化“不期而遇”

《发现儿童的力量：“学习故事”在中国幼儿园的实践》一书呈现了三义里一幼老师们研习学习故事第一年的旅程，记录了园长和老师们共同经历的一次次改变——打破时间的限制，打破空间和规则的限制，打破材料的限制，打破固有的想法。他们经历了从怀疑“我们能行吗”，到思考“游戏在哪里”“游戏中老师在哪里”“有价值的游戏在哪里”，到体会“学习故事怎么写”“研究学习故事要解决什么问题”，再到追问“老师的价值感在哪里”“如何把学习故事变成课程孵化器”及“学习故事究竟带来了哪些改变”的过程。在书的最后，老师们写道：“这些问题没有标准答案，需要我们每个人用自己的思考与行动在实践中回答。”他们在这样的思考和行动中“逐渐明确了儿童观、教育观、课程观、管理观……”“看到了真实的幼儿、真实的教育，发现了真实的问题，共同研究解决真实的困惑”。

三义里一幼的园长和老师们在一次次反思和行动中，在一次次教研活动中，在随时发生的围绕儿童和教学的探讨中，共同创造着这段生活和持续共享思维之旅，并找到了“园所文化的基石”，那就是对作为有能力、有自信的学习者和沟通者的包括儿童、教师在内的每个人的尊重与关注。在后来的持续研习和探究中，园长和老师们慢慢形成了清晰的共同愿景：营造“有生命、有温度、有色彩、有力量”的教育生态(详见本丛书的《相信每个人的力量：构建基于儿童、重视关系的幼儿园课程与文化》一书)，并努力将幼儿园的愿景与他们愿意遵循的教育原则与期待中的每个人的生活、学习状态连接在一起。（表6-1）

表 6-1　北京市西城区三义里第一幼儿园愿景解读

| 愿景 | 原则 | 体验到的环境是…… | 每个人都是…… |
|------|------|------------------|----------------|
| 有生命 | 尊重 | 每个人都不一样<br>每个人都很重要<br>一切都应被珍视 | 快乐的 |

| 愿景 | 原则 | 体验到的环境是…… | 每个人都是…… |
|---|---|---|---|
| 有温度 | 关系 | 信任支持<br>彼此温暖<br>互动互惠 | 友爱乐群的 |
| 有色彩 | 主动学习 | 好奇好问<br>专注投入<br>勇敢坚韧<br>探索创造 | 积极主动的 |
| 有力量 | 整体发展 | 节律生长<br>强健体魄<br>习惯养成<br>共生共长 | 有力量的 |

从表 6-1 中我们看到，幼儿园文化始于愿景，即幼儿园的教育理想和期望；基于原则，即实现愿景过程中必须遵循的原则，它明确什么可以做和什么不可以做；注重在倾听、对话和持续呼应中创设每个人期待体验的幼儿园环境（社会的、物质的和感官的环境）。而所有这些努力都是为了促进幼儿园里每个人——儿童、教职员工、家长等的学习和发展。

刘晓颖园长用"不期而遇"和"意外收获"来描述他们的幼儿园文化的形成。她说："一开始我们完全没有想到会形成这样的文化。以前，我们对文化的认识主要停留在精神文化、物质文化、行为文化、制度文化等层面上，从来没想过我们也会形成一种能被我们所有人都认同的幼儿园文化。我们没有想到，在关注儿童的过程中，我们能够逐渐找到自己，并明确了我们到底想要什么、我们自己是谁。然后我们把自己的想法融入我们的教育理想之中，于是就有了'有生命、有温度、有色彩、有力量'这四个词。我们现在向别人介绍我们的文化时特别有底气，因为人们可以在我们幼儿园的每个角落里体会到这四个词。幼儿园文化与我们是不期而遇的，因为我们真的没有想到它可以这样在我们共同生活、共同探究的过程中被编织出来，然后变成我们自己的文化。"那么，在这样的幼儿园里学习和生活是什么样的呢？

2. 学习故事中的幼儿园文化和持续共享思维

学习故事，既给老师们提供了一套"以儿童为本"的价值体系及思维和行为模式，又记录了孩子们和老师们共同生活与学习过程中的故事。如果说文化就是一群人共享的生活和思维方式，那么，我们可以借助学习故事一窥三义里一幼的幼儿园文化在日常生活中的体现。

## 学习故事 6.1　粘手的面团

作者：小一班徐伟

时间：2017 年 10 月

在今天的游戏区活动中，你选择了到娃娃家玩面团。面团是我们昨天一起和的。当你今天把面端到桌面上揉时，你发现了一个问题：面团特别粘手，不能成型。

图 6-1　粘手的面团

你走过来向我寻求帮助。我问："你有好办法吗？"你低着头想了想说："再放一点面粉就行了吧？"我和你决定试一试。我在娃娃家找面粉，找到面粉小盒后发现它是空的。我自言自语道："哪里有面粉呢？"你说："昨天的面粉你是从哪里拿的？"我说："我是向食堂的大龙叔叔要的。"你小声地说："那你再去要点吧，行吗？"我说："行呀，但我不想自己去，你跟我一起去吧。"你想了想说："好！"

咱们两个人手拉手一起到厨房找到了大龙叔叔，然后你用很低的声音说："大龙叔叔，能给我们一点面粉吗？"大龙叔叔给了我们一碗面粉。我们高兴地把面粉拿到班上。你把面粉一点一点地放进面盆里，还用小手不停地搅拌着。面团终于不再粘手了。大功告成！

图 6-2　向大龙叔叔要面粉

**什么样的学习正在发生？**

昨天在我们玩面团的过程中，你就对面粉和水混合后的变化有了深刻认识。你十分喜爱玩面团，很认真，也很投入。你观察仔细、操作认真，每次加水、加面时都非常小心。今天再次玩面团时，你还通过观察和探索，自己发现了问题（面团粘手了），并主动向老师再要一些面粉放入盆里重新和面。你还勇敢地走出班级，在陌生的老师面前大胆地表达自己的需要，发展了语言表达能力，增强了社会交往能力。你在"做中学""学中玩"，充分体验到了学习和探索的乐趣。

**进一步学习的机会与可能：**

利用围圈时间我们一起把你发现的问题及解决方法告诉所有的小朋友。

我们现在玩的面团都是没有颜色的，所以我要准备一些食用色素，这样我们就可以把面团变成我们需要的颜色的面团了。

我会给你们配上一把舀水用的小勺，让你们在加水时能有一个较具体的衡量标准。

家长的感想：

女儿雨晗上幼儿园已经一个多月了，我每天都能欣喜地看到她的变化：从原来的不会玩到现在的会玩。我不知道她为什么会有如此神奇的进步。直到今天看到徐老师写的学习故事，我才恍然大悟，原来老师是催化剂。恰当的引导与协助竟然有如此大的作用，这是我以前没有意识到的。

...........

定期记录学习故事的目的就是通过记录孩子每一次学习的过程，让我们更加直观地看到孩子的成长与进步。在今天的学习故事中，我就看到了雨晗语言表达能力和社会交往能力的显著提升，这令人欣慰。同时，我们意识到家长也不能落后。在发现更适合帮助孩子成长的方法后，家长要适当运用这些方法，并与幼儿园老师相互配合，让孩子在每一次学习中都有所收获。

我相信，当雨晗长大后，她看到每一篇属于自己的学习故事，都能知道自己是如何在老师和家长的帮助下一步步脚踏实地地走过来的。每一个学习故事都是一笔财富，累积成了孩子充盈的人生。

徐老师为刚上幼儿园一个多月的雨晗写的这个学习故事，记录了幼儿园日常生活中特别平常的一件小事。徐老师在故事里写了这件事对于雨晗学习和成长的价值。我们可以从故事中看到这个班级里的人们——儿童、老师、厨师和家长保持共享思维的方式，以及幼儿园文化，那就是：①在倾听、对话和持续呼应中尽可能让孩子参与整个过程，如邀请孩子一起去厨房要面粉；②尽可能及时回应孩子当时当下的需求；③幼儿园的所有人都是孩子学习的呼应者和支持者，包括厨房的大龙师傅。在这里，孩子的主动学习（有色彩），老师、孩子、大龙师傅之间温暖的呼应关系（有温度），以及每个人为促进孩子的学习而做出的贡献（有生命），才让这段学习旅程不仅关乎"粘手的面团"，更关乎有意义的学习体验（有力量）。与这个学习故事相似的事情，可能会经常在各个幼儿园里发生，但老师们选择的应对方式，在我们看来，就是幼儿园文化的体现。

## 学习故事6.2 大收集

作者：中二班崔雨晴

时间：2017年9月11日

生活中有一些小东西会带给我们一些美好的回忆。近期你们把自己在暑假里收集的宝贝都带到了幼儿园。宝贝有很多，我们先把它们拿出来吧。

优优和甜甜找来了很多大小不同的盒子和筐，并在桌子上一一放好。大家带来的东西有树叶、树枝、扇子、葫芦、核桃、石头、贝壳、毛绒玩具、树种、干花等。

图6-3　大小筐装宝贝

大家收集的宝贝可真漂亮。壮壮和茉茉把石头放在了阳光下。阳光照过来，石头亮闪闪的，真好看。大家纷纷围了过来。

蕊蕊收集的是雨滴的味道。她把瓶子放在阳台外面收集了一个晚上呢！我们一起过来闻了闻。

喆喆："雨滴的味道像水滴一样。"

…………

馨雅："梦伊，这个好看的红铃铛绳子是干什么用的呢？"

我："这个是徐尧带来的，上面写着风铃。"

梦伊："风铃是不是要吹起来？"

我："嗯，可以挂在窗户上。"

梦伊："那我们把它吹起来就能许愿了。"

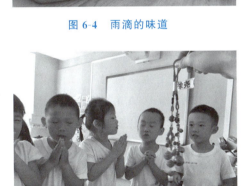

图6-4　雨滴的味道

馨雅、小拾、久玲都鼓起腮帮子使劲吹。

梦伊："好像吹不起来。"

我："那有什么东西可以帮忙吗？"

馨雅："有扇子。"

我："好呀！那我们试试吧！"

梦伊："风铃响起来了，我们快许愿吧！"

晨皓："我要成为一个恐龙专家。"

久玲："我的愿望是画画好。"

宇辰："我长大了想当一个警察。"

思熠："我长大了想当一个消防员。"

梦伊："我长大以后要当一个护士。"

<u>什么样的学习正在发生？</u>

你们收集的东西都好有意思呀。我也是第一次闻雨滴是什么味道。我惊讶

图6-5　快许愿吧

于小小的你们认识了很多东西，做了不少研究。

你们把所有的东西都拿了出来，一共装了19个筐。

听到你们的愿望，看到你们的探索，我仿佛发现一群爱学习、爱研究、有想法的小小科学家正在成长。

<u>进一步学习的机会与可能：</u>

还有一些东西我们不知道是什么。我们是问问爸爸妈妈？还是看书找一找？还是上网搜索一下呢？相信你们一定能够找到答案并带回来教给小朋友们。

面对这么多不同的材料，你们发现了它们有一些一样的地方。例如，有的都可以吃，有的都很漂亮，有的都是玩具。你们能给它们分分类吗？看看哪些东西可以"住"在一起。

你们的愿望，让我想起了自己小时候那个简单的梦想！向着目标努力前进吧！老师和爸爸妈妈将是你们最坚强的后盾。

孩子们聚在一起时，也在倾听、对话和持续呼应中保持共享思维，这是有生命、有温度、有色彩、有力量的时刻！连接着家与园的假期小任务"收集西、收集东"，在开学初给孩子们提供了分享和讨论的机会，也让我们看到了孩子们灵动的想法、独特的生活体验，以及每个人的兴趣、情感和对周围世界的认知。虽然这个故事记录的是一部分孩子的参与情况，但这又何妨？孩子们有自主选择和锁定学习机会的能力与权利。没有参与这次分享，不代表这一刻他们在虚度光阴，更不代表他们不会在自己"准备好、很愿意、有能力"参与此类分享的时候主动参与进来。孩子们在幼儿园做出的选择，在我们看来，也是幼儿园文化的体现。

## 学习故事6.3 临时模特力老师

作者：大班沈佳

时间：2016年5月4日

今天你兴致勃勃地说："我要为园长老师画像！"但园长老师在开会，画谁呢？你说："我画力老师吧！"做出决定后你对力老师说："力老师，您还是坐在图书角的垫子上吧。"

接着，你拿来了画板和画纸，聚精会神地画了起来……

你边画边说着你对力老师的认识："力老师的头发是卷发，她还戴了一副眼镜。"很多有关力老师五官和着装的细节都被你描绘了出来……

5分钟过去了，一张白纸上呈现出模特老师的基本模样了！

你继续为力老师画像，边画边说着什么。我凑过去听了听，只听见你们在对话："力老师，您真美，大大的眼睛！""我在你心中这么漂亮啊！""是啊，您在我心里就是这么美丽啊！"

很快，你把心目中的力老师画完了。画像和力老师很像！头发、五官、坐姿、环境……力老师就真真地坐在那里！力老师好喜欢今天的这幅画，好佩服你呢！

图 6-6　给力老师画像

什么样的学习正在发生？

细致的观察：这是我第一次看到幼儿园小朋友画人物，真是太令人感到惊喜了！……你简直像个画家一样娴熟、认真、专业！你是怎么做到的？你以前练习过吗？你是专门学过画画还是受到了什么影响？我很好奇！

对老师的爱：细腻的画笔还让我看到了你对老师浓浓的爱。我原以为力老师是保育老师，在你们身边做着单一的护理、照顾工作，不会引起你们特别的注意，却没想到你对力老师观察得那么仔细，并用那么美好的语言说出你对力老师的感觉……

坚持梦想：你的目标是为园长老师画一幅画，但不巧的是园长老师在开会，所以你调整了计划并迅速行动，并且由此确定了一个长期的、更有难度、更有意义的目标：为全园老师画像！这让我更加充满期待了！

神奇的绘画技能：耗时短、形象、生动、清楚、简洁……这些都让我发现你是个写生高手啊！你能利用油性笔的细头清楚地勾勒出人物整体轮廓和面部特征，用点、线等准确地描绘出人物的主要特征……

灵活的思维：换了主角你仍能按计划行动，实现画人物的梦想。无论画谁你都很自信地说："我要把画人物画的技能练好，这样画谁都行。"你的这句话让我瞬间眼前一亮，让我在佩服你的同时也知道你确定更长远、更有难度的目标了。技能和情感在帮助你坚持梦想。

进一步学习的机会与可能：

如此细致的观察让你对人物的刻画这么精巧，这足以说明你很好掌握了人物绘画等美术绘画的基本技能。我们要一起观察更多的人物，一起为幼儿园更多的小朋友和老师画像，在提高绘画能力的同时，也提高观察能力。

三年的时光让你对身边的老师有了很深的了解，也让你对身边的老师产生了浓浓的爱。你利用绘画能力巧妙地表达你对老师的爱和对幼儿园的不舍。虽然你们距离从幼儿园毕业越来越近了，但是我们会将这份浓浓的师生情记录下来。

没有想到绘画会成为你的梦想。我会一直支持你、鼓励你。我们一起为更多的人绘画，充分表达对同伴的友爱、对老师的爱。

今天的作品一定要放在班级的展台上展示，让同伴欣赏，让你分享你在人物绘画方面的知识。这么美丽的人物画让我爱不释手、视同珍宝。我一定会把它进行精美装饰后，放到你的成长档案里，让它陪伴你。

发生在大班毕业前夕的这个故事，是家仪给老师画人物肖像的开始。孩子对身边每一个老师包括保育老师和园长的关注和爱，以及老师对孩子的关注和爱，都是那么细腻、自然、平凡。孩子、老师和家长一起营造的这样一个彼此关爱的小社会，在我们看来，就是幼儿园文化的体现。

3. 三义里一幼的故事带给我们的启发

三义里一幼的园长和老师为什么能在共同研习学习故事的旅程中与幼儿园文化不期而遇呢？在我们看来，这是因为她们没有只把学习故事当作一种评价方法来研习，也没有只把写出一个个好的学习故事当作研习目标，而是借助研习学习故事来审视自己对教育的认识，审视幼儿园教学现状，保持共享思维，主动寻求改变，以实现共同的教育理想。研习第一年，我们向刘晓颖园长提问得最多的一句话就是："你为什么要带着大家一起研习学习故事？"她的回答是："因为学习故事关注和重视儿童""让老师们不那么累，不为文字所累，不为环境创设所累，不为领导布置的任务所累""让我们园平均年龄为 42 岁的老师们有价值感，让老师们做的事情回归儿童。我觉得这也是《指南》所期待的"。现在，说到学习故事和三义里一幼，刘园长说："现在我觉得学习故事一直在伴随我们发挥着作用，已经融入了我们的幼儿园文化。我们做的、说的、写的叫不叫学习故事都不那么重要了。重要的是，它把我们引上了一条看见儿童、重视儿童、研究儿童的路。想象和反思我们如何与儿童一起生活与学习，是我们工作所必需的。我们现在已经有了这样的思维和行为模式，使各项工作都围绕这个模式展开。现在老师们虽然不写以前写的那些文案了，但还会写很多东西，如学习故事、课程文档等。老师们现在是自己愿意写，觉得写了有用，不为这些工作所累，而是做这些工作的主人。所以我觉得这件事（研习学习故事）是必须得坚持下去的。"三义里一幼的故事给我们的启示是，不管是创设幼儿园文化，还是创设班级文化，我们都"需要对自己的价值观进行持续思考，不断实践和接受挑战，持续关注人与人之间的关系"，这是幼儿园决策和行动的基础。①

**(三)研习学习故事促进"连接和关系"：童心家园的"礼物教育"园所文化**

三义里一幼与幼儿园文化不期而遇的历程让我们看到，幼儿园文化是园领导、教职员工及幼儿共同创造和享受的各种文化形态的总和。它有着丰富的内涵，可以在让大家保持共享思维的过程中凝聚和激发全体保教人员不断提升保教工作质量的精神力量，是幼儿得以健康、和谐、全面发展的巨大内驱力。凤凰岭下的童心家园探寻园所文化的历程与三义里一幼有点不同。成勇园长被绘本《花婆婆》所描绘的美好生活——"做自己喜欢的事，享受生活的美好，让世界变得美丽"所打动，因而期待"像这位幸福的花婆婆一样，投身自己热爱的幼儿教育，和孩子、老师、家长一起享受这一过程中的美好，把爱播撒在童心家园的每一个角落，播撒在幼教这片沃土上……把我的这份微小的礼物献给世界，让教育变得更加美好！"于是，成勇园长提出了以"礼物教育"为核心的园所文化，期望幼儿园里的每一个人都能努力成为他人生命中美好的"礼物"，用"礼物源自美好之心，蕴含挫败之意"的视角面对生命给予的所有经历。这份礼物分别归属于三种人群，拥有三种不同的维度。（表 6-2）

表 6-2  童心家园以"礼物教育"为核心的幼儿园文化

| 三份礼物 | 幼儿园给每个人的礼物 | 每个人给大家的礼物 |
| --- | --- | --- |
| 致儿童<br>——童年的礼物 | 健康的体魄<br>良好的习惯<br>优秀的品质 | 纯净的目光<br>童真的情感<br>自由的心智 |
| 致教职员工<br>——职业的礼物 | 健康的体魄<br>专业的成长<br>职业的幸福 | 全心的付出<br>用心的创造<br>真心的感恩 |
| 致家长<br>——养育的礼物 | 真爱的习得<br>自我的完善<br>科学的养育 | 真诚的尊重<br>珍贵的信任<br>全力的支持 |

① ［美］德布·柯蒂斯、玛吉·卡特：《和儿童一起学习：促进反思性教学的课程框架》，19 页，北京，教育科学出版社，2011。

177

表6-2很明显地表达了童心家园对人的重视，体现了集体与个体、个体与个体、个体与环境之间的交互关系——我们在一起，互为礼物，彼此影响。这些愿景和文化构想，是童心家园在研习学习故事之前就已经形成的。那么，"礼物教育"园所文化与学习故事之间有什么关系？研习学习故事对童心家园有什么意义呢？成勇园长说，学习故事和"礼物教育"非常契合的两点是：①从优长视角看人和事；②对双向关系的重视。成园长说："任何事物或者状态都有优点，即便是生活中的不如意、挫折和压力，如果你从优长视角去积极看待它们，如用一种礼物的视角，那它们可能就是积极的、向上的。"人和人之间、人与幼儿园之间互为礼物的双向关系，就如同互动互惠的关系。最重要的是，"学习故事帮助幼儿园和老师们回归教育工作的核心，那就是人！我们要在我们的教育中看到人，看到儿童，看到自己，然后思考成长的意义是什么"。

本书的第三章和第四章收录了童心家园老师们撰写的很多学习故事。这些故事让我们看到了在共同生活和学习的过程中，童心家园的"礼物教育"园所文化对儿童、老师和家长的意义。成园长认为研习学习故事促进幼儿园的成人主动寻找儿童视角，使他们愿意放下身段向儿童学习，保持共享思维，明确建立人和人之间连接的意义与价值。她特别提到了一个小朋友给她的启示。

### 学习故事6.4　我能跳下来

作者：成勇

时间：2019年9月23日

老师说："萌萌，你试一试能不能翻过来。"你说："我可以。"于是，你灵巧地爬上攀爬网，抬腿试了好几次，最后选择暂时不翻越。你对身旁的我说："园长妈妈，你看，我能够跳下来。"我向你点点头："能够安全地跳下来是很棒的。"

图6-7　我能跳下来

萌萌，今天你能够控制好自己，安全地从攀爬网上跳下来，所以我相信等你准备好了，你也能安全地从攀爬网上翻过去！加油！

成园长说，老师把她写的这个故事读给萌萌听后，萌萌很开心，说等她下次挑战成功了，再请园长妈妈来看她。于是，成园长继续回应萌萌，写道："谢谢萌萌教我自己在没有充分准备好'翻过去'的时候，是可以暂时安全地'跳下去'的，这是一个不错的决定。等你能翻过去的时候，我一定会去看你的！在你学习'翻过去'的时候，你如果需要我，我也会在你的身边。"

这是一件小事，但它却让我们感受到，幼儿园文化、学习故事或"礼物教育"就蕴含在老师和孩子每一天的共同生活和共享的思维方式中。"以儿童为本"的园所文化就需要这样处处见"人"，处处见尊重、理解、信任、包容的和谐的交互关系，而这在很大程度上受到幼儿园园长的言行和管理风格的影响。拥有教育者、领导者、管理者三重身份的成勇园长，虽然工作忙碌，但她却尽自己的最大努力看见孩子，与老师们建立连接，用自己的行动对幼儿园文化的内涵进行着诠释。童心家园以"礼物教育"为核心的园所文化是成勇园长首先提出的，在她与幼儿园所有老师、孩子和家长在一起的每一天里渐渐被认同、被理解。我们也能从本书中童心家园老师们所写的学习故事里体会到，幼儿园文化是在所有人为共同的愿景而努力思考和实践的过程中一点点丰富、具体和明晰起来的。

### (四)幼儿园文化：相信每个人的力量

德布·柯蒂斯和玛吉·卡特把幼儿园文化、班级文化定义为"一系列期望、语言、日常生活环节以及大家在一起形成的集体身份认同"[①]。三义里一幼和童心家园这两所幼儿园在《指南》的指导下，借助对学习故事理念和实践的研习，形成和强化幼儿园文化的历程，让我们看到幼儿园文化关乎以下内容：

关乎幼儿园里所有人在个体和集体层面的愿景，是期待，是方向，是个体、班级和幼儿园对现实情况进行觉察、分析和平衡后的结果；

关乎幼儿园里所有人的相处之道、共同学习和生活的方式及状态，需要大家拥有有助于识别和应对复杂情况的系统思维；

关乎幼儿园里所有人如何在反思和对话中保持共享思维，进而共同探寻"我们是谁""我们为什么存在""我们幼儿园的意义和价值"等集体身份认同问题。

德布·柯蒂斯和玛吉·卡特认为，"文化奠定基调，反映你是谁，表达你要怎样生活以及如何与儿童一起学习"。幼儿园这样的文化空间，是能产生社会地位和关系的行动环境，所以卡尔等人把这样的空间称为"心智倾向性场域"。儿童和成人可以在这样的空间里形成与"关系"相关的身份认知，同时也在不同的"心智倾向性场域"中做出与"参与"相关的选择：哪些地方可以进入或哪些活动可以参与？什么可以说、可以做？什么不可以说、不可以做？哪些情绪可以有？哪些情绪不可以有？[②]……现在，我们就不难理解为什么要重视文化了。因为它是所

---

① ［美］德布·柯蒂斯、玛吉·卡特：《和儿童一起学习：促进反思性教学的课程框架》，33页，北京，教育科学出版社，2011。

② ［新西兰］玛格丽特·卡尔、温迪·李、卡罗琳·琼斯，等：《学习的心智倾向与早期教育环境创设：形成中的学习》，28页，北京，教育科学出版社，2016。

有置身其中的人构建"我是谁"、探寻自己的价值和存在意义的"有形世界"；因为人们在所处文化世界中的位置，以及是否能够和如何发挥主体能动力，影响着他们的各种选择；因为人们的选择，影响着文化的传承和创新，以及个人新的可能的自我的建构。换句话说，《指南》和"Te Whāriki"都鼓励把儿童放在开创和共创学习的位置，重视发挥每个人的主体能动力。放手和赋权，在我们看来，就是希望为幼儿园文化勾勒一幅相信并激发每个人学习和成长力量的新图景。构建这样的幼儿园文化新图景，需要基于我们认同的儿童观，在实践中不断注意、识别、回应、记录、再读和回顾儿童的学习，保持共享思维，共同营造能够发挥每个人主体能动力的组织架构、管理模式和环境，在互动互惠的关系中促进每个人的学习和发展。只有这样，我们的教育才能对每个人都有意义，幼儿园文化才能彰显其应有的价值。课程和学习的理念、人和人之间的关系、每个人的主体能动力，以及正在被人们体验着的工作和学习文化都是影响园所文化和教育生态的重要因素。

## 二、学习故事和另一种学习—评价文化

从教育者的视角出发，纳西尔（Nasir，N. S.）等人把文化定义为"一系列实践"，认为"这些实践是经过历史积淀的、为了实现社会所推崇的目标而被社会不断修正的。这些实践包括人们使用的工具、将人与人联系在一起的社交网络、人们组织活动的方式，以及人们经常发布并重视的言论，即理解、再现、评估和适应这个世界的特定方式。根据这个观点，学习和发展可以被视为人们在生命历程中习得多种相互重叠、互补甚至是相互矛盾的文化实践"[①]。因而，学习是一种文化性过程，儿童通过学习"发展所处文化模式共享的才能，并成为这种文化所重视的、独一无二的学习者"[②]。这些理论再一次支持了我们在第四章中论述的"在中间学习"这一概念，即学习发生在人与周围世界的交互关系中。学习者学什么、怎么学、学成什么样、为什么而学等，都受到学习者所处的周围世界的影响，包括学习者身边的重要他人、规则、工具、语言、历史、传统等在内的物质的、社会的环境的影响，也包括时间的影响。因而，随着时间的推移和周围环境的激发、鼓励和支持，每一个儿童都可能拥有无限可能。

---

① Nasir, N. S., Rosebery, A. S. & Warren, B., et al., "Learning as a Cultural Process: Achieving Equity Through Diversity," in *The Cambridge Handbook of the Learning Sciences*, New York, Cambridge University Press, 2006, pp. 489-504.

② ［新西兰］玛格丽特·卡尔、温迪·李：《学习故事与早期教育：建构学习者的形象》，4页，北京，教育科学出版社，2015。

本书所呈现的我们的研习之旅，正是我们学习多种相互重叠、互补甚至是相互矛盾的文化实践的过程。例如，来自新西兰的学习—评价文化与我国传统的学习—评价文化有很大不同，这给我们的研习带来困惑和挑战，但正是这样的学习帮助我们想象和建构新的学习—评价文化。

### (一)取长式的评价文化和重视儿童视角的学习文化

相信每一个儿童都是有能力、有自信的学习者和沟通者，从发现"哇时刻"开始，发现儿童的兴趣、优长和能力，是研习学习故事带来的评价文化的改变，并促使我们在倾听和观察儿童时，暂时放下自己的想法和信念，用儿童的眼睛去看、去感受，让他们与自己的内心世界、与周围世界互动。这些内容是我们在第三章中重点讨论的。在研习过程中，我们也会通过一些有助于觉察儿童和老师不同视角的小练习，如分析一个师幼互动片段中儿童和老师的知情意行(实例参考表 6-3 和表 6-4)，来帮助大家体悟日常生活中的取长式评价和儿童视角。练习过程如下。

选取一个师幼互动片段(可以是视频素材，也可以是文字记录；可以是老师自己与孩子的互动片段，也可以是老师与其他老师的互动片段；可以是真实的互动片段，也可以是文学、影视作品中成人与儿童的互动片段)。

逐步分析儿童每一次"行"动背后的"知""情"和"意"。

逐步分析老师或其他成人每一次"行"动背后的"知""情"和"意"。

觉察发生在儿童和老师或其他成人之间的呼应过程。

梳理自己在分析过程中关于儿童、老师或其他成人不同视角的感受。

表 6-3　分析儿童和老师的"知情意行"实例——《挑战"大恐龙"攀爬网》

| 行 | 知 | 情 | 意 | 老师是否回应 |
|---|---|---|---|---|
| 第一天： | | | | |
| 小女孩开始挑战第六关：在攀爬网上面爬 | 我可能可以 | 勇敢　自信 | 想试试 | 是　孩子有机会尝试 |
| 小女孩爬到三分之一处停下 | 我好像不可以 | 紧张　害怕 | 需要时间想想怎么办 | 否 |
| 其他孩子有的教，有的催 | 有人停下来了 | 有的共情，有的着急 | 想快点继续 | 是　老师介入了 |
| 老师介入，问小女孩是否继续 | 小女孩的意愿是解决问题的关键 | (信息不够) | 了解小女孩的意愿 | |

| 行 | 知 | 情 | 意 | 老师是否回应 |
|---|---|---|---|---|
| 小女孩答想继续但害怕 | 我知道自己想要什么和此刻自己的感受 | 害怕　坚持 | 让老师知道我十分纠结 | 呼应了小女孩，没有共情"害怕" |
| 老师鼓励，亲手帮扶，同行保护 | 支持孩子完成挑战很重要 | （信息不够） | 我要用各种方式帮助孩子尽快完成挑战，解决问题 | |
| 小女孩完成爬行 | | （信息不够） | （信息不够） | （信息不够） |
| 老师邀请孩子们说说游戏感受 | 需要给孩子回顾和分享感受的机会 | （信息不够） | （信息不够） | |
| 小女孩回顾了第一、二、四关的游戏过程 | 我知道自己喜欢什么样的游戏体验 | 喜欢　自信 | 分享自己喜欢的体验 | （信息不够） |
| 老师肯定了小女孩过第六关时的勇敢 | 勇敢值得被肯定 | （信息不够） | 让大家为勇敢喝彩 | |
| 第二、三天： | | | | |
| 小女孩没有挑战攀爬网 | 我知道我可以选择和决定玩什么 | （信息不够） | （信息不够） | （信息不够） |
| 第四天： | | | | |
| 只有一个孩子在攀爬时小女孩前去挑战 | 我知道什么样的环境适合我再次挑战 | 勇敢　自信 | 在一个有足够空间且不易被打扰的情境中再次挑战 | 是　允许并关注 |
| 遇到困难，老师问是否需要帮助 | 我可以是帮助者；孩子知道自己要什么 | （信息不够） | 让孩子知道我可以在她需要时帮助她 | |
| 小女孩说"我能自己下来" | 知道自己可以做什么 | 自信 | 我要自己独立应对挑战 | 是　接受并关注 |
| 小女孩成功后笑了 | 我能行 | 喜悦 | 喜悦之情自然流露 | （信息不够） |
| 小女孩继续尝试，越来越熟练 | 我能，我喜欢，我更快 | 喜悦 | 我要体验独立应对挑战后的成功和喜悦 | （信息不够） |

**表 6-4　对《挑战"大恐龙"攀爬网》进行分析后的感受**

| | |
|---|---|
| 关于小女孩 | 我感觉小女孩知道自己想要什么、能做什么，知道自己的感受，知道评估环境，知道自我保护（害怕也可以说是一种自我保护的积极机制）。我看到她很勇敢、自信，一直准备接受新挑战，也会根据自己对环境和自己感受及能力的评估，做出是否愿意继续尝试的选择。解读：在应对挑战时，她的意愿是有时间和空间自己独立应对挑战。成功对小女孩来说似乎不是通过"某一关"，而是"某一关"的挑战是否是自己主动、独立完成的。 |
| 关于老师 | 我感觉老师知道自己的角色是问题解决者、询问者、支持者、帮助者、机会提供者、关注者。老师认为给孩子选择的机会很重要，孩子勇敢坚持很重要，孩子完成挑战很重要，大多数孩子的需要很重要。我在想，当小女孩害怕而停下时，如果老师不是选择想各种办法帮助小女孩尽快完成挑战，不是鼓励小女孩不要怕，而是号召大家理解小女孩的害怕，以及让大家借机停下来休息一下，一起给小女孩时间和空间自己调整情绪的话，那么这个过程对小女孩和其他孩子来说会是一种什么样的学习经历和体验？会有什么样的价值呢？ |
| 关于记录 | 老师对"情"——共同的"情"和自己的"情"关注比较少。 |
| 关于视角 | 在"停下"的那一刻，小女孩应该了解自己的视角，也能感受到自己的行动给其他孩子带来的影响。老师感受到了小女孩的感受，但似乎没能共情，也没有发现"害怕"在学习中可能存在的积极意义，没有想到给小女孩与自己的"害怕"情绪相处的机会，而是直接"鼓励"她从"害怕"中走出来。这可能是因为老师视角没有与小女孩视角相连通。也可能是因为老师在"集体需要"和"个人需要"的选择中倾向于"集体需要"，所以选择让个人做出改变来满足"集体需要"。这一点在后来得到了印证：当小女孩的需要没有影响到更多孩子时，老师很容易就能给她独立自主应对挑战的时间和空间。这些发现给我的启示是，老师对情绪的认知、关注和理解以及共情能力影响着老师视角与儿童视角的连通，老师的价值观也影响着老师视角与儿童视角的连通。 |

表 6-3 和表 6-4 呈现的是我们根据一份师幼互动的文字记录进行的分析。这样的分析呈现了儿童和老师的每次行动都基于一定的认知、情感和意图，也让我们开始慢慢觉察，有时候，我们认为的成功不一定是儿童心中的成功，而我们认为的失败或失误，有可能是新的学习机会。老师之间、老师与儿童之间围绕分析片段和分析过程进行的对话与讨论，将有助于我们对成人的价值观、关注点和多元视角的觉察。

**(二)聚焦参与的评价文化和重视有助于学习的心智倾向的学习文化**

参与即学习。心智倾向是一整套和参与有关的机制。促进儿童学习，就是要促进儿童准备好、很愿意、有能力参与学习。这些是"Te Whāriki"和学习故事基于社会文化理论提出的学习观，所以围绕学习进行的评价需要聚焦儿童参与学习的过程以及和参与有关的心智倾向。融合了知识技能、意图、社会性关系和内在动机的心智倾向，在卡尔看来，又可以被视为"经过复杂、连续累积的过程而形成的学习成果"①。因而，重视心智倾向的学习，既是学习过程，又是我们感兴趣的学习成果，如表 6-5 所示。

表 6-5　三位一体的心智倾向的内涵与促进儿童发展的可能

| 三位一体的心智倾向的内涵 | 实质 | 心理学概念 | 行为 | 儿童将有可能…… |
|---|---|---|---|---|
| 准备好 | 知道为什么学习 | 学习倾向、意向 | 开创发起 | • 期望人物、地点和事物是有趣的；视自己为有趣的且对事物感兴趣的人<br>• 准备好持续参与，持续关注；视自己为能够参与其中的人<br>• 遇到困难或不确定性时坚持不懈；视自己为遇到困难或不确定性时能坚持不懈的人<br>• 希望用一百种语言中的一种或多种与他人沟通，表达想法和感受；视自己为沟通者<br>• 以多种方式承担责任，从另一个角度思考问题，支持公正、反对不公；视自己为有权利和有责任的公民 |
| 很愿意 | 知道在哪里和什么时候学习 | 对机会的敏感度 | 识别机会 | • 准备好在所处的场所中识别、选择或建构兴趣，在不同场所中将人工制品、活动和社会身份联系起来<br>• 对自己所处的当地环境的安全性和可靠性做出有依据的合理判断<br>• 对场所和场合保持敏感，认为在某个场合和场所克服困难或应对不确定性以及抵制旧有成规是有价值的<br>• 有发言权，也会被倾听<br>• 识别或创造承担责任的机会 |

---

① ［新西兰］玛格丽特·卡尔：《另一种评价：学习故事》，5 页，北京，教育科学出版社，2016。

| 三位一体的心智倾向的内涵 | 实质 | 心理学概念 | 行为 | 儿童将有可能…… |
|---|---|---|---|---|
| 有能力 | 知道怎样学习 | 能力 | 互动学习 | • 发展能够支持他们探究自己感兴趣事物的各种能力<br>• 发展有助于参与活动和保持专注的策略<br>• 发展发现问题和解决问题的知识技能；认为犯错是解决问题的经历<br>• 发展学习一种或多种语言的天赋(广义上的)；熟悉一些与学习情境相关的体裁，掌握有关熟悉事件的脚本知识；<br>• 发展承担责任、做出决定和被请教的经验，对公平和公正的理解，以及承担责任的策略 |

儿童正在发展的理论与心智倾向紧密交织在一起。在早期教育阶段，儿童发展着越来越复杂和有用的理论，包括与出现在他们生活中的人、地方和事物有关的理论。儿童正在发展的理论包含他们对这个世界的认识和期望。有助于学习的心智倾向，如投入，支持儿童发展、提炼和拓展他们的理论。随着儿童经验、知识技能的不断丰富，他们正在发展的理论会在越来越广泛的情境中得以运用，和他们自身的生活产生越来越紧密的联系，越来越有创造性。[1] 儿童正在发展的日益复杂和有用的理论，可以帮助他们理解这个世界，让儿童越来越有能力控制周围发生的事情，越来越有能力解决问题，越来越有能力主导未来的学习。

我们可以通过一些小练习来理解有助于学习的心智倾向和儿童正在发展的理论，以及它们对儿童的意义。练习步骤如下。

第一周：在日常生活中捕捉和记录一个蕴含儿童正在发展的理论的片段。

刘胤老师记录的片段：

时间：2015 年 3 月 27 日上午

地点：大四班卧室、拼摆区

这个学期，我们班联合大四班一起开展跨班级区域活动。亲亲和唱唱两个

---

① New Zealand Ministry of Education，Te Whāriki：Early Childhood Curriculum，Wellington，Learning Media，2017，p. 23.

小朋友今天第一次走进大四班拼摆区游戏。她们依然延续大五班的"海底世界"主题，只不过用的材料不一样。

唱唱取来老师投放到拼摆区的编织玩具，压放在地上说"咱们直接拿这个当水母吧"，说完还让这个"水母"在海里游来游去，很开心。亲亲也取来一个"水母"。她们一起摆弄着编织玩具，像两条快乐的小鱼。两个人的"水母"游到一起时，亲亲摸了一下，说："挺硬，双水母，双水母！"

唱唱这时把"水母"翻了过来，亲亲惊喜地说："这像鲸鱼喷出来的水花！"唱唱问："鲸鱼在哪儿呢？要不咱们拼一个吧。"

图6-8　双水母

第二周：分析这个片段中儿童正在发展的理论，以及进一步支持理论建构的机会和可能。

刘胤老师对这个片段的分析：

在这个小小的现场，我发现了孩子的两种学习成果：其一是孩子在游戏中自然而然地发现并感知了"双"这个量词；其二是她们发现水花之后马上联想到了鲸鱼。

为什么我会发现这个理论？她们把编织玩具当成水母并假装让其在海底游来游去时发出的开心笑声吸引了我。我好奇她们为什么这么高兴。看着看着，我发现她们在一起互动时，学习就发生了。所以我觉得，孩子的学习会在快乐、轻松、愉悦的状态下发生，同时我们也能发现她们更多的理论。

是什么驱动儿童建构并分享这个理论？一是孩子已有的经验，二是友情。这两个孩子是好朋友，在幼儿园里形影不离。只要她们在一起游戏，就会有精彩时刻出现。如果某一天其中一个人没来园，另一个人的游戏、学习状态就会大打折扣。

这个理论可能会引出哪些新的学习机会和可能？我会鼓励、支持她们运用各种材料拼摆鲸鱼。在这个过程中，我相信她们还会建构新的理论。

第三周：研习小组的老师们自选其他老师记录的儿童的理论实例进行分析。

朱金岭老师分析刘胤老师记录的亲亲、唱唱正在发展的理论：

亲亲、唱唱的理论：她们在发展有关海洋动物的理论；她们在发展有关"双""单"的理论。

亲亲、唱唱螺旋上升式的学习：亲亲、唱唱的经验始于她们班进行的有关海洋动物的活动；亲亲、唱唱二人的交流不断为彼此提供新的信息。

进一步支持亲亲、唱唱建构理论的机会和可能：为她们提供更加丰富的材料，支持她们塑造更多的海洋动物玩具；引导大四班小朋友和她们一起进行海洋动物玩具的制作和游戏；进行其他动物玩具的制作和游戏。

第四周：周菁老师呼应研习小组老师们的分析。（表6-6）

表6-6　周菁老师的呼应

| | 儿童可能在发展的理论 | 螺旋上升式的学习 | 机会和可能 |
| --- | --- | --- | --- |
| 朱金岭老师分析儿童"拼摆海洋动物" | 编织玩具可以用来想象着玩 | 经验和信息：对水母和鲸鱼的了解；在环境中提供想象材料和信息 | 提供更多开放的材料，支持发散思维 |
| | 编织玩具的造型与水母和鲸鱼的特点的关系 | 知识建构和理解：整合已有的相关经验，发散思维 | |

第五周：研习小组老师们的回应和感悟。

刘胤老师的回应和感悟：

回应周老师对我发现的儿童理论的分析：周老师对我启发最大的是，周老师围绕编织玩具与儿童学习分析儿童理论；围绕经验和信息、知识建构和理解分析儿童螺旋上升式的学习。我最初对这个故事的认识是零散的，只凭着自己的经验进行分析，头脑中没有关于儿童学习的本质的认识。

回应朱老师对我发现的儿童理论的分析：我觉得她从儿童对动物的认识的学习理论以及儿童情绪学习理论出发进行分析给了我思路上的启发。特别是在下一步学习中，朱老师提出的回应策略很具体、可操作。

感悟：之前我写学习故事中的识别这部分内容时常常会很纠结。我感觉，分析儿童理论这个作业对于我日后识别儿童的学习会很有帮助。在完成作业的过程中，我感觉自己对"儿童理论"和"螺旋上升式的学习"这两个概念的认识还很模糊。我也在思考，儿童理论与《指南》五大领域中幼儿的发展目标有哪些联系呢？

朱金岭老师的回应和感悟：

周老师对我分析刘胤老师的儿童理论的回应，最触动我的是，我只是就孩子的具体表现来分析，没有上升到"想象力""发散思维"的层次，也就是说还没有理解儿童理论与心智倾向和学习的关系，今后还需要多多学习。

感悟：孩子的每一句话、每一个动作、每一个眼神都是他们在学习、在思考的表现，都需要我们认真对待。我们制订的计划，一定要和孩子的心智倾向相联系，帮助孩子在螺旋上升式学习中形成良好的心智倾向。对于一线老师来说，我们感到困难的是分析、识别，我们需要把理论与实践很好地联系起来。在这方面我还需要多学习、多练习、多思考。

这个小练习持续了一个多月，每个星期会有一个小任务，目的是让我们能够首先与儿童的理论连接，然后与自己的认知连接，与同事的分析连接，在倾听、对话和持续呼应中拓展自己的理解、认知，并提出新的问题。寻求正确且标准的答案不是连接的目的，促进观察、倾听、对话、思考才是。这样的专业学习体验，有可能被老师们和教研员们迁移到与儿童一起感受、理解、体验学习的情境中。

**（三）用叙事理解复杂性的评价文化和重视不确定性的学习文化**

邱茂泽在《中国叙事通义》中指出，中国自古就有叙事，"叙者，序也，通'绪'，有整理头绪之意"。叙事"从结绳记事开始，就已经有一种结合在总体生活中的组织调节意义"，"是生活沉密意象的贯通、统要之功，是经验整理头绪、调整位置、分别先后默会之意，而后达意、传神"[1]。可见，叙事自古就是生活本身的传达，同它的周围世界和文化连在一起。我们通过叙事进行交流，在叙事中发现和理解人、事和生活的意义。

在第三章中，我们试着探索借助叙事研究的三维空间和卡尔的三位一体的心智倾向概念，从个体本身、个体与周围世界的互动，以及个体与过去和未来的连接几个层面对儿童的学习进行分析和解读。但这些还只是理论工具，在实践中，借助叙事理解学习和生活的复杂性，并重视不确定性并不容易。不过，我们相信行动、对话和持续共享思维的力量，因为"叙事就在于用，在于用中融会贯通的理解和发现"。于是，我们鼓励老师们将写学习故事融入日常工作并进行分享，同时彼此呼应和共同解读。以下是发生在我们研习微信群里围绕老师们的学习故事进行的一些对话和呼应的实例。

---

① 邱茂泽：《中国叙事通义》，1～8页，广州，中山大学出版社，2013。

### 实例一：与成勇园长围绕她撰写的学习故事《我变成了……》的对话

周菁：我很好奇，"我变成了……"是孩子说的吗？

成勇：我认真想了想，不是孩子说的，应该是我的想法，是我认为的她的想法。

周菁：我感觉不像是孩子说的，因为照片和你的文字中并没有呈现与"我变成了……"有关的内容。

成勇：也许可以取名为《你找找我……》。我觉察到自己在和孩子们在一起的时候缺少了一些主动性。孩子们在用自己的方式和我主动交流，而我有时能读懂他们的想法，有时则读不懂。现在看来，和孩子们进一步交流很重要，因为这能帮助我了解孩子行为背后的缘由，以及他们的想法，等等。

周菁：成园长，你的这种反思非常关键。

成勇：周老师，我感觉现在和孩子们在一起时，我已经从过去习惯性地、无意识地直接引导或者纠正，改变为有意识地用心去看、去听、去感受儿童的需要，这让我发现了儿童的力量、声音、

### 我变成了……

你拎着"跳袋"走到我面前，我笑着看你，还未曾开口，你突然钻到袋子里，左晃晃右晃晃，我好奇地用手摸着"袋子"，听到你在袋子里"咯咯咯"的笑声。

2019年6月3日 成勇

突然间就从袋子里钻出来，一张灿烂的笑脸展现在我眼前☺

你好会玩，好有想象力，这个常常被我们用来跳的"跳袋"在你的游戏里好像变成了一个"魔术袋"，相信这个魔术袋"在你的手中会有更多百通，我可以叫你"百通女孩"吗？也很谢谢你用这种独特的方式和我这个陌生老师"打招呼"☺

**图 6-9　我变成了……**

想法、智慧，带给我很多启示。对于自己的这种转变，我还是很激动的！因为伴随着对儿童是谁的思考，我迈出了在行动中转变观念的第一步。我还要继续向前走，用心思考如何带着好奇心通过倾听、对话去识别、理解、回应儿童，并付诸实践。我们是儿童身边的"环境"，如何成为儿童成长过程中积极有力量的环境是需要学习和努力的！为儿童写学习故事，通过这种方式和儿童对话也许是让环境产生力量的一种重要路径。

### 实例二：朱金岭老师主动改了三次的学习故事

在一次研习活动中，每位老师都撰写了一个学习故事，朱金岭老师也不例外。和其他老师不同的是，朱老师主动将她写的学习故事改了三次。我们都很好奇朱老师为什么一改再改。朱老师说："改稿的过程是不断看见儿童、听见儿童

内心的过程。当第一稿写完后，周老师的一句'看不出来你想要写什么'让我有些懵。再仔细翻看照片时，我一直在想，周老师为什么看不出来我想要写什么？是我写的不行，还是因为我没有真正看见儿童到底在做什么？于是，我开始想象，如果自己是这个孩子……然后就有了第二稿。但是，我读第二稿时，又发现了问题，就是给故事命名。我在反思，我起的故事名《终于……》所传递的信息是孩子的想法，还是我的想法呢？很遗憾我当时没和孩子进一步沟通，没能了解孩子的具体想法和感受。我想起周老师提到过，可以直接引用孩子的话，或通过描述孩子的状态来给故事命名，于是就有了第三稿《飞跑……翻转……》。在第三稿中，我还加上了识别内容，让这份记录从一个故事变成了一个评价文本。"

图 6-10　朱金岭老师改了又改的学习故事

### 实例三：郭青老师写的学习故事，以及围绕周菁老师提出的问题进行的自我对话

1. 我是否对孩子感到很好奇？

是的。

2. 我对孩子的什么感到很好奇？

不过起初好奇的是孩子们围在那里干什么。后来，在探查究竟后，是对孩子们对晕倒的蜻蜓的分析话语感到好奇，现在还好奇孩子们带蜻蜓回班后又做了什么。

3. 我写的故事是如何因为我的好奇而让我对孩子们有了新的了解？

自己确实是因为好奇而记录下了孩子们分析蜻蜓晕倒的原因的情况，但是后续没有去了解孩子们怎会如此分析。我的记录仅仅停留在了表面，并没有去细致和深入地解读孩子们。

4. 我的这些新的了解是孩子们想让我看到的吗？

是我一厢情愿，因为我并没有参与到孩子们的讨论之中，只是在听和记录，在好奇……

5. 我怎样才能知道孩子们想让我看到什么？

在我提出把小蜻蜓带回班级后，孩子们很兴奋，接受了建议，但是我自身缺乏了后续的直接跟进与连续参与，所以不能断言。但是孩子们的兴奋能够让我感受到他们愿意让我参与到他们的活动中，但是我并没有及时去做……

6. 看到了我想看到的这些后再怎样做呢？

好奇宝宝

瞧，它怎么了？

一只"晕倒"在草坪上的蜻蜓把你们深深地吸引过来。
——它怎么啦？
——它是蜻蜓，我在奶奶家看到过。
——它怎么不飞了？
——它的眼睛睡闭上了！
——它是不是飞的晕倒了？
——它是渴的晕倒了？
不对不对，蜻蜓是会"飞"的，它都不飞了，一定是死了，不对，它是受伤了……
不对不对，它没有流血，应该不是受伤了。
我知道了：一定是晕倒了，是被太阳晒的晕倒了。
听着你们的"分析"，我相信你们这一群好奇宝宝一定能够用自己的方式找到和发现晕倒的蜻蜓的秘密。

图6-11 郭青老师撰写的学习故事

记录后我又该做些什么？最该做的是跟着孩子们，看看他们带着晕倒的蜻蜓回班后发生了什么。

7. 我记录的这个学习故事发生在一个什么样的时间轴上？

仅仅一次的观察，小班孩子们：对昆虫感兴趣—对蜻蜓的关爱—善于观察分析—愿意分享。

8. 对下次写故事的你，现在的你有什么想说的吗？

做一个踏实、倾心的陪伴者，在捕捉孩子们展现力量的瞬间，做好自己应该做的，明白自己为何记录中，找到记录的根，因为孩子们需要我们真正地与之同行。

在老师们的日常记录和对话中，我们看到通过叙事理解儿童、理解自己、理解学习复杂性的可能。在这个过程中，我们追求的不是"精准"和"客观"，而是鼓励拥抱不确定性和主动觉察自己的主观性，以及不确定性与主观性背后的原因。因为当不确定性出现时，就是我们觉察和挑战自身的刻板印象、刻板思想和刻板行为的时候。而只有老师们表达了她们的主观看法和感受，我们才有可能了解真实的她们。因而，我们为不确定性和主观性欢呼，并努力将与自己对话、与儿童对话、与同伴对话和反思融入日常。同时，我们学习用"可能的"语言和表述方式，如"可能的自我""什么样的学习正在发生"，或者"进一步学习的机会与可能"等来提醒自己：我们的叙事只是站在我们的立场进行的"可能的叙事"；用"我感觉""我认为""我看到"等句式而不是"我们……"来分辨自己和他人的感受；在自我对话和多元对话的过程中，练习将自己的行为"客体化"，持续觉察和反思自己的言行。想要创造这样的学习文化，需要我们像老师们为孩子们营造学习环境那样，在日常交流中共同营造一个"不评判"的环境，让老师们在一个可以相互信任、接纳、赋能、合作的充满安全感的学习共同体中，敢于发挥自己的主体能动力，敢于面对自己，敢于参与对话和反思，而不只是提供几条策略让老师们去落实。

**（四）促进"互动互惠的关系"的评价文化和重视"联结性认知"的学习文化**

学习故事是一种形成性儿童学习评价体系，把"互动互惠的关系"作为评价实践需要遵循的原则，支持儿童在与自己内心、与周围世界之间的连接中学习。同时它又是一种可以跨越不同情境的边界介质，建立着幼儿园、家庭、社区等不同学习情境之间的连接。本书收录的很多学习故事所记录的学习旅程，小到一个几分钟的片段，大到持续几个月的一系列学习事件，都能体现儿童在学习发生发展过程中建立的种种连接。我们也借助对"虚拟书包""启发网络"和"多重时间链"等概念的讨论和体悟，尝试让各种连接在我们的认知层面一点点变得清晰、可见。

受毛利文化的影响，"Te Whāriki"提出，儿童不仅带着自己的力量而来，还带来了他的家庭、部落和祖先的力量。因而，当一个孩子来到幼儿园时，他背着两个书包，一个是装着上幼儿园需要的物件的实体书包，另一个是"装满了知识、经验和心智倾向的虚拟书包"[1]。其实，我们每个人都像孩子一样，背着两个书包而来，但我们常常只从实体书包中取东西，而没有意识到"虚拟书包"——如带到幼儿园的情绪、家里发生的一件事、在幼儿园外的一次体验及已有的知识技能和心智倾向——对发生在幼儿园里的学习故事的贡献。郑杰老师分析了参与共读《学习故事与早期教育：建构学习者的形象》一书时，自己的"虚拟书包"中可能装着的东西。

装着为共读所做的准备：我曾经参加过周老师组织的共读活动，收获颇多，但同时伴随着压力。这种压力是一种神奇的压力，它的"魔力"无限大，所以我带着这种"魔力"参加了这次共读活动，做好了充分的准备。回顾以往对这本书的体会，大致翻阅浏览带着疑问与期待参与共读。

装着期待：共读的内容可以与我的工作建立哪些连接？这样的连接可以给我带来哪些启发？期待"魔力"焕发无限的可能。

装着自我认知：我是一个爱学习的人；我是一个爱思考的人；我是一个爱岗敬业的人；我是一个很愿意帮助人的人；我很希望通过自己的努力带给身边人更多的能量。

---

① ［新西兰］玛格丽特·卡尔、温迪·李：《学习故事与早期教育：建构学习者的形象》，75页，北京，教育科学出版社，2015。

装着心智倾向：坚持、积极、感兴趣。

装着自我对话和思考：时间的合理分配是我的短板，怎么办？怎么让有效的学习与实践建立更广阔的对接？当共读活动与事务性工作产生矛盾时如何克服？如何提炼共读的内容？

就像郑杰老师分析的那样，每个老师在参与专业学习时，以及和孩子们在一起的每一天里，也和孩子们一样，都带着一个专属于自己的"虚拟书包"而来。觉察自己的"虚拟书包"，有可能帮助老师理解"虚拟书包"这个概念，而这将有助于老师更为敏感地发现孩子们身上背着的不易被重视的"虚拟书包"。三义里一幼韩梦楠老师对经常在数学区转悠的瀚泽小朋友感兴趣，于是开始挖掘瀚泽的"虚拟书包"里的宝贝。

### 学习故事6.5　计算器男孩的故事

作者：中二班韩梦楠

时间：2019年12月

每次活动时你都来数学区，于是我便对你感到好奇，为什么你会这么喜欢数学呢？你的家里肯定有很多数学卡片或数学玩具吧。你却对我说，你只爱玩计算器。我马上借了个计算器回来，便有了接下来的故事……100以内的加法完全难不倒你。你吸引来的小伙伴还想玩乘法计算……

图6-12　玩计算器

你为什么那么喜欢数学呢？我把今天拍的视频发给了你的妈妈，想从妈妈那里了解一下：你在家里怎么玩？你为什么喜欢数学呢？除了计算器，你还爱在家里玩什么？家人是怎么和你玩计算器游戏的？……

周末，和妈妈交谈后，我们知道了，原来是妈妈在家办公让你发现了计算器可以算更大的数，于是你喜欢上了计算器。妈妈说你还喜欢玩算盘，喜欢在写字板上写算术题，爱模仿老师。

妈妈还录了你在写字板上写"乐谱"的视频跟我们分享。你说"乐谱"是你在幼儿园里跳舞用的音乐。你知道吗？视频里你随着"乐谱"打的节奏还很准确呢！你的记忆力真不错呢！

我们也采访了你，你说你很想教小朋友数学。于是，在妈妈和老师的共同努力下，我们准备好了"瀚泽数学小课堂"需要的所有材料，并邀请了报名听课的几个小朋友一起来学习……

图 6-13　在家玩数学

图 6-14　第一天的"瀚泽数学小课堂"

图 6-15　第二天的"瀚泽数学小课堂"

瀚泽，谢谢你激发了大家对数学的兴趣，我们也受到了启发。我们在班里组织"数学玩具漂流活动"怎么样？小朋友可以把幼儿园的数学玩具带回家和爸爸妈妈一起玩，然后带回幼儿园跟大家分享你们在家里的玩法。

瀚泽，你让我们看到你是个很爱观察生活的小朋友，更是个爱联想的小朋友。因为热爱数学，所以在你眼里事事都是数学，从洗手图的排列到墙上形状

图 6-16　你激发了其他小朋友对数学的兴趣

的变化……老师会一直支持你，希望你能一直喜欢数学，希望你做其他事情也能有这种热情……

　　这个学习故事是韩老师第一次用视频的形式为孩子写的学习故事，这里的文字版是根据视频整合改编的。韩老师对瀚泽的好奇，激发她与瀚泽和瀚泽妈妈对话，才让瀚泽背了很久的"虚拟书包"得以被看见。韩老师从这个"虚拟书包"里取出了瀚泽熟悉的玩具——计算器，才让这段其实已经在家里开启了很久的学习旅程得以在幼儿园延续和拓展。这也激发了更多孩子对数学的兴趣。韩老师通过组织如"数学玩具漂流活动"，促使全班孩子和家长用自己的方式参与学习。在《计算器男孩的故事》里，我们既看见了瀚泽的"虚拟书包"，也看到了韩老师为促进瀚泽学习提供的"启发网络"①，即韩老师为支持儿童学习准备的必要的、有用的资源或某种教育设计，比如，马上找来计算器，提供数学小课堂需要的材料、时间和空间，设计"数学玩具漂流活动"等。于是，韩老师帮助孩子建立起了与更多人、物品、活动之间的连接。在孩子、老师、家长的共同参与下，一连串与数学有关的学习事件就在倾听、对话和持续呼应中跨越家园边界，随着时间的推移发生了——在家里玩计算器、出题和写"乐谱"等—在幼儿园玩计算器—连续几天的"瀚泽数学小课堂"—"数学玩具漂流活动"—继续对生活中、游戏中的数学感兴趣……

　　在这样的学习旅程中，老师没有根据瀚泽的年龄去评判瀚泽正在探究的数学内容是否符合年龄特点，而是在了解孩子的基础上，支持孩子在生活和游戏中对身边的数学进行探究。这个学习过程并不只关乎数学，还涉及社会交往、语言表达、前书写和前阅读、音乐、科学……不同学习领域的连接也在产生着。不过，最重要的连接，或者说可能给终身学习带来长远影响的"水面下"的

---

　　①　[新西兰]玛格丽特·卡尔、温迪·李：《学习故事与早期教育：建构学习者的形象》，32 页，北京，教育科学出版社，2015。

学习也在发生着，那就是孩子对学习有热情和兴趣，遇到困难不放弃，勇敢、自信表达自己的观点，倾听和尊重他人的看法，欣赏他人，为彼此的学习做出贡献……《计算器男孩的故事》可能只是瀚泽人生中的一个小片段，但这些有助于学习的心智倾向却有可能被迁移和运用到其他学习情境中，如另一个他感兴趣的领域或者另一个他遇到挑战的时刻等。这个学习故事也让我们看到，促进互动互惠的关系的评价文化和重视"联结性认知"的学习文化可以自然而然地发生在日常生活中。这个学习故事看似是瀚泽一个人的学习旅程，但发生在瀚泽身上的学习不是"个别性的活动"，而是他在与家长、老师、同伴的互动中经历的"一种集体活动"①。

**（五）我们的思考**

我们希望读者读到这里，已经能够从我们的讨论和老师们写的学习故事中感受到学习故事努力营造的是一种能够激发力量的评价文化，并支持一种能够帮助包括儿童和老师建构积极主动的学习者形象的学习文化。在这一部分，我们聚焦如何将研习学习故事既作为内容又作为原则，以支持每个老师各自的研习之旅。老师只有在自己的学习旅程中亲身感受和体悟上述理念，将这些理念与自己的实践和经验连接，才可能从内心接纳和认可这些理念，继而建立与儿童、与自己的教学之间的连接。我们不断提醒自己和他人：不评判，多倾听、对话和解读，因为每位参与研习的老师都带着不同的"虚拟书包"而来；重视个体差异和主体能动力，因为每位老师的工作环境、关系、职责和愿景都不同，每个人都有选择权；重视在持续呼应中共同反思和相互激发，因为大家可以提供不同的视角，提供可能激发新思考和新认知的信息。为儿童构建能够激发力量的学习—评价文化，老师需要改变自己作为教育者的形象，转变为心里存着不确定性的提问者、研究者、追随者、注意者、识别者、回应者，为儿童的学习搭建支架，心里装着心智倾向、知识技能而工作。

# 三、学习故事和"快乐而有意义的童年"

童年，不只是人生最初的几千天，还是儿童在一定社会文化和政治背景中建构的精神存在与文化存在②，与成年世界共生在一个系统中③。它也是"我们

---

① ［意］卡丽娜·里纳尔迪：《对话瑞吉欧·艾米利亚：倾听、研究与学习》，191页，南京，南京师范大学出版社，2014。

② 丁海东：《童年：一种精神与文化的价值》，载《中国教师》，2012(11)。

③ 陆美静：《童年的意蕴与人性的复归——以20世纪六七十年代生人为例》，载《学前教育研究》，2017(11)。

自己以及我们的文化从中生长起来的那片最初的人性土壤"①，拥有独特的价值。在不同的历史时期，人们对童年进行了不同的研究，这在我们对儿童形象的讨论中可见一斑。《指南》期待生活在 21 世纪的中国孩子能在所有爱他们的人的努力下，度过快乐而有意义的童年。那么，通过研习学习故事的理念和实践，我们努力构建的相信并激发每个人力量的幼儿园文化和学习—评价文化，希望儿童体验到什么样的童年呢？

### (一)被相信和倾听的童年

从相信儿童是有能力、有自信的学习者和沟通者的视角看待儿童，并在此基础上形成一系列有关儿童的具体信念，让儿童以这样的身份生活、学习和成长，是《指南》"Te Whāriki"和学习故事共同期待的。但要形成这样的儿童观并不容易，可能因为儿童看上去如此弱小、不懂事、不成熟，不会像成人那样沟通，也可能因为我们成人已经缺失了儿童拥有的多种语言中的大部分，有很多自己固有的逻辑和价值判断。因而，当看到一个小女孩站在约 70 厘米高的高台上准备往下跳，却在同伴和老师的鼓励中选择转身离开时，很多老师觉得意外和很难接受。范铭认为这是因为老师们"已经在潜意识中前置了'敢于跳下来就是勇敢的孩子'与'不敢跳下来就是胆小的孩子'的价值判断"②。老师们似乎并不相信这个小女孩是有能力、有自信的风险评估者、自我能力评估者以及学习时机的捕捉者，也并不相信她观察别的孩子跳下高台也是在学习。潜意识中，老师们可能会担心如果小女孩没有在老师的鼓励中跳下来，会显得老师很无能。如果是这样的话，老师们心中预期的学习成果，可能只是"跳下高台"，而不是支持小女孩根据自己的节奏和速度迎接高台给她带来的各种学习机会和可能——感知高度，站在高处看不一样的风景，与同伴交流互动，当然也包括拥抱恐惧……我们不禁深思，我们希望儿童拥有什么样的学习体验呢？是完成老师为他们设定的学习目标，还是有能力为自己的学习定目标、做计划呢？如果是后者，那我们就需要努力倾听他们可能用 100 种语言表达的心声、目标和计划，因为儿童的声音常常能"给我们带来惊喜，让我们思考关键问题，欣赏被我们视为理所当然的事物的奇特之处，阐明一些内隐的价值观，并让我们看到新的可能"③。

---

① 赵霞：《童年的消逝与现代文化的危机：新媒介环境下当代童年文化问题的再反思》，载《学术月刊》，2014，46(4)。

② 范铭：《一个游戏引发对"儿童观"的深度反思》，载《上海教育科研》，2018(4)。

③ Carr，M.，Jones，C. & Lee，W.，"Beyond Listening：Can Assessment Practice Play a Part?"in *Beyond Listening：Children's Perspectives on Early Childhood Services*，Bristol，UK，The Policy Press，2005，pp. 129-150.

倾听，不只是一种技能，也是一种教学法，还是一种文化。不同的人会出于不同的目的倾听儿童，比如，为了学习，为了改善与儿童的沟通状况，为了研究儿童的视角和观点，为了让儿童有机会参与日常生活中的各种决策等。但是，倾听儿童最重要的一个目的，可能是在各种与儿童学习和成长相关的决策过程中，使儿童的兴趣和利益清晰可见。不过，对于既要倾听儿童又要兼顾教育目标的老师来说，倾听并不是一件容易的事情。在研习瑞吉欧幼儿教育关于"倾听教学法"的阐释，以及在围绕倾听进行练习和不断追问的过程中，研习小组的老师们在慢慢体会和诠释着倾听是什么。她们说：

倾听意味着理解；

倾听意味着信任；

倾听意味着尊重；

倾听意味着想象；

倾听意味着放下自己；

倾听意味着不确定；

倾听意味着探索；

倾听意味着惊喜；

倾听意味着接纳；

倾听意味着认同；

倾听意味着开放；

倾听意味着不仅要同化，还要顺应；

倾听意味着不仅要让声波进入耳朵，还要有思想的交流和文化的理解；

倾听意味着思考；

倾听意味着学习。

倾听需要尊重；

倾听需要欣赏；

倾听需要静心；

倾听需要净心；

倾听需要与以往的经验建立连接；

倾听需要放下自己；

倾听需要好奇心；

倾听需要对话；

倾听需要时间；

倾听需要近心；

倾听需要尽心；

倾听需要打开心扉；

倾听需要等待；

倾听需要突破；

倾听需要共创；

倾听需要共享；

倾听需要理解与信任；

倾听需要用心看着对方；

倾听需要放空自己，专注于心；

倾听需要放下成见；

倾听需要真心了解对方；

倾听需要安全的环境；

倾听需要给对方机会；

倾听需要思考；

倾听需要利用多种感官来丰富自己的了解；

倾听需要开放的心态和思想；

倾听需要看重对方。

从老师们的表述中，我们看到他们开始形成倾听意味着人与人之间的心意相通，以及倾听需要人与人之间的心意相通这样的认知，并通过各种研习手段将倾听与自己的实践建立连接。例如，阅读薇薇安·嘉辛·佩利的《直升机男孩：教室里说故事的魅力》一书，体会作者如何倾听儿童，以及儿童如何相互倾听，并通过多元化的倾听和沟通理解儿童，建构对世界的认知；运用多元化的方法和手段倾听并收集儿童的观点，借助学习故事中的注意、识别、回应这一过程和自己写的学习故事觉察自己的倾听实践。

卡尔等人说，当儿童被倾听时，力量的天平就倾向了儿童。如果我们认为儿童是有能力、有自信的学习者和沟通者，而不是一张白纸或一个等待被装满的容器；如果我们认为教学和评价是对有能力、有自信的学习者和沟通者的注意、识别、回应，而不是在白纸上画画或在空容器中装满我们希望孩子掌握的知识技能；如果我们认为教育不是灌输，而是构建学习和成长的力量，那么我们需要自问：我们眼里的儿童是什么形象？我们关于儿童的信念是什么？面对我们和儿童，力量的天平倾向哪一边？我们真的在倾听吗？我们究竟为了什么倾听？……

如果儿童拥有一个感到自己被相信、被倾听，同时也在学着相信他人和倾听他人的童年，那他们会体验到什么样的童年生活？这样的童年会有什么样的意义呢？

### （二）被看见和尊重的童年

看见儿童，看见学习中的儿童，看见各种关系中的儿童，看见儿童的想法、兴趣、意图、目的、情感……看见儿童和尊重儿童是重要的教育理念。不过，和我们不容易相信和倾听儿童一样，在实践中体悟看见和尊重儿童的意义和价值也不容易。"Te Whāriki"在对儿童形象进行描述时提到儿童在为社会做出重要贡献，同时还提出一条学习和发展线索——"贡献"，认为成人为儿童创设的学习环境要能够让儿童体验到"无论性别、能力、年龄、种族或背景如何，他们都有平等的机会；他们作为个体得到了肯定；他们被鼓励与他人相互学习"①。在这样的环境中，随着时间的推移，在引导和鼓励下，儿童越来越有能力公平地对待他人，能认识到并欣赏自己学习的能力，能运用多种策略和技能与他人共同游戏和学习。这一条学习和发展线索建立在成人相信儿童有能力利用自己的优长和兴趣为自己与他人的学习做出贡献上。

2014年，当我们刚开始研习学习故事时，很多老师对"贡献"这条线索感到非常不解：孩子那么小，能做什么贡献？渐渐地，在练习倾听和看见儿童的过程中，老师们越来越能看见儿童和儿童的贡献，并通过为儿童撰写学习故事，让儿童看到和感受到自己以及他人的贡献与价值。例如，《淘淘的消防梦》中的淘淘凭借自己的热情和兴趣持续探究，也感染着身边的小朋友，给他人带来启发和灵感，做出了自己的贡献；《我能跳下来》中的萌萌给成勇园长带来了启发。有的孩子用自己的热情也感染着家长，比如，三义里一幼几个热爱京剧的孩子带动家长也开始接触京剧、了解京剧。除了为班级管理、课程发展、教师反思和家长感悟等做出贡献外，孩子们的贡献也蕴含在日常生活和游戏中：一个建议、一个灵感、一句鼓励的话、一份陪伴或者一个微笑……

### 学习故事6.6　好朋友得互相帮助

作者：祁丽丽（北京市第五幼儿园小一班）

时间：2019年11月27日

昨天午睡起床的时候，妹妹因为做了"噩梦"哭了起来。你走过来问我："我可以去安慰一下妹妹吗？"我说："当然可以了。"于是，你就径直走到妹妹身边，给了她一个大大的拥抱。妹妹真的慢慢地停止了哭泣。

洗手的时候你告诉我："妹妹是我的好朋友了。"这让我想起了昨天午睡前

---

① New Zealand Ministry of Education，Te Whāriki：Early Childhood Curriculum，Wellington，Learning Media，2017，p.36.

你说的那句"我和琪琪是好朋友"。琪琪主动帮助你脱衣服，而你在脱下衣服后问琪琪："你为什么帮我脱衣服？"琪琪说："因为我们是好朋友啊！"今天这样的画面再次上演了——在铭铭因为自己脱不下衣服寻求老师的帮助时你帮助铭铭拽袖子。当脱下衣服后，你对铭铭说的第一句话就是："今天我们就是好朋友了，好朋友得互相帮助。"

图 6-17　拥抱

当你紧紧抱着妹妹的时候我很感动，我想你是一个很善良的孩子。你希望与每一个人做好朋友，你对"好朋友"有自己的认知。而且你似乎从别人对你的帮助中感受到了好朋友带给你的乐趣，所以你很愿意通过帮助别人去交朋友。

嘟嘟，谢谢你让我看到朋友对我们每个人来说有多重要。我很好奇，你和你的好朋友之间还会发生什么样的故事呢？

这个短短的学习故事记录的又是一个日常生活中的小片段。祁老师不仅看见了嘟嘟当时当下的做法，还联想了琪琪为嘟嘟正在发展的有关"好朋友"的理论做出的贡献，让我们不仅看到了这个小片段的价值，还看到了即便是小班孩子也能为彼此的学习做出贡献。自尊和对他人的尊重，是建立在看见自己和他人的价值的基础上的。

如果儿童拥有一个感到自己的价值能被看见、被尊重，同时也在学着看见、尊重他人的价值的童年，那他们会体验到什么样的童年生活？这样的童年会有什么样的意义呢？

### (三)被呼应和护佑的童年

在幼儿园里，儿童、老师、家长三个主体的幸福，与他们之间的沟通、他们对于共同需要和兴趣的认知，以及他们在持久的关系中相遇的数量和质量密切相关。[①] 想让儿童、老师和家长都发挥自己的主体能动力，需要我们觉察到我们身处的环境是能对我们的行动做出回应的。在对话、倾听和持续呼应中护佑儿童的各种权利，是我们在研习过程中不断体悟到的。呼应和护佑儿童的幸福，需要老师和家长在看见、倾听、相信和尊重儿童的基础上共同付出努力。学习故事，作为一种能够跨越家园边界、传递价值观及爱的介质，既是对儿童的呼应方式，也是家园之间沟通的路径。它支持家长倾听儿童的心声，看见儿

---

① ［意］卡丽娜·里纳尔迪：《对话瑞吉欧·艾米利亚：倾听、研究与学习》，6页，南京，南京师范大学出版社，2014。

童的价值，并呼应儿童的兴趣，护佑每个儿童应该拥有的参与、体验学习和生活的权利。

### 学习故事6.7　我在天安门附近看烟花，再累也值得（节选）

作者：家阳妈妈

时间：2019年10月1日

**图6-18　坐在爸爸肩头看烟火**

家阳的老家还没有禁放烟花爆竹，所以每到春节、中秋，人们都有燃放烟花爆竹的习俗。近两年，家阳对烟花情有独钟，喜欢看有关烟花的绘本，喜欢画五颜六色的烟花，喜欢看烟花视频。

知道10月1日晚上天安门广场要燃放烟花后，家阳一直心不在焉，说想去现场观看。为了圆梦，我们一家三口在10月1日傍晚6点到达离天安门比较近的地方观看烟花。站立等待了两个小时后，终于在晚上8点，我们看到几束金色的烟花准时升上天空。家阳大喊着"70！70！"人们举着手机，"太美了"不绝于耳。几万人聚集在一起，像欢乐的海洋一样。家阳坐在爸爸的肩膀上，目不转睛地注视着夜空，随着人群不由自主地叫着："瀑布！""鸽子！""水母！""树！""绿草地！""笑脸！""甜甜圈！""火球！""蝴蝶！""字！"

为了记录那个时刻的激动心情，每一个高潮结束后，我们三人都会讨论烟花像什么，然后我在手机记事本上快速地写下来。

妈妈："这波烟花像什么？"

家阳："像圆圈，也像向日葵。"

爸爸："出现了哪些颜色？"

家阳："蓝色、金色，还套着粉红色。"

妈妈："形容烟花美丽的词很多，我刚才听到你说太精彩了、太壮观了。我们还可以说什么词汇呢？"

家阳："震撼！五颜六色！"

妈妈："对，五颜六色的同义词还有五彩缤纷。我还想到了美轮美奂、精彩纷呈、色彩斑斓、璀璨多姿。"

每次等待时，家阳都要看一遍我拍摄的视频，回味着刚才的精彩瞬间，还不由自主地唱起了《生日快乐》《歌唱祖国》。在浓浓的节日气氛中，人们挥舞着国旗，脸上洋溢着灿烂的笑容，让我们感到无比幸福。在最后一次等待时，我们看到几个大学生用大塑料袋收垃圾，正巧我也带了一个塑料袋，于是我们一家三口也开始在周围寻找垃圾。

············

未来的支持和可能：

如果说 10 月 1 日上午观看阅兵式，是家阳的一次认识强大祖国的机会，那么到天安门附近观看烟花，也是家阳人生中一次非常难忘而有意义的经历。

绚烂烟花，眼见为实。家阳认为这比他平时看到的烟花好看几百倍。由于家阳一直很喜欢烟花绘本，因此他理解烟花的燃放原理。我在网上搜索了一下这次国庆烟花表演蕴含的科技知识，赶紧给家阳普及了一下。

图 6-19　拼了个"70"

家阳："我想做一个'烟花'。"他用雪花插片在地上拼了个"70"。

在《我在天安门附近看烟花，再累也值得》中，我们看到家阳的爸爸妈妈用心倾听家阳的心声，用心和行动回应着他的心愿，并继续用心思考各种可以支持并拓展家阳学习的可能。家阳妈妈不是老师，但一直在用学习故事注意、识别、回应着孩子的学习。她说："家里有一个蓝色日记本，我的父母在其中记录了我成长的点点滴滴。我每次翻看它都特别感动。我希望家阳长大了，可以从一篇篇学习故事中回忆美好的童年时光。学习故事不同于日记。它需要家长有一双慧眼、一副灵敏的耳朵，发现孩子每个成长阶段的闪光点。为了写好学习故事，我经常用手机记录家阳提出的问题，从'为什么时针、分针、秒针不会撞上'到'宇宙和太空是一回事吗'。孩子提出的问题有趣且闪烁着智慧。这些素材是写好学习故事的基础。我想，三义里一幼留给了孩子很多珍贵的记忆，也教会了家长一项珍贵的技能。我会把记录学习故事的习惯一直保持下去，为孩子做出榜样——做一件事情要脚踏实地、坚持不懈。"

家阳妈妈让我们看到了爱和榜样的力量，也让我们看到了传承和呼应的力量。呼应的"应"，繁体字为"應"，最下面是"心"字，因而有用"心"顺应等意。如果儿童拥有一个被身边的人用心呼应和护佑，同时也在学着呼应和护佑他人的童年，那他们会体验到什么样的童年生活？这样的童年会有什么样的意义呢？

**（四）我们的思考**

当孩子们长大以后，我们希望他们拥有什么样的童年记忆？我们希望我们正在和孩子们共同创造的童年，可以为他们的未来和终身学习打下什么样的基础？我们的所有努力究竟是为了什么？有什么意义？这些是作为老师、家长的我们需要常常思考的话题。"让幼儿度过快乐而有意义的童年"是《指南》提出的共同愿景。我们在研习学习故事的过程中深刻体会到这个愿景并不只是一句口号，而且是我们与孩子、家长在一起的每日生活，以及我们的一言一行。儿童需要被相信、被倾听、被看见、被尊重、被呼应、被护佑，因为童年的体验应该是丰富、多元和充满无限可能的。只有我们带着爱努力走进儿童的内心世界，解读儿童的行为，了解、理解儿童，发现儿童的无限可能与潜力，帮助儿童建立与更广阔世界之间的连接，充满无限可能的能够进一步激发学习和成长力量的童年才有可能成为现实。

想要实现我们关于童年的共同愿景，道阻且长，但过程是令人欣喜和美好的。北京市顺义区澜西区四幼的张福建园长说："我们并不是从一开始就有共识和愿景的。我们经历了思考、辨识、理解、接纳，又体验了读懂、支持、欣赏、追随的美好。我们的探索始于'重新讲述'——大家一起走进工作、走进幼儿、走进彼此，看到我是谁、我要到哪里去、我要怎样去，以及幼儿是谁、他要到哪里去、他要怎样去。老师们在聊天中重新讲述自己的故事，再识身边人；在重新讲述自己的故事中，重新讲述小组的故事，再现内心；在重新讲述儿童的学习故事中看见儿童，共同重新思考，共同识别和呼应儿童。一个又一个学习故事让我们看到了儿童的力量、儿童的视角。从团队教研到个人实践，我们都在重新讲述老师、幼儿的故事。老师开启了追随幼儿的新生活，幼儿开启了主动游戏的新生活，园所开启了支持老师的新生活。大家各自勇敢面对一个又一个新挑战。老师被幼儿折服了！他们从思想深处接纳了幼儿的能力、幼儿的主动性，更建立了老师之间相互欣赏、相互支持、相互信任的伙伴关系。园所领导与老师的关系也悄然变化为看见彼此、欣赏彼此、支持彼此、发展彼此的关系。现在老师说得最多的是'我要问问孩子''我要看看××书''他们是我的老师''我们班××的故事特别棒'……在老师的心里，每一个孩子都十分完美。老师之间谈的是孩子们的精彩表现和支持孩子们的策略。各种生活经验、知识都是老师必备的，因为孩子们需要。老师现在回家后还要不断查找信息，记录孩子们的学习故事。他们还会主动约上园长到班级里一起观察……这就是重新讲述带给我们的收益。我们重新讲述时，就像走在四季风景各异的林间小路上，欣赏着不同的美景，发现着不同的秘密，收获着不同的果实。"

在这一章中，我们聚焦文化，回顾和讨论了研习学习故事带给我们的文化层面的影响。张福建园长的分享，让我们好像看到了一幅能够呈现这些影响的生动画面。我们好像看到了园长与老师们在一起的思维和行为方式，也看到了老师们与孩子们在一起的思维和行为方式，还好像从这些文字里读到了热情和爱！推动老师们这样倾听、对话、讲述和重新讲述的，是老师们对现实的反思，但在我们看来，更大的推动力可能是他们所共同拥有的具体生动的梦想和愿景。

把最宝贵的东西给予儿童。

——宋庆龄


每个儿童都值得拥有一个拥护者：

一个永远不会放弃他们的成人，

一个理解连接的力量的成人，

一个坚定地相信他们会成为最好的自己的成人。

——丽塔·皮尔森

# 第七章　回到原点

## 重视儿童和老师、家长在一起的每一天

　　在本书中，我们回顾和梳理了北京教育科学研究院早期教育研究所儿童学习故事研习小组的十几位兼职教研员从 2014 年 4 月开始的研习旅程及心得，旨在借助研习新西兰国家早期教育课程"Te Whāriki"和儿童学习评价体系学习故事，探索践行《指南》"以儿童为本"的核心理念和落实它所期待的教育实践的可能路径。2014 年 4 月 10 日小组第一次聚会时，老师们从北京的各区赶来，将自己介绍给大家，也带来了自己的好奇心、经验和勇气，同时分享和讨论了大家共同的研习愿景(图 7-1)。

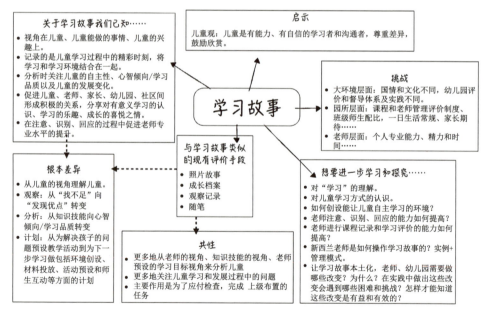

**图 7-1　2014 年 4 月关于学习故事研习的头脑风暴**

　　当时在"想要进一步学习和探究……"一栏，我们写下了：

- 对"学习"的理解。
- 对儿童学习方式的认识。
- 如何创设能让儿童自主学习的环境？

- 老师注意、识别、回应的能力如何提高？
- 老师进行课程记录和学习的评价能力如何提高？
- 新西兰老师是如何操作学习故事的？实例＋管理模式。
- 让学习故事本土化，教师、幼儿园需要做哪些改变？为什么？在实践中做出这些改变会遇到哪些困难和挑战？怎样才能知道这些改变是有益和有效的？

如今，再次回顾老师们当时心中的好奇，我们感到一丝惶恐，因为我们好像还是无法全面、正确地给这些问题一个"权威"的答案。但同时我们也感到欣喜，因为这些年来我们一直没有停下对这些问题的探究。马拉古奇留给瑞吉欧老师们的充满活力的遗产，是持久的研究和每个人在日常工作中表现出来的生命力。我们也在向瑞吉欧老师们学习，不强调老师是否拥有专业的知识技能，而强调老师在与同事、家长共同工作的过程中，在与儿童共同学习的过程中如何收获专业的知识技能。

本书所呈现的正是老师们在与儿童、同事和家长共同生活与学习的过程中，围绕儿童、老师、幼儿园、教学、学习、评价等话题所建构的他们各自正在发展和不断修正的理论，以及努力将这些个人理论与教学实践结合在一起的行动。老师们在合作、分享和呼应中，促进自身行为与理论相一致，并不断完善自己的个人理论。每一个老师为儿童所写的学习故事，以及他们为儿童的学习和自己的教学所做的各种记录，在一次次提醒我们：教育的原点是儿童和对儿童的研究，以及我们每一天与儿童在一起的样子。

我们常常问自己：一所幼儿园一定要有什么？

世界上第一个真正意义上的幼儿教育机构是福禄培尔于 1837 年在德国勃兰根堡建立的，一开始名为"儿童养育和活动机构"，为儿童提供家庭之外的教养服务。不同于当时其他儿童监护机构，它旨在保护儿童不受社会消极面的伤害，让儿童的能力可以被发展并越来越成熟。1840 年，热爱大自然的福禄培尔为这个幼儿教育机构创造了一个新的名称——幼儿园（kindergarten），意为"儿童的花园（乐园）"。此隐喻描述了他心目中儿童与世界的关系，以及一个适合儿童发展的地方的样子、一个儿童可以愉快玩耍/游戏的地方。福禄培尔在对裴斯泰洛齐和卢梭的教育理念进行思辨的基础上形成了自己的教育观——重视玩耍/游戏，认为"游戏是儿童期最纯净也最具心灵性的活动，更是人类整体向外的表达方式"，并发明了"恩物"，重视为儿童提供室内外的玩耍/游戏空间，让儿童有机会参与种植活动、了解自然、歌唱、做游戏、操作恩物和劳作等。福禄培尔还把幼儿园视为培养教师的地方，并提出了与当时主流认知相悖的观点——女性，因为与生俱来的母性，成为站在母亲和孩子中间的人，所以她们更适合当孩子的老师，并从 1894 年开始讲授为女性教师提供的早期教育专业培训课程。[①]

因为有了自己在开办幼儿园之前的种种教育经历，有了自己对教育理论的研习和对现实世界的观察与反思，有了慢慢形成的自己的教育理论、愿景，然后付诸行动，才有了幼儿园、恩物和教师专业培训等，才有了福禄培尔对早期教育做出的重大贡献。

因此，一所幼儿园一定要有的是人！我们在研习学习故事的过程中，常常提醒自己，我们所有的努力都要回归《指南》的核心理念——"以儿童为本"，以我们眼前真实、具体的每一个儿童为本！因此，我们愿意努力去相信、倾听、看见、尊重、呼应和护佑自己及身边的每个人，也愿意努力探索如何让我们的教学和学习实践、文字记录、管理文化"以人为本"，让我们在一起的力量、价值被看见、被体验、被激发！

### 《见与不见》之儿童版[②]

你见或者不见，儿童就在那里，

你了解或者不了解，儿童的智慧就在那里，

你认识或者不认识，儿童的力量和潜力就在那里，

敞开你的胸怀，放下你的成见，走进孩子，关注、理解、接纳、鼓励、支持儿童……

你会惊喜地发现，一个自主、自信，具有无限发展潜力的儿童在向你走来，

你会惊喜地发现，教育的契机将扑面而来，

你会惊喜地发现，一个完全不同的儿童，

你会惊喜地发现，职业的幸福感会相伴而生……

### 《见与不见》之教师版

你见或者不见，教师就在那里，

你了解或者不了解，教师的智慧就在那里，

你认识或者不认识，教师的力量和潜力就在那里，

---

[①]　May，H.，*The Discovery of Early Childhood*，Auckland，Auckland University Press with Bridget Williams Books and New Zealand Council for Educational Research，1997，p. 56.

[②]　苏婧：《回归教育本源的幼儿教育：筑基思变，构建幼儿园新生态》，49 页，北京，北京教育出版社，2019。

敞开胸怀，放下成见，走进每一位教师，关注、理解、接纳、鼓励、支持教师……

你会惊喜地发现，一个自主、自信，具有各种发展潜力的教师会向你走来，

你会惊喜地发现，教研的契机将扑面而来，

你会惊喜地发现，专业化提升、内涵发展皆成为可能，

你会惊喜地发现，职业的幸福感会相伴而生……

心理学家布朗芬布伦纳提出的个体发展模型，强调发展的个体嵌套于相互影响的一系列环境系统之中。在这些系统中，系统与个体相互作用并影响着个体的发展。系统内部各要素之间通过能量流动和物质循环相互联系、相互制约，构成了具有自我调节功能的有机整体。为了保持动态平衡，生态系统中的各个部分通过能量流动和物质循环有机连接在一起。每一个系统都与其他系统以及个体交互作用，影响着个体发展的许多重要方面。教育的本质是指教育的内在要素之间的根本联系，以及教育作为一种社会活动区别于其他社会活动的根本特征。在教育实践中，我们越发体悟到教育本质的落实得益于积极关系的建立。教育机构中的相互关系包括保教管理者与保教人员、保教人员与保教人员、保教人员与幼儿、幼儿与幼儿、幼儿园与家长及社区之间的关系等。意大利瑞吉欧教育的奠基人马拉古奇在一次演讲中说道："儿童对他们世界里的那些成人的关系是很敏锐的。他们很快就能感觉出这些成人之间的情绪是怎样的。他们看得出这些成人是真正合作还是各干各的，以及他们相互之间有没有什么互动。""儿童能和他人一起工作并且乐于身处各种关系之中是很重要的。儿童需要乐于上学，学校要能使他们喜欢上学，也要能使他们喜欢发生在那里的各种互动。他们对那里各种互动的期望是很关键的。"[①]因此，如何构建一个有利于个体发展的生态环境，以及如何形成教育过程中积极的关系，对儿童和谐健康发展至关重要！教育过程中要"见"人，这里的人既包括幼儿以及幼儿的家长，也包括幼儿园全体教职员工，以及与幼儿发展发生关联的其他所有人。因此，我们强调幼儿园的课程建构、园所文化的打造，其起点是人，是人发展的各种可能；终点还是人，是人的各种潜能的发挥，是人的问题的解决，是幸福生活的到来。

一棵树，两棵树……树，成就一片树林；一头牛，两头牛……牛，成就一个牧场；一个人，两个人……人，成就一个小社会。我们在研习学习故事、

---

① 出自《你心中的儿童形象：教学从这里开始》一文，翻译和改编自马拉古奇教授1993年6月在意大利瑞吉欧·艾米利亚的一次讲座。

贯彻"以人为本"理念时，常常会遇到如何兼顾个性和共性、个体和集体的困惑。本书所呈现的所有发生在孩子们身上的学习故事，都让我们看到，孩子与周围世界之间存在复杂的交互关系，没有一个孩子是孤立的存在，因而个性和共性、个体和集体是相互联系、相互影响的存在。只有精心呵护树林里的每一棵树，让它们都茁壮成长，才有可能成就一片充满生机和活力的树林。也因为每一棵树都独一无二，整片树林才丰富多彩。一个有力量的小社会，如一个学习共同体也是如此。只有看见和相信每个人，并让每个人都越来越有力量，才有可能成就越来越强大、越来越有活力的班级、幼儿园、家庭和社会。因此，我们坚定地选择将我们的实践落到每个独一无二的、处于各种关系中的儿童和教师身上，相信每个人的力量！

一所幼儿园一定要有的是人，然后人们在共同努力下，让它成为"一个成人与幼儿可以彼此建立关系和分享生活的地方"①。

最后，我们借三义里一幼辰辰小朋友的妈妈用老师们和孩子们在小班升中班的庆祝派对上的对话编写而成的小诗，再一次体会《指南》、学习故事、我们的研习、作为老师的我们以及幼儿园存在的意义和价值。

### 好奇宝宝对话时间

我是一个好奇宝宝，
小脑袋里装满了各种问号。
什么是时间？
钟表滴答，告诉我：
是秒，是分，是小时；
是日，是月，是年。
一年是时间跑了多远？
钟表滴答，告诉我：
是"春夏秋冬"手拉手转了一圈，
是太阳和月亮 365 次交接班。
到哪里可以找到时间在我们身上跑过的一年？
钟表滴答，告诉我：
快去找找吧，答案就藏在幼儿园！
答案在小床边
（瑾）不拍也不哄，不哭也不闹，我学会了自己睡觉。

---

① ［美］卡洛琳·爱德华兹、莱拉·甘第尼、乔治·福尔曼：《儿童的一百种语言：转型时期的瑞吉欧·艾米利亚经验》，42 页，南京，南京师范大学出版社，2014。

（檬）不用大人帮忙，我学会了自己叠衣、自己穿袜。

（志）小床开启我独立的生活，这里的睡眠格外香甜。

答案在水池前

（茗）饭前便后勤洗手，我养成了讲卫生的好习惯。

（予）节约能源人人有责，我懂得了"谢谢小水滴"。

（源）直饮水、小水杯，证明我可以把自己好好照看。

答案在餐桌旁

（骁）敬长辈、整坐姿、食不语，我了解了进餐礼仪。

（媛）一蔬一饭当思来之不易，我学会了珍惜粮食。

（为）不用大人催，不用老师喂，我学会了自己吃饭。

答案在园门口

（涵）入离园刷卡，不迟到早退，我拥有了规则意识。

（泽）"您好""谢谢""再见"，我学会了日常礼貌用语。

（文）不挤不闹，有序排队，我懂得了耐心等待。

答案在操场上

（臣）观升国旗、学唱国歌，从此我知道有位母亲叫祖国。

（月）强身健体，从小做起，我学会了跳跃、翻滚、奔跑。

（睿）跌倒了爬起来，失败了不气馁，运动中我变得勇敢。

答案在绿树下

（奕）玉兰花开，银杏树黄，我感受到生命的力量与惊喜。

（博）捡起遗落的垃圾，给小树浇水，我知道了爱护环境。

（禾）播撒一粒小种子，寻找春天的足迹，我认识了自然。

答案在教室里

（阳）听音乐、学儿歌、讲故事，我在快乐中增长了知识。

（格）搭积木、过家家、做手工，我在游戏中学会了协作。

（捷）收东西、擦桌子、搬椅子，我在劳动中得到了锻炼。

答案在舞台上

（辰）观看、聆听，我在台下的掌声中学会了欣赏与尊重。

（宇）歌唱、舞蹈，我在台上的表演中获得了机会与自信。

（瑶）白纱裙、背带裤，我体验了严肃、激动和集体荣誉感。

答案在幼儿园的角角落落

（致）活动厅里，回响着我们大手拉小手迎接新年的歌声。

（霖）成长册中，记录了我们园内园外成长中的点点滴滴。

（歌）老师、幼儿园，从陌生到亲近，好像妈妈，好像乐园。

答案在我们身上，在我们心中

从 14 千克到 16 千克，我骄傲，我增加了体重。

从 100 厘米到 105 厘米，我自豪，我增长了身高。

小二班的小不点们即将升入中二班，兴奋啊，我迫不及待。

一年是什么概念？

钟表滴答，告诉我：

是四季，12 个月，365 天。

时间奔跑的速度不及我成长得快啊！

即将从小班升到中班，

很多人见证了我们的成长。

感谢爸爸妈妈为我们鼓掌喝彩，

还要把感谢的花朵送给老师、幼儿园——

感谢老师们，用汗水、心血与爱心将我们浇灌；

感谢幼儿园，这个富有生命、温度、色彩与力量的摇篮！

学习故事不仅仅是一种评价，还给我们带来更多的思考和改变……改变从心开始，改变从你我开始。我们期待学前教育拥有更美好的明天，呼唤孩子本真而幸福的童年。这除了要求我们有浪漫情怀和赤子之心外，还要求我们有科学的态度和理性的思考，更要求我们有扎实的工作精神。我们要把科学的理念、扎实的实践真正写在学前教育的大地上，让同在一片蓝天下的孩子们受益。我们一起为让每个孩子都能享有公平而有质量的学前教育，为实现孩子们今天快乐、明天幸福的目标而共同努力！

# 参考文献

彼得·雷诺兹. 味儿[M]. 邢培健, 译. 海口: 南海出版公司, 2010.

彼得·圣吉, 阿特·克莱纳, 夏洛特·罗伯茨, 等. 第五项修炼实践篇(上): 创建学习型组织的战略和方法[M]. 张兴, 等译. 北京: 中信出版社, 2011.

曹正善. 论学习品质[J]. 集美大学学报(教育科学版), 2001(4).

常晶. 把学习的权利还给儿童——"安吉游戏"带给中国学前教育改革的探索[J]. 中国校外教育, 2018(4).

陈秋仙. 论形成性评价在中国的文化适可与挪用[J]. 山西大学学报(哲学社会科学版), 2016, 39(3).

D. 瑾·克兰迪宁. 进行叙事探究[M]. 徐泉, 李易, 译. 重庆: 重庆大学出版社, 2015.

德布·柯蒂斯, 玛吉·卡特. 和儿童一起学习: 促进反思性教学的课程框架[M]. 周欣, 周晶, 张亚杰, 等译. 北京: 教育科学出版社, 2011.

德布·柯蒂斯, 玛吉·卡特. 观察的艺术: 观察改变幼儿园教学[M]. 郭琼, 万晓燕, 译. 南京: 南京师范大学出版社, 2018.

丁海东. 童年: 一种精神与文化的价值[J]. 中国教师, 2012(11).

范铭. 一个游戏引发对"儿童观"的深度反思[J]. 上海教育科研, 2018(4).

怀特海. 教育的目的[M]. 庄莲平, 王立中, 译注. 上海: 文汇出版社, 2012.

蒋雅俊. 课程哲学: 儿童、经验与课程[M]. 北京: 人民教育出版社, 2015.

蒋雅俊. 改革开放40年学前教育政策中的儿童观变迁[J]. 学前教育研究, 2019(3).

卡丽娜·里纳尔迪. 对话瑞吉欧·艾米利亚: 倾听、研究与学习[M]. 周菁, 译. 南京: 南京师范大学出版社, 2014.

卡洛琳·爱德华兹, 莱拉·甘第尼, 乔治·福尔曼. 儿童的一百种语言: 转型时期的瑞吉欧·艾米利亚经验[M]. 尹坚勤, 王坚红, 沈尹婧, 译. 南京: 南京师范大学出版社, 2014.

卡罗尔·德韦克. 终身成长：重新定义成功的思维模式[M]. 楚祎楠，译. 南昌：江西人民出版社，2017.

李季湄，夏如波.《幼儿园教师专业标准》的基本理念[J]. 学前教育研究，2012(8).

李季湄，冯晓霞.《3-6岁儿童学习与发展指南》解读. 北京：人民教育出版社，2013.

李季湄.《〈3-6岁儿童学习与发展指南〉实施问答》[M]. 北京：北京师范大学出版社，2014.

李晓巍. 动态系统理论对我国幼儿发展评价研究的启示[J]. 教育导刊，2015(3).

联合国教科文组织. 反思教育：向"全球共同利益"的理念转变？[M]. 联合国教科文组织总部中文科，译. 北京：教育科学出版社，2017.

刘晓东. 童年何以如此丰饶：思想史视角[J]. 南京师大学报（社会科学版），2017(5).

刘晓东. 童心的哲学[J]. 中国德育，2017(11).

刘晓东. 修造通往"伟大儿童"的道路[J]. 全球教育展望，2019，48(12).

刘晓颖. 发现儿童的力量："学习故事"在中国幼儿园的实践[M]. 北京：北京少年儿童出版社，2015.

陆美静. 童年的意蕴与人性的复归——以20世纪六七十年代生人为例[J]. 学前教育研究，2017(11).

玛格丽特·卡尔. 另一种评价：学习故事[M]. 周欣，周念丽，左志宏，等译. 北京：教育科学出版社，2016.

玛格丽特·卡尔，温迪·李. 学习故事与早期教育：建构学习者的形象[M]. 周菁，译. 北京：教育科学出版社，2015.

玛格丽特·卡尔，温迪·李，卡罗琳·琼斯，等. 学习的心智倾向与早期教育环境创设：形成中的学习[M]. 周菁，译. 北京：教育科学出版社，2016.

马克斯·范梅南. 教学机智：教育智慧的意蕴[M]. 李树英，译. 北京：教育科学出版社，2014.

迈克尔·W.阿普尔. 教育与权力[M]. 曲囡囡，刘明堂，译. 上海：华东师范大学出版社，2008.

帕克·帕尔默. 教学勇气：漫步教师心灵[M]. 吴国珍，等译. 上海：华东师范大学出版社，2014.

邱茂泽. 中国叙事通义[M]. 广州：中山大学出版社，2013.

瑞吉欧·艾米利亚幼儿园和婴幼园学会. 瑞吉欧·艾米利亚市属幼儿园和

婴幼园指南[M]. 沈尹婧，李薇，译. 南京：南京师范大学出版社，2014.

苏婧，顾春晖，孙璐. 学前儿童学习与发展评价实施现状的调查与分析——以北京市为例[J]. 教育科学研究，2018(5).

苏婧，等. 儿童视角下北京市幼儿园课程的实践与创新[M]. 北京：北京师范大学出版社，2019.

苏婧. 回归教育本源的幼儿教育：筑基思变，构建幼儿园新生态[M]. 北京：北京教育出版社，2019.

唐芳丽，叶小霞. 幼儿园案头工作的现状与有效管理[J]. 贵州教育，2016(16).

唐淑. 中国学前教育史[M]. 北京：人民教育出版社，2015.

万滢安. 大众媒介与"发现儿童"：以清末民初的中国社会为观察对象[J]. 三峡大学学报(人文社会科学版)，2020，42(1).

王化敏. 给幼儿教师的一把钥匙：幼儿教师教育实践策略指导[M]. 北京：教育科学出版社，2008.

王菁. 用专业的心，让观察更有温度：幼儿园"学习故事"的本土化实践研究[M]. 上海：上海教育出版社，2017.

鄢超云. 学习品质：美国儿童入学准备的一个新领域[J]. 学前教育研究，2009(4).

叶莉莉. 幼儿教师工作时间分配的个案研究[D]. 金华：浙江师范大学，2015.

虞永平. 学前课程与幸福童年[M]. 北京：教育科学出版社，2012.

郑名，冯莉.《幼儿发展评价方法的现状调查与分析：以兰州市为例》[J]. 教育导刊，2008(6).

周欣，黄瑾，华爱华，等. 学前儿童数学学习的观察和评价——学习故事评价方法的应用[J]. 幼儿教育，2012(6).

Bruner, J. Making Stories：Law, Literature, Life [M]. Cambridge, MA：Harvard University Press, 2002.

Carr, M. & May, H. Weaving Patterns：Developing National Early Childhood Curriculum Guideline in Aotearoa-New Zealand [J]. Australian Journal of Early Childhood，1994，19 (1).

Carr，M. Assessment in Early Childhood Settings：Learning Stories. [M]. London：SAGE Publications，2001.

Carr，M. & Lee，W. Learning Stories in Practice[M]. London：SAGE Publications，2019.

Chen-Hafteck，L. & Xu，Z. Pulling the River：The Interactions of Local and Global Influences in Chinese Early Childhood Music Education[J]．Arts Education Policy Review，2008，109 (3)．

Clark，A.，Kjorholt，A. T. & Moss，P. Beyond Listening：Children's Perspectives on Early Childhood Services[M]．Bristol，UK：The Policy Press，2005．

Fullan，M. The New Pedagogy：Students and Teachers as Learning Partners[J]．Learning Landscapes，2013，6(2)．

Fullan，M.，Quinn，J. & McEachen，J. Deep Learning：Engage the World Change the World[M]．Thousand Oaks，California：Corwin，2018．

Glattorn，A.，Boschee，F.，Whitehead，B. & Boschee，B. Curriculum Leadership：Strategies for Development and Implementation[M]．London：SAGE Publications，2018．

Greene，M. Teacher as Stranger：Educational Philosophy for the Modern Age[M]．Belmont，Calif.：Wadsworth，1973．

Gunn，A. C. & Nuttall，J. Weaving Te Whāriki Aotearoa-New Zealand's Early Childhood Curriculum Framework in Theory and Practice[M]．Wellington：NZCER Press，2019．

Hofstede，G. Cultural Differences in Teaching and Learning[J]．International Journal of Intercultural Relations，1986，10(3)．

Johnston，P. Choice Words：How Our Language Affects Children's Learning[M]．Portland，ME：Stenhouse Publishers，2004．

Jones，E. & Nimmo，J. Emergent Curriculum[M]．Washington，DC：National Association for the Education of Young Children，1994．

Lee，W.，Carr，M.，Soutar，B. & Mitchell，L. Understanding the Te Whāriki Approach：Early Years Education in Practice[M]．London and New York：Routledge，2013．

MacNautghton，G. Shaping Early Childhood：Learners，Curriculum and Contexts[M]．UK：Open University Press，2003．

May，H. The Discovery of Early Childhood[M]．Auckland：Auckland University Press with Bridget Williams Books and New Zealand Council for Educational Research，1997．

Nasir，N. S.，Rosebery，A. S. & Warren，B.，et al.，Learning as a Cultural Process：Achieving Equity Through Diversity[M]//R. K. Sawyer(Ed.)．

The Cambridge Handbook of the Learning Sciences. New York: Cambridge University Press, 2006.

Paley, V. G. On Listening to What the Children Say [J]. Harvard Educational Review, 1986, 56(2).

Podmore, V., May, H. & Carr, M. The "Child's Questions": Programme Evaluation with Te Whāriki Using "Teaching Stories"[J]. Early Childhood Folio, 2001(5).

Rogoff, B. & Chavajay, P. What's Become of Research on the Cultural Basis of Cognitive Development? [J]. American Psychologist, 1995(50).

Rogoff, B. The Cultural Natural of Human Development [M]. New York: Oxford University Press, 2003.

Shulman, L. S. Teaching Alone, Learning Together: Needed Agendas for the New Reforms[M]//S. M. Wilson (Ed.). The Wisdom of Practice: Essays on Teaching, Learning, and Learning to Teach. San Francisco: Jossey-Bass, 1988.

Soler, J. & Miller, L. The Struggle for Early Childhood Curricula: A Comparison of the English Foundation Stage Curriculum, Te Whāriki and Reggio Emilia[J]. International Journal of Early Years Education, 2003, 11(1).

Stenhouse, L. Culture and Education[M]. London: Nelson, 1967.

Wertsch, J. Voices of the Mind: A Sociocultural Approach to Mediated Action[M]. London: Harvester Wheatsheaf, 1991.

Zhou, J. Living with Tensions: Chinese Early Childhood Teachers' Teaching and Learning Experiences in Contemporary Urban Chinese Context [D]. Wellington: Victoria University of Wellington, 2013.

参考文献